AF608487

Peter Braun

Ilse Schneider-Lengyel

Fotografin, Ethnologin, Dichterin.
Ein Porträt

Peter Braun

Ilse Schneider-Lengyel

Fotografin, Ethnologin, Dichterin

Ein Porträt

Wallstein Verlag

Bibliografische Information der Deutschen Nationalbibliothek

Die Deutsche Nationalbibliothek verzeichnet diese Publikation in der Deutschen Nationalbibliografie; detaillierte bibliografische Daten sind im Internet über http://dnb.d-nb.de abrufbar.

2. Auflage 2021
© Wallstein Verlag, Göttingen 2019
www.wallstein-verlag.de
Vom Verlag gesetzt aus der Stempel Garamond und der Frutiger
Umschlaggestaltung: Susanne Gerhards, Düsseldorf, unter Verwendung von Abbildungen aus »Die Welt der Maske« und eines Porträts von Ilse Schneider-Lengyel, Fotograf unbekannt, Bildarchiv der Bayerischen Staatsbibliothek München

Druck und Verarbeitung: Hubert & Co, Göttingen

ISBN 978-3-8353-3390-1

Inhalt

Vorspiel

Im Handschriftensaal der Münchner Staatsbibliothek

> Wir müssen eine Geschichtsschreibung betreiben, die dem nachspürt, was das Schweigen der Quellen offenbart.
>
> Alain Corbin
> *Auf den Spuren eines Unbekannten* (1999)

Wieder ist es Winter, ein Wochentag im Februar, Schnee liegt auf der Schellingstraße. Gegen den Wind gelehnt, der mir die Flocken ins Gesicht treibt, gehe ich auf die Münchner Staatsbibliothek zu. Die Handschriftenabteilung öffnet um 9:00 Uhr. In einem abschließbaren Schrank verstaue ich die nasse Jacke und meine Tasche. Nur mit einem Schreibheft und drei gespitzten Bleistiften ausgerüstet, warte ich mit Anderen vor einem Drehkreuz. Wir alle wollen uns heute in Aufzeichnungen, Briefe oder Manuskripte vertiefen – aus der Zeit gefallene Schriftstücke, die hier aufbewahrt werden –, um sie als Zeugen für das Vergangene zu befragen und aus ihren Antworten eine Vorstellung von dem, was war, zu entwerfen. Eine spürbare Spannung verbindet uns. Endlich entriegelt der Wärter das Drehkreuz, überprüft, was wir in den Lesesaal mitnehmen, und lässt uns ein. Ich zeige meine alte Gästekarte vor. Sie ist noch gültig.

Vor zehn Jahren stand ich bereits schon einmal hier. Damals war ich gerade erst auf Ilse Schneider-Lengyel aufmerksam geworden. Da mich das Feld zwischen Ethnologie und Kunst schon lange interessiert hatte, begann ich zu recherchieren. Ich fand heraus, dass sie vor allem als Fotografin und Autorin einer Reihe von Kunstbildbänden in den Katalogen der Bibliotheken geführt wurde, was mein Interesse weiter beförderte. Bald stieß ich auch auf eine Broschüre, die das Kulturamt Füssen herausgegeben hatte. Dadurch erfuhr ich von ihrem Nachlass in der Münchner Staatsbibliothek.[1]

Zu jener Zeit lernte ich eine freie Theatergruppe kennen. Ich erzählte von meinem Fund, der uns alle sehr anregte und uns schnell übereinkommen ließ, das nächste Projekt Ilse Schneider-Lengyel zu widmen. Für mich bot sich dadurch die Gelegenheit zu meiner ersten

Reise nach München. Voller Neugier und Spannung fuhr ich dorthin und sichtete für eine Woche den Nachlass. Ich las mich vor allem durch die Manuskripte, um nach brauchbaren Texten für das Projekt zu suchen.

Als Literaturwissenschaftler fühlte ich mich zudem auf Schatzsuche. Sollte ich tatsächlich vor einer literaturgeschichtlichen Entdeckung stehen? Doch je mehr ich den Nachlass in Augenschein nahm, desto klarer wurde mir, wie lückenhaft er war. Das zeigten vor allem die Briefe. Selten hat sich mehr als einer pro Adressat oder Absender erhalten – als wollte die Autorin nur eine repräsentative Probe ihres Briefwechsels hinterlassen.

In einem der Briefe, gerichtet am 31. März 1958 an den Schriftsteller Arno Schmidt, las ich schließlich einige Zeilen, die mir spontan wie ein *Credo* der Künstlerin vorkamen: »Die Naturvölker mit ihrem Götter-Dämonenbegriff sind mir näher; der tierische Ernst fällt weg; zwischen Kult und Opfer, die kleine Spanne S p i e l bleibt.«[2]

Die letzte Zeile gab uns auch den Titel für das Theaterprojekt, eine Performance aus Schauspiel, Musik und Tanz. Als Spielort konnten wir ein leerstehendes Haus auf dem Gelände des Psychiatrischen Landeskrankenhauses Reichenau nutzen, das entgegen seinem Namen nicht auf der gleichnamigen Insel, sondern auf dem Festland, im Konstanzer Stadtteil Wollmatingen liegt. Dieses Haus war ein Relikt aus vergangener Zeit und überwundener Psychiatrie. Ilse Schneider-Lengyel hatte in einem solchen Haus, vereinsamt und in ihrem Lebenswillen gebrochen, ihre letzten Jahre verbracht. In diesem Überrest von damals fand am 25. April 2008 die Premiere statt.[3]

Durch die Theaterarbeit hatte ich erfahren, welche performative Kraft in den experimentierfreudigen Texten Ilse Schneider-Lengyels steckte, und ich beschloss, ihrem Werk weiter nachzugehen und mir die verschiedenen Kontexte, in denen es entstanden ist, zu erschließen. Vor allem interessierte ich mich weithin für die Verbindung von Ethnologie und Literatur sowie für die medialen Verflechtungen zur Fotografie, zur Presse, zum Radio und zum Theater. Zu derselben Zeit nahm eine andere Literaturwissenschaftlerin, Ulrike Leuschner, die Spur von Ilse Schneider-Lengyel auf und veröffentlichte 2010 einen umfangreichen Essay, in dem sie die Lyrik als Herzstück ihrer Literatur freilegte.[4]

Seitdem hat sich eine Handvoll weiterer Wissenschaftler und Wissenschaftlerinnen mit dem Werk von Ilse Schneider-Lengyel auseinandergesetzt. So hat der Kunsthistoriker Felix Thürlemann die Fotografien und das Layout der Kunstbildbände von Ilse Schneider-Lengyel einer genauen Analyse unterzogen.[5] Andere haben Ilse Schneider-Lengyels Rolle in der Gruppe 47 und ihre Poetik untersucht.[6] Auch hat Helmut Böttiger sie in seiner 2012 erschienenen Geschichte der Gruppe 47 als schillernde Figur des Anfangs gewürdigt.[7]

Zum 70. Gründungstag der Gruppe 47, im September 2017, schließlich organisierte die Gemeinde Schwangau mit großem Engagement ein kleines Festival zu Ehren von Ilse Schneider-Lengyel. Das Frankfurter Historikerehepaar Heike Drummer und Alfons Maria Arns kuratierten dafür eine Ausstellung, in der sie eine ganze Reihe neuer biographischer Informationen zum Leben der Künstlerin präsentierten und in einer begleitenden Publikation dokumentierten.[8] Auf einem Symposion schließlich kamen all jene zusammen, die sich bis dahin wissenschaftlich mit Ilse Schneider-Lengyels Werk auseinandergesetzt hatten. Die Schirmherrschaft übernahm Michael Krüger in seiner Funktion als Präsident der Bayerischen Akademie der Künste. An einem Abend trug er selbst Gedichte der Autorin vor, darunter auch viele ihrer Bearbeitungen indigener Literatur.[9]

Nun, ein halbes Jahr später, sitze ich wieder in der Münchner Staatsbibliothek, um mit dem Abstand und den Entwicklungen der letzten zehn Jahre den Nachlass erneut zu sichten. Ich verfolge dabei die Idee, ein Porträt von Ilse Schneider-Lengyel und ihrem Werk zu schreiben – ein Porträt mit all den Lücken, die der Nachlass aufweist. Sie sind zu groß, um dem Anspruch einer Biographie gerecht zu werden. Deshalb sympathisiere ich mit dem Begriff des Porträts, der bescheidener und formal offener ist. Er erlaubt mir, vor allem ihr vielschichtiges Werk als Fotografin, Ethnologin und Dichterin vorzustellen, das im Umfeld wichtiger, die Kunst des 20. Jahrhunderts prägender künstlerischer Gruppen entstanden ist wie dem Bauhaus und dem französischen Surrealismus, der abstrakten Malerei und der Gruppe 47.

Nach und nach lasse ich mir wieder die 17 grünschwarz melierten Schachteln aus dem Nachlass bringen. Sechs Schachteln enthalten literarische Manuskripte (Nr. 1-6), darunter Lyrik, Kurzgeschichten, der Entwurf für ein Buch über Puppen, Feuilletons, ein Theaterstück, ein Roman und verschiedene Sammlungen mit Texten aus indigenen Kulturen, darunter Lieder, Rezepte und Traumaufzeichnungen. Die Texte sind zwar nach Gattungen geordnet; von vielen, gerade den längeren, liegen jedoch mehrere Fassungen vor, die meisten undatiert und manche unvollständig.

In zwei weiteren Schachteln sind Briefe von und an Ilse Schneider-Lengyel aufbewahrt (Nr. 7 und 8). Dabei handelt es sich vor allem um Korrespondenzen mit Verlagen. Nur wenige Briefe sind persönlicher Art. In einer weiteren Schachtel (Nr. 9) haben sich einige persönliche Dokumente erhalten – darunter private Fotos, aber auch Zeitungsausschnitte, Rezensionen und Veranstaltungsprogramme sowie vereinzelte Texte anderer Autorinnen und Autoren.

In den restlichen Schachteln (Nr. 10-17) lagern die erhaltenen Fotografien, nach Themen und Genres geordnet. Negative sind kaum darunter (lediglich in Schachtel 17); meistens liegen Kontaktbögen oder einzelne Abzüge vor.

So erstaunlich die Tatsache ist, dass sich von Ilse Schneider-Lengyel, die ab den 1950er Jahren sehr zurückgezogen ohne Familie und Nachkommen im Allgäu lebte, überhaupt ein Nachlass erhalten hat, so muss andererseits klar ausgesprochen werden, dass es sich lediglich um einen Teilnachlass handelt. So gut wie alle Dokumente datieren aus der Zeit nach 1945 und decken mithin nur das letzte Drittel ihres Lebens ab. Aber selbst für diesen Zeitraum sind die Lücken groß.

Einen Grund dafür liefern die letzten vier Jahre ihres Lebens. In dieser Zeit, die sie im Psychiatrischen Landeskrankenhaus Konstanz verbrachte, stand das Haus, am Bannwaldsee, in dem sie wohnte, weitgehend leer – in unmittelbarer Nachbarschaft eines Campingplatzes. Ilse Schneider-Lengyel besaß, nachdem sie gezwungen war, den See zu verkaufen, in den 1960ern, nur noch das Wohnrecht für den ersten Stock, während das untere Stockwerk von dem neuen Besitzer des Sees gelegentlich als Ferienwohnung genutzt wurde. Es ist völlig unklar, wer in diesen vier Jahren Zugang zu ihrer Wohnung besaß oder sich diesen mit Gewalt verschaffte.

Bekannte berichteten von Gemälden und Masken, die an den Wänden hingen, sogar ein Picasso soll darunter gewesen sein. Weder die Kunstgegenstände noch ihre Bibliothek waren vorhanden, als die Wohnung schließlich nach ihrem Tod aufgelöst wurde. Man fand nur noch einige, auf den ersten Blick wertlose Manuskripte und von Feuchtigkeit verzogene, fotografische Abzüge. Mitarbeitern des Amtsgerichts Füssen ist es zu danken, dass sie bei der Staatsbibliothek München nachfragten, ob Interesse daran bestünde. So kam, was noch übrig geblieben war, nach München. Doch was alles war bis dahin entwendet worden, was unachtsam weggeworfen, und was – buchstäblich – vom Winde verweht?

Dennoch – beim Durchgehen der Manuskripte bin ich wieder von der Produktivität Ilse Schneider-Lengyels beeindruckt: Sie hat an vielen unterschiedlichen Projekten gearbeitet und dabei immer wieder neue Ausdrucksformen ausprobiert, so als wollte sie vermeiden, auf eine Richtung, einen Stil festgelegt zu werden. Im *mainstream* der bundesrepublikanischen Literatur ihrer Zeit freilich bewegen sie sich nicht. Den verschiedenen Spielarten einer realistischen und engagierten Literatur sind sie kaum zuzuordnen. Dennoch wirken sie auf eine subtile Art politisch. Die Beziehungen unter den Figuren sind oftmals von Gewalt gezeichnet, was sich auch auf den Umgang mit der Natur und vor allem den Tieren auswirkt. So zeugen sie nicht zuletzt von der Zerstörungswut der Moderne, die für die hellwache Autorin in der Bedrohung durch die Atombombe kulminiert.

Wie unzeitgemäß indes ihre Texte von den Zeitgenossen eingeschätzt wurden, bezeugen die Verlagsbriefe im Nachlass. Viele darunter erteilen Absagen – manche höflich, andere mit offener Kritik. Ilse Schneider-Lengyel musste viele Rückschläge hinnehmen. Immerhin konnte sie 1952 einen Gedichtband mit dem Titel *september-phase* in der von Alfred Andersch herausgegebenen Reihe *studio frankfurt* veröffentlichen. Dort fand sie sich unter Ingeborg Bachmann und Ruth Landshoff, Wolfgang Hildesheimer und Arno Schmidt wieder.[10] Andersch verschaffte ihr auch hin und wieder einen Auftrag für das Radio. Aber die größeren Projekte – manche in den Verlagsverhandlungen schon weit gediehen – scheiterten am Ende alle. Sie schrieb trotzdem weiter, fing immer wieder ein neues Projekt an. Mit den Jahren schließlich musste ihr aber die eigene Randposition immer deutlicher geworden sein. Was sie schrieb, würde niemals veröffentlicht werden.

Von Schachtel zu Schachtel, von Mappe zu Mappe spüre ich, wie ich langsam in den Sog der Quellen gerate. Das Papier, das ich in den Händen halte, ist jenes, das Ilse Schneider-Lengyel benutzt hat; die Manuskriptseiten sind auf ihrer Maschine geschrieben; viele Notizen und einige Briefe tragen ihre Handschrift. All das existiert nur ein einziges Mal – hier, in diesem Archiv. Der Reiz liegt nicht so sehr in der oft beschworenen Aura des Vergangenen. Er liegt vielmehr in dieser Einmaligkeit, die nur durch einen historischen Zufall möglich geworden ist. Wäre es nur ein wenig anders verlaufen, wäre auch das, was in den 17 Schachteln in der Handschriftenabteilung der Münchner Staatsbibliothek aufbewahrt wird, verloren gegangen.

Langsam wächst in mir der Gedanke, dass ich mein Porträt von Ilse Schneider-Lengyel vor allem auf den Materialien ihres Nachlasses aufbaue. Ich überlege mir, ob es möglich sei, ihre Lebensgeschichte nicht nur anhand, sondern tatsächlich mit den Dokumenten, die sich erhalten haben, zu erzählen. Das aber hieße, sie nicht nur im Hinblick auf verwertbare Informationen zu analysieren und diese dann in einen eigenen Text zu überführen. Vielmehr müsste den Dokumenten selbst ein ebenbürtiger Stellenwert zukommen, damit sie aus sich heraus wirken und eine eigene Dramaturgie entfalten könnten. Das wäre dann vor allem zunächst eine Frage der Auswahl der Quellen, sodann aber auch des Rhythmus und der Montage ihrer Präsentation – einem Dokumentarfilm vergleichbar, der mit vielen Archivaufnahmen arbeitet und nur von einem Kommentar begleitet wird. Ein Erzählen mit Dokumenten also, die sich zu einem Porträt fügen.[11]

Schließlich kommt mir noch ein ethischer Gesichtspunkt in den Sinn, eine Perspektive auf Literatur, die in jüngerer Zeit wieder stärker eingenommen wird[12]: Bewahrt sich nicht jedes Leben eine Unverfügbarkeit, die in keiner biographischen Quelle erfasst ist und also auch nicht erzählt werden kann? Hat zudem die Forschung nicht zur Genüge herausgestellt, dass erzählte Lebensgeschichten immer vielmehr eine »biographische Illusion« erzeugen, als ein Leben tatsächlich abzubilden?[13] Und hat die feministisch perspektivierte Literatur- und Sozialwissenschaft nicht aufgedeckt, dass Biographien sogar auf einem männlich konnotierten Lebensmuster beruhen, weil sie sich auf das Individuum, sein Handeln und seine Karriere konzentrieren, während weibliche Lebensläufe eher von Brüchen, Ungleichzeitigkeiten und Unsichtbarkeiten geprägt sind?[14]

Jedoch hat schon Hans Magnus Enzensberger Anfang der 1970er Jahre bei seinem Versuch, die Lebensgeschichte eines spanischen Arbeiters und Revolutionsführers zu rekonstruieren, den doppelten Charakter solcher identifizierter Mängel erkannt. Für ihn lösen gerade sie das Erzählen erst aus. Treffend merkt er an:

> Die Rekonstruktion gleicht einem Puzzle, dessen Stücke nicht nahtlos ineinander sich fügen lassen. Gerade auf den Fugen des Bildes ist zu beharren. Vielleicht steckt in ihnen die Wahrheit, um derentwillen, ohne dass die Erzähler es wüßten, erzählt wird.[15]

So begreife ich die Grenzen, die der Nachlass und die Überlieferungslage mir setzen, als Chance. Ein Porträt in Dokumenten, wie es mir vorschwebt, kann ethischen Überlegungen im Hinblick auf das Schreiben einer Lebensgeschichte insofern einen Raum geben, als es die Prozesse, die zwischen dem Material und seiner Interpretation ablaufen, verlangsamt. Zudem birgt es die Möglichkeit, diejenigen, die es lesen werden, in das Verfertigen des Porträts mit einzubeziehen, sie selbst an den Vorgängen des Sichtens, des Bewertens und

Interpretierens teilhaben zu lassen, so dass sie sich ein eigenständiges Lebensbild formen können.

Als ich den Handschriftensaal an diesem ersten Tag um 17:00 Uhr verlasse, dunkelt es draußen bereits. Der Schnee vom Morgen hat sich in braunen Matsch gewandelt. In mir beginnen die Eindrücke des Tages durcheinanderzupurzeln. Ich überlasse mich dem freien Spiel und verspüre keine Notwendigkeit, ordnend einzugreifen. Irgendwo kehre ich noch auf ein bayerisches Bier ein. Der Raum ist bereits gefüllt, aber ich finde einen leeren Tisch. Die Musik, die aus dem Lautsprecher über mir spielt, mischt sich in den Fluss meiner Gedanken. Plötzlich geht mir eine Stimme unter die Haut. Adele singt *Never mind I'll find someone like you.* Irgendwann gehe ich durch die Schwabinger Nacht zu meiner Unterkunft. Morgen werde ich in die Staatsbibliothek zurückkehren.

Kapitel 1

Münchner Kindheit um 1900

1903-1923

> Je tiefer das Blau wird, desto tiefer ruft es den Menschen in das Unendliche, weckt in ihm die Sehnsucht nach Reinem und schließlich Übersinnlichem.
> Es ist die Farbe des Himmels.
>
> Wassily Kandinsky
> *Über das Geistige in der Kunst* (1911)

Für Kindheit und Jugend Ilse Schneiders trifft in besonderem Maß zu, was für ihr ganzes Leben gilt: Es haben sich nur wenige und zum Teil marginale Quellen erhalten. Sie fügen sich nicht zu einem geschlossenen Bild. Selbst die Metapher des Mosaiks würde überspielen, dass die Lücken sehr viel größer sind als die wenigen Zeugnisse, die sich erhalten haben. Vielmehr erinnert die Situation an vereinzelt aufblitzende Lichtreflexe, die auf der kaum bewegten Wasseroberfläche eines Sees tanzen.

Einige Fotografien, die im Nachlass unsortiert in zwei Mappen liegen, eröffnen einen Blick in die frühen Jahre. Eine Aufnahme aus einem Fotostudio zeigt Ilse im Alter von vier Jahren mit ihrer jüngeren Schwester Marion. Die schulterlangen Haare sind bereits dunkel, voll und zurückgekämmt. Eine andere Fotografie hält eine Kutschenfahrt der Geschwister mit dem Vater fest. Ilse muss bereits um die zehn Jahre alt sein und steht lächelnd auf dem Trittbrett der Kutsche, die von zwei Pferden gezogen wird. Offensichtlich genießt sie die Fahrt im Freien. Die Bäume im Hintergrund sind kahl. Aber die Luft ist warm genug, um mit einem bloßen Kleid auszukommen. Die anderen sitzen in der Kutsche, der Vater mit Mantel und Hut. Alle, selbst der Kutscher, drehen sich nach hinten, der Kamera zu.

Eine andere Mappe, mit der Aufschrift »Personalia«, enthält das älteste Dokument des Nachlasses – die beglaubigte Abschrift des Taufzeugnisses von Ilse Maria Schneider:

Ilse Maria Schneider

Tochter des damaligen Privatdozenten und K. Forstamtsassistenten I. Klasse, jetziger K. Forstamtsassessor Dr. Felix Schneider und seiner Ehefrau Anna, geborene von Koch

geboren am 10. Januar 1903 in München
ist am 5. Februar 1903
in München, Pfarrbezirk St. Markus
nach evangelisch-lutherischem Ritus getauft worden.

Taufpaten waren Friedrich Schneider, Marie Schneider
Schlossgutsbesitzersgatten

Dies bezeugt auf Grund des Taufbuches

München, den 31. Mai 1906

K. bayer. Prot. Stadtpfarramt
Pfarrbezirk St. Markus

Gezeichnet: Veis[1]

Ilse Schneider wuchs also in einer protestantischen Familie im katholisch geprägten München auf. Zwar waren seit Mitte des 19. Jahrhunderts immer mehr Protestanten in die bayerische Hauptstadt gezogen, doch bildeten sie mit 11% der Bevölkerung – und darin sind Lutheraner und Reformierte zusammengefasst – immer eine deutliche Minderheit. Ilses Vater, Felix Schneider, war ebenfalls in München geboren, hatte aber die in Hamburg aufgewachsene Anna von Koch geheiratet. Das spricht für eine Offenheit, die nicht an der bayerischen Grenze endete.

Aus dem Taufzeugnis geht ferner hervor, dass Felix Schneider zunächst eine Laufbahn an der Universität anstrebte, dann aber, nach Geburt seiner ältesten Tochter, in den gehobenen Beamtendienst gewechselt ist. Zur Zeit der Abschrift der Taufurkunde war er bereits Forstamtsassessor; später stieg er bis zur Stelle eines Oberforstmeisters auf und arbeitete im höheren Forstdienst. Er hatte damit eine ganze Reihe von Forstämtern unter sich und war wohl in erster Linie mit der Forstverwaltung innerhalb der Münchner Ministerien betraut.

Als Taufpaten sind Ilses Großeltern väterlicherseits eingetragen, für die als nähere Berufsbezeichnung »Schlossgutsbesitzersgatten« angegeben ist. Friedrich Schneider besaß nämlich das Schloss Hart-

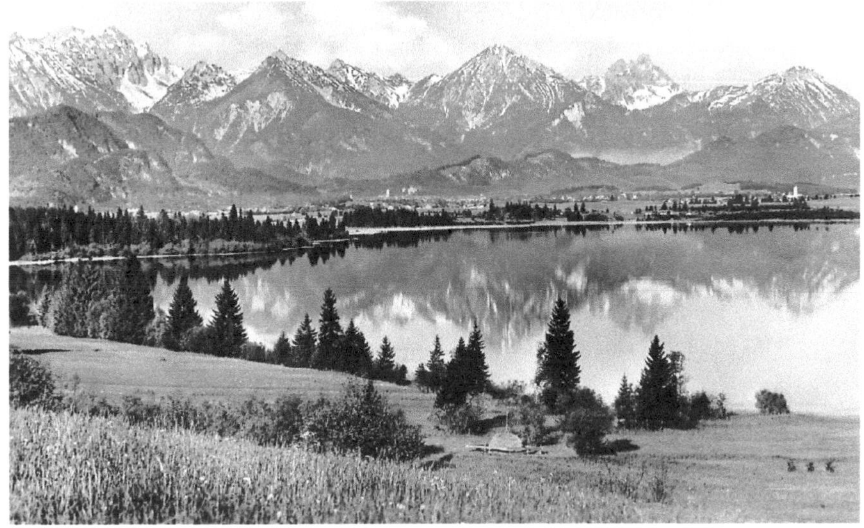

Der Bannwaldsee in den 1930er Jahren

mannsberg am Chiemsee. Auf ihn geht auch der Erwerb einiger Seen im Allgäu zurück, die er an seine Kinder vererbte. So kam Felix Schneider in den Besitz des Weißen- und des Bannwaldsees, seine Schwester in jenen des Hopfensees. Mithin ist davon auszugehen, dass Ilse Schneider in einigem Wohlstand aufgewachsen ist.

Die Seen müssen in der Familie eine besondere Stellung eingenommen haben, allen voran der Bannwaldsee, den sie als Feriendomizil nutzte. Später, schon als junge Frau, musste Ilse Schneider dann erleben, wie der Unterhalt der Seen durch die Weltwirtschaftskrisen immer schwieriger wurde, so dass ihr Vater und ihre Tante schließlich gezwungen waren, ihren Besitz zu verkaufen. Allein den Bannwaldsee konnte sich die Familie bewahren.

Im Zuge der Bemühungen von Felix Schneider, einen Käufer für den Weißensee zu finden, hat sich im Stadtarchiv Füssen ein interessantes Dokument erhalten. Es handelt sich um einen Brief vom 8. Juli 1925, in dem er dem damaligen Füssener Bürgermeister die Vorteile aufzählt, die der Stadt aus dem See erwachsen würden. Dieser Brief zeigt, wie aufgeschlossen, modern und demokratisch sein Denken gewesen sein musste – und lässt somit erahnen, in welcher intellektuellen Atmosphäre Ilse Schneider aufgewachsen ist:

> Die Entwicklung der Stadt Füssen geht nach Westen. Die Boden- und Fremdenpolitik der Stadt findet im Weissensee den vollendeten Abschluss. Kauft [die Gemeinde, PB] Weissensee den See, so wirkt sich die große Anziehungskraft des schönen Sees ausschließlich auf die Entwicklung dieser Gemeinde aus, die mächtig emporblühen und einen beträchtlichen Teil des Fremdenzuzuges an sich reißen würde, und zwar den leistungsfähigern. Kauft ein Privater den See, so wird die Zukunft beider Gemeinwesen gesperrt, oder aber es entsteht ein Privatunternehmen, welches den Vorteil aus beiden Kommunen zieht. Letzteres wollte ich vermieden wissen, da mich mein anderer See doch immer nach Füssen ziehen wird.[2]

Felix Schneider zeigt sich also mit Prozessen der Stadtplanung und Regionalentwicklung sehr vertraut. Vermutlich waren sie auch Teil seiner beruflichen Tätigkeit. Im Fortgang des Briefes tritt dies noch deutlicher heraus. In mehreren Punkten entwirft er ein Zukunftsszenario, als habe er damals bereits die Entwicklung der 1960er und 1970er Jahre vorhergesehen:

> 1. Hebung der Fischerei durch wirklich sachverständigen intensiven Fang und reichen Einsatz. […]
> 2. Ausgabe von Fischereischeinen. […]
> 3. Einrichtung einer zügigen Kahnfahrt mit 10 bis 20 Kähnen. Auch Segelboote.
> 4. Einrichtung eines richtigen Bades mit Luft und Sonnenbad auf städtischem Waldgrund im Südosten des Sees.
> 5. Erlaubnis zum Halten von Schiffen an Uferbewohner. Mindestens 100 M. je Schiff.
> 6. Fassung der reichen Quelle in Rossmoos, […], Leitung des herrlichen Wassers in die städtische Leitung, wie es schon früher von der Stadt beabsichtigt war.
> 7. Indirekte Vorteile für die Stadt: Mächtiges Reklamemittel für den Fremdenverkehr. Anziehung vermöglicherer Elemente, Sportfischer, Wasserfreunde und mit längerem Aufenthalt. Das herrliche Naturkleinod im Besitze einer unternehmenden Stadt ist ein unbezahlbares gemeinnütziges Objekt. […] Abhaltung von Seefesten, Seeflügen, wassersportlichen Veranstaltungen. Anlage von Luftkurhotels, Pensionen, Sommer- und Winterbetrieb. Anlage von Seestrandwegen, Hangwegen, Wintersport für Segelschlitten, Schlittschuhe. Ständige Versorgung der Füssener Gaststätten mit frischen Edelfischen.[3]

München am Anfang des 20. Jahrhunderts

Das in die Zukunft gerichtete und auf Expansion zielende Entwicklungsdenken, das in diesem Brief im Kleinen vorgeführt wird, hatte auch die Stadt München, in der Ilse ihre Kindheit verbrachte, zu Beginn des 20. Jahrhunderts erfasst. Die Stadt erlebte einen großen wirtschaftlichen, städtebaulichen und kulturellen Aufschwung und wuchs nach Berlin und Hamburg zur drittgrößten Metropole in Deutschland heran. Prinzregent Luitpold als Monarch von Bayern förderte viele Projekte, überließ die Regierungsgeschäfte aber weitgehend den Ministerien, so dass sich in dieser Zeit bereits vordemokratische Strukturen ausbilden konnten, in denen sich auch Felix Schneider bewegte.

Der bayerische Monarch war aber auch der bildenden Kunst sehr verbunden, vor allem der Malerei – und nicht zuletzt der zeitgenössischen. Mit der Zeitschrift *Die Jugend*, die ab 1896 in München erschienen war, entwickelte sich der Jugendstil als eine wichtige Strömung der frühen Moderne. So zog München um die Jahrhundertwende viele Kunst- und Literaturbegeisterte von überall an, die sich meistens im Stadtteil Schwabing niederließen, wo sich auch die Universität und die Kunstakademie befanden. Bald sprach man von der Schwabinger Bohème, zu der auch der junge Verleger Reinhard Piper zählte, der 1904 in diesem Stadtteil einen Verlag gründete. In seinen Memoiren mit dem Titel *Mein Leben als Verleger* erinnert sich Reinhard Piper:

> Es gab in jenen Jahren in München viele junge vermögende Leute, die dies oder das studiert hatten, sich für alles mögliche interessierten, auch Gedichte machten, aber sich für keinen bestimmten Beruf entscheiden mochten. Sie lebten meist in Schwabing und ließen sich »anregen«.[4]

Der Piper Verlag

Der Piper Verlag, in dem 1934 Ilse Schneiders erstes Buch erscheinen wird, spiegelt exemplarisch das Kunstleben Münchens in den ersten beiden Jahrzehnten des 20. Jahrhunderts wider. Reinhard Piper stieg schnell, neben Samuel Fischer in Berlin, Kurt Wolff in Leipzig und Eugen Diederichs in Jena, zu einem der führenden Kulturverleger in Deutschland auf. Wie jene hatte er sich auf hochwertige Bücher mit den Schwerpunkten Literatur, Kunst und Philosophie spezialisiert. München bot hierfür beste Voraussetzungen. Einerseits hatten Traditionsverlage wie Hanfstaengl, Calldeway oder Bruckmann, die auf die Reproduktion von bildender Kunst ausgerichtet waren, das Terrain bereitet. Andererseits gab es vor Ort eine ganze Reihe spezialisierter Druckereien auf dem neuesten Stand der Technik. So konnte Reinhard Piper die exklusiven Projekte der Buchkunstbewegung, die sich gegen die zunehmend industrielle Herstellung von Büchern wehrte, mit den kostengünstigen neuen Drucktechniken verbinden.[5]

Das zeigte sich vor allem an den Kunstbildbänden, Mappenwerken und Einzeldrucken, durch die der Verlag sein Profil schärfte. Einen besonderen Akzent legte Reinhard Piper dabei schon früh auf die zeitgenössische, avantgardistische Kunst und widmete vielen Künstlern der Stunde Monographien und Mappen, u.a. Edvard Munch, Henri de Toulouse-Lautrec, Max Beckmann oder Ernst Barlach. 1912 schließlich verlegte er das als Almanach geplante Buch *Der Blaue Reiter* von Franz Marc und Wassily Kandinsky, das zu einer Wegmarke des Verlags wurde. In seinen Lebenserinnerungen schreibt er darüber:

> Ich begrüßte diesen Blauen Reiter als eine Gelegenheit, neuen, unverbrauchten Stoff unter die Leute zu bringen. Er wirkte revolutionär. Mein Verlag erschien durch ihn besonders »avanciert«, [...] Sein Bildteil zeigte bayerische Hinterglasmalereien, primitive Votivtafeln, wie sie in den Wallfahrtskirchen hängen, russische Volkskunst, Kinderzeichnungen, exotische Plastiken aus Borneo, Mexiko und der Osterinsel, Gewebe aus Alaska, Schattenspielfiguren aus Ägypten. Diese Dinge wurden damals als Kunst zum ersten Mal ernst genommen. Die Künstler ließen sich nicht mehr so sehr in den Galerien der großen Maler als im Kunstgewerbe- und Völkerkundemuseum inspirieren.[6]

In einem Prospekt des Verlags, durch den das Buch beworben und zur Subskription aufgerufen wurde, schrieb Franz Marc 1912 selbst über die von ihm zusammen mit Kandinsky in München gegründete Künstlergruppe des Blauen Reiters und deren erstes Künstlerbuch:

> Er soll der Ruf werden, der die Künstler sammelt, die zur neuen Zeit gehören, und der die Ohren der Laien weckt. Die Bücher des Blauen Reiters werden ausschließlich von Künstlern geschaffen und geleitet. Das hiermit angekündigte erste Buch, dem andere

> in zwangloser Reihe folgen sollen, umfaßt die neueste malerische Bewegung in Frankreich, Deutschland und Rußland und zeigt ihren feinen Verbindungsfaden mit der Gotik und den Primitiven, mit Afrika und dem großen Orient, mit der so ausdrucksstarken ursprünglichen Volkskunst und Kinderkunst, besonders mit der modernsten musikalischen Bewegung in Europa und den neuen Bühnenideen unserer Zeit.[7]

Mit Blick auf das spätere Werk von Ilse Schneider wirkt es fast unheimlich, wie sich in diesen Sätzen die Themen bündeln, die sie in ihren Jahren der Ausbildung aufgreifen und in ihren späteren künstlerischen Arbeiten umsetzen wird – als hätte sie damals bereits den Ruf des Blauen Reiters vernommen.

Der Erste Weltkrieg jedoch setzte den Aktivitäten der Künstlergruppe, aber auch dem florierenden kulturellen Leben in München ein Ende. Auch für den Piper Verlag bedeuteten die Jahre des Krieges einen tiefen Einschnitt – bis zu den Novemberunruhen 1918, die zum Sturz der bayerischen Monarchie führten.

Internat in Augsburg

Ilse Schneider erlebte die Jahre des Ersten Weltkriegs vor allem in Augsburg. Dort besuchte sie ein privates Internat.[8] Der Name der Schule ist jedoch nicht bekannt.[9] Standesgemäß wäre sicherlich das »Anna Barbara von Stettensche Institut« gewesen, ein Realgymnasium für Mädchen, das sich einer höheren Allgemeinbildung auf wissenschaftlicher Grundlage verpflichtete.[10] Als einziges evangelisches Internat in Bayern nahm es vor allem Töchter königlicher Beamter auf. Zwar verstand es sich nicht als evangelische Konfessionsschule im engeren Sinn, die Erziehung erfolgte aber im christlich-evangelischen Glauben. Tägliche Schulgebete und regelmäßige Andachten gehörten zum Schulalltag. Besonderer Wert wurde auf das Erlernen von Fremdsprachen gelegt – unterrichtet wurden die Sprachen Englisch, Französisch und Italienisch. Mit der Abschlussprüfung erhielten die Schülerinnen die Berechtigung, Vorlesungen an der Universität zu hören.

Auch die Schulbildung, die Ilse Schneider absolviert hat, belegt das intellektuell offene Klima in der Familie Schneider. Der Vater, der selbst promoviert und eine Zeitlang sogar als Privatdozent gelehrt hatte, zwang seinen Töchtern nicht eine damals typische

Frauenausbildung auf, sondern unterstützte sie in einer allgemeinen Schulbildung, die ihnen den Weg an die Universität ermöglichte – ein Weg zumal, der Frauen in jener Zeit erst seit wenigen Jahren eröffnet worden war.

Zwischenspiel

Der Nachlass hält noch einen weiteren Fund bereit, der Aufschlüsse über die Kindheit Ilse Schneiders erlaubt: die Erzählung *Mit einem Jahr dachte ich …* Sie ist in der zweiten Hälfte der 1940er Jahre entstanden, das genaue Datum ist nicht bekannt. Die Erzählung gibt – aus langem Abstand und der Erfahrung eines halben Lebens – einen pikaresken Rückblick auf die Kindheit. Die Ich-Erzählerin stilisiert sich darin als hellwaches und verschlagenes Kind. Im Nu durchschaut sie die Welt, die sich ihr entgegenstellt, und dem noch Unbegreiflichen begegnet sie mit großer Neugier. Zudem ist sie dem Kindermädchen stets überlegen. Früh schon erkundet sie die Welt des Gedruckten, liest in Zeitungen und im Konversationslexikon. Doch trotz des Charakters eines Schelmenstücks blitzen Erfahrungen aus der Kindheit auf.

Mit einem Jahr dachte ich …

So wie es dann später wurde, bin ich auch zur Welt gekommen: mit der größten Geschwindigkeit war ich da. Wog genau zehn Bücher à ein Pfund, ziemlich viel für den Anfang des künftigen Bücherschrankes. Der ist inzwischen verbrannt, das Gewicht reduziert, wenn auch nicht auf das Anfangsgewicht, aber immerhin. Damals begann es.

Mit einem Jahr dachte ich: »Wie marktschreierisch ist alles um mich herum! Und das Federbett ist zu heiß!« Steckkissen hatte ich sowieso abgelehnt wegen der vielen Spitzen, die immer kitzeln. Gummikitzel und Klappern schienen mir wie eine Degradierung.

Im zweiten Jahr dachte ich bereits, dass die Erwachsenen idiotisch seien mit Ihrem Da-Da und Du-Du. Es war am besten, nicht zu antworten und sich schlafend zu stellen. Dann gingen sie auf Fußspitzen hinaus, verloren das Gleichgewicht, und ich hatte etwas zu lachen. Lachte ich aber, erschütterten die Tränen mein Bett. Sie kamen sofort zurück und wischten mir stark mit einem gebrauchten Taschentuch über das Gesicht und holten den Arzt, weil ich tränte. Der schrieb mir viele Mittel auf. Dann trank er Wein, bis er einen feuerroten Kopf bekam, und rauchte eine dicke Zigarre aus einer Kiste, in der viele drinnen waren. Gingen meine Eltern hinaus, dann steckte er noch schnell eine zu sich und schnäuzte sich in ein graubraunes Taschentuch wegen dem Raucherhusten.

In meinem dritten Jahr hatte ich große Kämpfe mit den Hunden. Sie hatten keinen Respekt vor mir. Sie wurden abgeschafft, weil eine Geschichte von Würmern kursierte, die sie angeblich übertragen sollten. Da zerschnitzelte ich die Peitsche und Hundehalsbänder. Da ich mich aber an Tiere gewöhnen sollte, bekam ich einen Gummihund, der abscheulich quietschte und ziemlich aufgebläht war. Ich holte eine Schere und schnitt ihn auf, um nachzusehen. Er war leer. Niemand konnte mir vormachen, dass ein wirklicher Hund innen leer sei. Ich ging jetzt zu einem natürlichen Hund und drückte an ihm herum. Er war aber voll und schnappte nach mir. Da ließ ich das Ganze.

Mit meinem vierten Jahr kamen die Tanten, wie ich präsentabel wurde. Sie machten Komplimente, logen entsetzlich und brachten billige Sachen mit. Ein ernstes Gespräch war mit ihnen nicht zu führen. Aber mit meinem Vater durfte ich in den Wald hinausfahren mit Wagen und Pferd oder Schlitten im Winter. Die Zweige glitzerten dann, der Schnee knirschte unter den Rädern und die Pferde flüsterten mit einander etwas, das ich nicht verstand.

Mit meinem fünften Jahr endlich konnte ich mich von meinen Aufpassern zurückziehen. Lesen und Schreiben wollten sie mich nicht lehren. Später fing es mit den Zeitungsartikeln bei mir an. Dort hatte ich viel Anregung und erfuhr, dass Menschen geboren werden. Langsam lernte ich vieles von Mord und Tod und Liebe und Betrug. Ich dachte, es sind nur erfundene Geschichten, wie mir vieles um mich herum erfunden erschien. Später traf ich auf ein Konversationslexikon. Dort brauchte man nur nach dem Alphabet zu schauen. Zum Beispiel R = Rosshaare und die Erklärung dazu. Kissen, die man mit den Haaren eines armen Pferdes füllt, fand ich besonders gemein. Aber es war sehr gepriesen. Alles überhaupt in dem Lexikon. Oft war ich zu faul, Worte nachzuschauen.

Aber eines kam oft vor: Der Staat! Ich fragte das Kindermädchen, weil ich glaubte, er sei ein Mensch. Da sie aber keine Antwort gab, stellte ich mir vor, es sei wieder etwas Unanständiges. Ich holte meine Sparbüchse. Aber sie schien es wirklich nicht zu wissen. Es war ein sieben Seiten langer Artikel im Lexikon, äußerst schwer für mich, da ich mit meinen fünf Jahren nur an Liebesgedichte und Detektivromane gewöhnt war. Es hieß, es sei eine Einrichtung zum Wohl der Mitbürger. Das glaubte ich nicht, denn mein Vater, der eine gewisse Autorität bei mir besass (er war groß, ernst und nicht zänkisch), hatte gesagt: »Der Staat raubt uns aus. Er frisst die Arbeit der Beamten.« Und weiter stand, dass man ihm sich unterordnen müsse. Das Gegenteil sei Anarchismus. So war wohl Anarchie das Gegenteil von Sozialismus? Aber der Sozialismus kam auch schlecht weg. Das Lexikon war aus dem Jahre 1899. Von meiner Mutter hatte ich gehört, dass die beiden Großväter Demokraten waren. Demokratie gefiel mir als Wort. Ich wollte so werden wie meine Großväter.

Dann kam der Krieg. Mein Vater ging dort hin und es war keine Rede, dass ich ihn davon abhalten konnte. Man sprach von Vaterland, König und Kaiser, aber es war nichts Greifbares darin. Ich fürchtete, es hing mit dem Staat zusammen. Inzwischen konnten die Mutter und wir Kinder verderben. Glücklicherweise dauerte das Ganze für meinen Vater nicht so lang. Er wurde schwer verwundet fürs Vaterland. Jetzt, dachte ich, wird Ruhe.

Ich hatte jetzt andere Dinge zu tun. Ich war mir klar, dass man sofort anpacken müsse im Leben, wollte man zu etwas kommen. Schließlich war ich jetzt schon sechs Jahre. So eröffnete ich denn einen Stand, erhob mich früh um sieben Uhr, baute Gemüse und Obst auf und bot es an, aber ohne Erfolg. Der Kampf um das tägliche Leben begann, und ich überlegte, wie ich meine Kunden anlocken könnte. Ich legte kleine Rosensträuße vorne hin. Es war ein Praktikant meines Vaters, der fragte, was der Strauß koste. Strauß war übertrieben. Es waren nur drei Rosen mit etwas Grün: eineinhalb Pfennig. Auch Eicheln nahm er mit. Das waren zusammen schon drei Pfennig. Die Kollegen sahen das und kauften nun ebenfalls. Das Geschäft begann sich zu heben, besonders bei Regen. Man bedauerte mich, da ich tropfnass wurde, und ich nützte das aus. Ich kam zu Einnahmen bis zu dreizehn Pfennigen pro Tag. Wochen vergingen, und das Geschäft wäre zur Blüte gelangt, wenn es nicht meinen Eltern zu Ohren gekommen wäre. Das Geschäft wurde mir von ihnen geschlossen. Ich hatte aber ein kleines Kapital von 2,45 Mark.

Auch die ewigen Liebesgeschichten wurden fad, und es war immer ein Geheimnis darum herum. Ich war inzwischen sieben Jahre alt geworden und musste das herausbringen. Ich fragte das Kindermädchen, wie die Liebe zustande käme. Sie wurde aber rot und drehte sich um. Ich sagte: »Hier hast du 10 Pfennig, wenn du mir sagst, warum ein Mann eine Frau umarmt.« Sie antwortete: »Das ist Liebe!« Das war für mich zu wenig oder nichts. Ich konnte mir darunter kaum etwas vorstellen. Für wie lange sei das? »Oft für immer.« Das war schon etwas besser. Ich beschloss, mich an einen Mann zu wenden, den Kutscher. Er sagte: »Weil es Spaß macht!« Das war schon wesentlich besser. Das Geld wollte er nicht dafür und meinte: »Du wirst es verspüren, wenn du erst groß bist.« Er hat recht gehabt. Aber es war dann doch eine Enttäuschung.

Kapitel 2

Lichtjahre

1923-1927

> Der Anblick eines Originalwerkes selbst kann durch bestechende Eigenschaften über seinen inneren Wert täuschen, man kann es um äußerer Ursachen willen für geistig bedeutender halten als es ist: das Skioptikon [die Lichtbildprojektion, PB] duldet diesen falschen Schein nicht. Nur die Werke ersten Ranges bestehen die Probe. Junge Menschen haben hierfür einen besonders scharfen Blick.
>
> Hermann Grimm
> *Die Umgestaltung der Universitätsvorlesungen über Neuere Kunstgeschichte durch die Anwendung des Skioptikons* (1892)

Verstreute Angaben

Für die Frage, welche Wege Ilse Schneider nach ihrer Internatszeit in Augsburg im Hinblick auf ihre weitere, künstlerische Ausbildung eingeschlagen hat, stellt sich die Situation ähnlich dar wie für ihre Kindheit und Jugend. Es existieren nur wenige Dokumente, die alle aus den 1950er Jahren stammen und durch keine Abschlusszeugnisse belegt sind. Immerhin tauchen darin die Namen mehrerer Lehrer auf, so dass anhand dieser die jeweiligen Denkfiguren und intellektuellen Konzepte nachvollzogen werden können, denen Ilse Schneider in diesen Jahren begegnet ist, und die sie sich angeeignet hat. Auch die Institutionen, die sie besucht hat, erlauben es, zumindest die Rahmenbedingungen und die Atmosphäre ihrer Ausbildung zu rekonstruieren, die sie dort erlebt hat. All das wird schließlich in ihr erstes eigenes Kunstbuchprojekt einfließen.

Das erste Dokument, das sich heranziehen lässt, ist ein tabellarischer Lebenslauf, den Ilse Schneider für ihre Bewerbung um den Deutschen Kulturpreis 1959 in der Sparte Fotografie angefertigt hat. Darin listet sie auf:

> Angaben zum Studium:
> Kunstgeschichte und Ethnologie
> Malerei Grande Chaumière, Académie, Paris
> Lette-Haus, Photo-Schule, Berlin und
> Photo-Lehrer Moholy-Nagy, Bauhaus[1]

Das andere Dokument ist wenige Jahre früher entstanden. Ein Verleger, dem sie eines ihrer Manuskripte zugesandt hatte, bat sie um Auskunft zu ihrer Person. Ilse antwortete in einem Brief vom 8. April 1956. Darin wirft sie einige Schlaglichter auf ihren künstlerischen Werdegang, ihre Mitarbeit bei Zeitungen und Zeitschriften und ihre Publikationen. Zu ihrer Ausbildung schreibt sie:

> Sehr geehrter Herr Doktor,
>
> In Ihrem letzten Satz haben Sie mir das Stichwort gegeben, wer ich sei. [...]
> Habe in München Kunstgeschichte – in Berlin Ethnologie und in Paris bei Paul Valéry studiert.[2]

Hier werden also zu den beiden Fächern, die sie studiert hat, die jeweiligen Studienorte München und Berlin genannt. Zwei Mal taucht zudem in den beiden Dokumenten die Stadt Paris auf. Die Angaben zu Paul Valéry beziehen sich jedoch nicht auf dieselbe Zeit in Paris wie jene zur Kunstakademie *Grande Chaumière*. Die Literatur spielte für die frühen Ausbildungsjahre noch keine Rolle. Paul Valéry wird erst in den Jahren des Zweiten Weltkriegs, wenn sie sich der Literatur zuwendet, eine wichtige Figur für sie werden.[3]

Die knappen Angaben aus den beiden Dokumenten werden durch eine ganz andere Quelle im Nachlass erweitert und ergänzt. Dabei handelt es sich um einen autobiographischen Bericht, der ihrer Bekanntschaft mit dem bayerischen Kronprinzen Rupprecht aus dem Hause Wittelsbach gewidmet ist. Über 20 Jahre währte diese freundschaftliche Beziehung – bis zum Tod Rupprechts im August 1955. Kurz danach begann Ilse Schneider-Lengyel mit der Niederschrift des Berichts, den sie in einem Kondolenzschreiben vom 7. August 1955 an den Sohn und Nachfolger Herzog Albrecht von Bayern ankündigte: »Mehr als Hände Kränze zu winden vermögen, glaube ich, einer 21-jährigen Freundschaft ein Denkmal setzen zu sollen, durch die Herausgabe eines Buches aus meiner Feder *Briefe und Erinnerungen*.«[4]

Dieser autobiographische Bericht liegt im Nachlass nur als fragmentarischer Entwurf vor – in einer kürzeren und einer längeren Fassung, von denen diese nach 18 Seiten, jene bereits nach fünf Seiten abbricht. Die längere Version enthält sehr viel mehr handschriftliche Korrekturen; die kürzere hingegen ist weniger eine Reinschrift als vielmehr ein Neuentwurf, der zwar deutlich weniger, aber immer noch einige handschriftliche Korrekturen enthält.

Die für die Frage der künstlerischen Ausbildung wichtigen Passagen finden sich gleich zu Anfang des Berichts. Die Autorin erzählt dort, wie sie den Kronprinzen im Jahr 1934 an einem Abend im Münchner Altertumsverein überraschend kennengelernt hat. Als junge Frau, die sich für die Kunst begeistert, platzt sie in einen Kreis vornehmlich älterer Herren. Alle merken auf – auch der Kronprinz, und so ergibt sich schließlich ein längeres Gespräch mit ihm. In der ersten Fassung des Berichts lautet die Passage über ihre Ausbildung:

> Ich blieb, ich unterhielt mich oder vielmehr er sich mit mir und wir hatten ganz furchtbar viel zu besprechen. Ich kam vom Künstlerischen her, darum wurde ich auch nie Kunsthistoriker, denen ich dennoch viel danke. Schließlich kein geringerer als Pinder hat es mir beigebracht, Pinder mit den schönen modernen Bildern in seinem Heim, Feininger usw. Doch zurück, nein noch nicht. Die Wichtigkeit des Optischen hatte man mir an der Universität vermittelt und neben meiner geistigen Tätigkeit lernte ich Kunstfotografie, damals noch neu in diesem Zusammenhang, heute selbstverständliche Grundlage jedes angehenden Kunsthistorikers.[5]

In der zweiten, überarbeiteten Fassung hingegen wird die Fotografie stärker betont:

> Jedenfalls das Thema war gefunden und daran schlossen sich andere. […] Die optische Betrachtungsweise. Ich ging auf die künstlerische Wiedergabe durch das Lichtbild ein. Denn auf der Universität kam mir gleich zu Bewusstsein, dass man allein durch toten Buchstabenkram die kunstinteressierte Welt nicht befriedigen könne. Ich lernte gleichzeitig die Fotografie an der Staatlichen Fotoschule und später bei Moholy-Nagy.[6]

Mit der unterschiedlichen Gewichtung von fotografischem Handwerk und kunsthistorischem Studium wechseln auch die explizit genannten Lehrer: zum einem der Modernist Laszló Moholy-Nagy, der von 1922 bis 1928 am Bauhaus, zunächst in Weimar, später in Dessau, unterrichtete, zum anderen der von der Neuromantik und der Lebensreformbewegung beeinflusste Kunsthistoriker Wilhelm Pinder, der von 1927 bis 1935 an der Münchner Universität lehrte.

Aus all diesen Angaben ergibt sich zumindest ein ungefährer Werdegang Ilse Schneiders. Die Leidenschaft für die Kunst trieb sie zunächst nach Paris an die Kunstakademie *Grande Chaumière*, um sich künstlerisch-handwerklich auszubilden. Zurückgekehrt nach München, begann sie zusätzlich, Vorlesungen im Fach Kunstgeschichte zu besuchen. Dort traf sie auf die Fotografie als wichtiges neues Medium, Kunst zu vermitteln, und entschloss sich, das fotografische Handwerk zu erlernen, zunächst in München, dann in Berlin. Dadurch kam sie auch in Kontakt mit László Moholy-Nagy und bewegte sich im Umfeld des Bauhauses. In Berlin besuchte sie zudem erneut Vorlesungen an der Universität, dieses Mal im Fach Ethnologie, vermutlich befördert durch das Interesse der Avantgarden an der Kunst indigener Kulturen, die damals noch die ›Primitiven‹ oder, etwas wohlklingender, aber gleichwohl herabsetzend, die ›Naturvölker‹ genannt wurden.[7]

In Paris

»Jede Faser meines Herzens gehörte der Kunst, so ist es geblieben.« Mit diesem Satz beginnt Ilse Schneider-Lengyel die erste Fassung ihrer autobiographischen Erzählung über den bayerischen Kronprinzen. Zwei Seiten später, nachdem sie den Abend ihrer ersten Begegnung geschildert hat, ergänzt sie: »Ich ging entzückt in mein Atelier zurück, damals malte ich auch, was ich dann später aufgab, der eigene Mann malte, da soll man nicht, finde ich.«[8]

Am Anfang stand also die Malerei, und wohin, wenn nicht nach Paris, zog es in den 1920er Jahren jene, die ihr verfallen waren. Die Stadt an der Seine galt als das Zentrum der neuen, avantgardistischen Malerei. Hier, am Montmartre und in Montparnasse, lebten und malten Pablo Picasso, Georges Braque, Henri Matisse, Amedeo Modigliani, Marc Chagall und viele, viele andere. Hier nahm auch eine der wichtigen Bewegungen für die Kunst des 20. Jahrhunderts ihren Ausgang: die Inspiration durch die Kunst außereuropäischer Kulturen.

Auch die Kunstschule, die Ilse Schneider-Lengyel besuchte, die *Académie de la Grande Chaumière*, lag im Viertel Montparnasse.

Es war eine offene Kunstschule, die hohes Renommee besaß; im ersten Drittel des 20. Jahrhunderts galt sie sogar als die bekannteste Kunstakademie von Paris. Eine Aufnahmeprüfung musste nicht abgelegt werden; wer wollte und bezahlte, konnte sich für einen selbstgewählten Zeitraum einschreiben und verschiedene Kurse in Malerei und Bildhauerei belegen. Zwischen 1922 und 1927 studierte auch der junge Alberto Giacometti an dieser Akademie – in eben der Zeit, als auch Ilse Schneider dort Kurse belegte.

Es gibt allerdings keinerlei Hinweise darauf, wie lange sich Ilse Schneider in Paris aufhielt und mit wem sie dort verkehrte. Von daher ist nur zu vermuten, was sie von dem Kulturleben dieser Zeit wahrgenommen hat. Entflammt für die Kunst, offen, wie sie war, und fließend Französisch sprechend, wird sie sicherlich intensiv die Museen und Galerien der Stadt besucht und die neuesten Kunstströmungen wahrgenommen haben. Vermutlich zählte dazu auch bereits das *Musée d'Ethnographie du Trocadéro*, das Pariser Völkerkundemuseum, in das es viele Künstler und Kunstinteressierte zog. Auch die Gruppe der Surrealisten wird ihr nicht entgangen sein. 1924 war diese mit einem ersten Manifest hervorgetreten, verfasst von André Breton. Darin forderte er im Namen des Surrealismus nicht nur eine neue Art von Literatur, durchlässig für das Unbewusste und den Traum – der Horizont, den er vorgab, bezeichnete nichts weniger als die vollkommene Freiheit des Menschen. Gleich zu Beginn des Manifests schreibt Breton:

> Einzig das Wort Freiheit vermag mich noch zu begeistern. […] Ohne Zweifel entspricht es meinem einzigen legitimen Wunsch. Unter so viel ererbter Ungnade bleibt uns, wie man zugeben muß, die *größte Freiheit*, die des Geistes, doch gewährt. Es liegt an uns, sie nicht leichtfertig zu vertun. Zuzulassen, daß die Imagination versklavt wird, auch wenn es um das ginge, was man so leichthin das Glück nennt – das hieße, sich allem entziehen, was man in der Tiefe seiner selbst an höchster Gerechtigkeit findet.[9]

Wie empfänglich war Ilse Schneider damals für solche Gedanken? Wie viel hat sie bereits bei diesem wohl ersten Aufenthalt in Paris von jenen gerne als ›golden‹ bezeichneten Jahren zwischen 1924 und 1929 aufgenommen, das nur ein kurzes, intensives Luftholen zwischen zwei Wirtschaftskrisen und zwei Weltkriegen war – von ihrer Atmosphäre, ihrem Rhythmus, ihrem Timbre?

Kunstgeschichte und Fotografie

Am 5. Mai 1927 hielt Wilhelm Pinder seine Antrittsvorlesung an der Münchner Ludwig-Maximilians-Universität. Damit eröffnete er zugleich seine Vorlesung im Sommersemester 1927, die unter dem Titel *Die Stilkrisen der europäischen Kunst seit dem 13. Jahrhundert* stand und in 44 Sitzungen abgehalten wurde.[10] Sie markiert den frühesten Zeitpunkt, an dem Ilse Schneider Wilhelm Pinder an der Universität erlebt haben kann. Wann sie aus Paris zurückgekehrt ist und ob sie davor bereits Vorlesungen bei anderen Professoren gehört hat, ist offen.

Ab dem Winter 1927 las Pinder sodann drei Semester lang über die Kunstgeschichte des Mittelalters. Beide Vorlesungen unterhalten eine große, sowohl inhaltliche als auch konzeptuelle Nähe zum zweiten in Deutschland veröffentlichten Buch von Ilse Schneider mit dem Titel *Das Gesicht des deutschen Mittelalters*, das 1935 erscheinen wird. Von daher ist davon auszugehen, dass sie unter den Zuhörerinnen saß.

In Wilhelm Pinder begegnete ihr ein Kunsthistoriker, der es sich seit Anfang seiner Forschungs- und Lehrtätigkeit in den 1910er Jahren zur Aufgabe gemacht hatte, die deutsche Kunst gegenüber der italienischen und französischen aufzuwerten und sie als ebenbürtig zu proklamieren. Er vertrat damit eine betont national ausgerichtete Kunstgeschichte. Als Mitbegründer der beliebten, populärwissenschaftlichen Reihe der *Blauen Bücher* war er schon früh einem breiten Publikum bekannt geworden. Zudem soll er ein begnadeter Redner gewesen sein, der es verstand, die künstlerischen Gegenstände, über die er sprach, einer ›dichten Beschreibung‹ zu unterziehen, mit deren Hilfe er ihre jeweilige Eigenart freilegte. Ausgestattet mit einem feinen Sensorium folgte er stets dem Primat der Form. Erst auf dieser Grundlage entwickelte er größere zeitliche und räumliche Zusammenhänge.

Wie sein Lehrer, der Leipziger Kunsthistoriker August Schmarsow, ging er dabei von großen Zeitblöcken aus, in denen jeweils eine Kunstgattung vorherrschend war. So unterschied er das architektonische, das plastische, das malerische und das literarisch-musikalische Zeitalter. Unterhalb dieser vagen Einteilung entwickelten sich nun zu verschiedenen Zeiten und an verschiedenen Orten relativ autonome Stile, die jeweils ein von einer Gemeinschaft empfundenes »Weltempfinden« zum Ausdruck brachten. Wie Wellen steigen Stile an und verebben wieder, um zu einer anderen Zeit und an einem anderen Ort wieder aufzutauchen. Der Einfluss früherer Epochen und Stile auf spätere ist für Pinder gering. Von daher lehnte er eine Hierarchie der Epochen, verbunden gar mit einer normativen Vorbildfunktion, ab.[11]

In einem Artikel mit dem Titel *Zum Gedächtnis Albrecht Dürers*, erschienen in den *Leipziger Neuesten Nachrichten* vom 6. April 1928 kommt Pinders Denken prägnant zum Ausdruck:

> Goethe war der große Führer um 1800 – er war ein Dichter und konnte nur ein Dichter sein. Dürer war der große Führer um 1500 – er war ein bildender Künstler und konnte nur ein solcher sein. Deutschland hat mit katastrophaler Schnelligkeit vollzogen, was auf die Dauer ganz Europa getan hat: die soziologische Umlagerung von der Führerschaft der bildenden Kunst als natürlichster Volkssprache zur Führerschaft des Unräumlich-Unsichtbaren – des Dichtens, Denkens, Musizierens. Der riesenhafteste Aufschwung der sichtbaren Form, die urwüchsigste, genialste Zeugungskraft des Volkes um 1500, war in der Geschichte der bildenden Kunst bei uns etwas Letztes; nicht in dem Sinne, daß nun die Qualitäten ausgegangen wären, daß nicht immer noch deutsche bildende Künstler von großer und größter Bedeutung geboren worden wären. Aber für die unmittelbarsten geistigen Wünsche der Nation traten Bau- und Bildwerk immer mehr in den Schatten des Buches und des musikalischen Kunstwerkes.[12]

In einem anderen Aufsatz, wenige Jahre später geschrieben, geht Pinder näher auf Goethe ein und wirft dabei auch ein Licht auf seine eigene Gegenwart zu Beginn der 1930er Jahre:

> […]: der geschichtliche Augenblick, in dem Goethe auftritt, ist genau jener, an dem die schlimmsten Leiden der heutigen künstlerischen Krisis begründet wurden. Ja, Goethe selbst ist der höchste Ausdruck dieser Krisis. Es ist nämlich der Augenblick, wo der gesamte bisher normale Verlauf der Kunstgeschichte ein katastrophales Ende nahm. Damals zum ersten Male wurde die Einheit aller bildenden Kunst gründlich zerschlagen. […] Damals war die ganze Zerfetzung der künstlerischen Gesamtform entstanden, um deren Wiedergutmachung heute unser heißestes Ringen geht (immer noch mit viel zu viel Bewußtheit, immer noch mit viel zu wenig Naivität!).[13]

Wilhelm Pinder war geprägt von den Lebensreformbewegungen und der Neuromantik des frühen 20. Jahrhunderts. Wie viele teilte er ein allgemeines Krisenbewusstsein und hoffte auf ein neues Zeitalter. So war er auch, bei aller Skepsis, offen für die Gegenwartskunst, suchte nach Zeichen für den künstlerischen Ausdruck seiner Zeit. Ilse Schneider erinnerte sich in ihrem Bericht nicht von ungefähr an die »schönen modernen Bilder in seinem Heim«, u.a. von Lyonel Feininger.

Seine Rolle zur Zeit des Nationalsozialismus war indes äußerst ambivalent. Einerseits stützte er das System, weil er sich einen grundlegenden Wandel erhoffte, und betrieb seine Karriere weiter. Gleichzeitig wiedersetzte er sich einer zunehmend doktrinären Kunstpolitik der Nationalsozialisten und trat in öffentlichen Stellungnahmen für die Gegenwartskunst ein. In einem Brief, der vermutlich an Alfred Rosenberg gerichtet war, schrieb er im August 1933:

> Immer wieder kann man den verhängnisvollen Irrtum beobachten, Anteilnahme an neuer deutscher Kunst (Expressionismus, Neue Sachlichkeit, Bauhaus) sei gleichbedeutend mit politischer Linksrichtung, sei unter Umständen künstlerischer Marxismus, ja Bolschewismus. [...] Auf jeden Fall darf ich versichern: in der modernen deutschen Kunst lebt vieles von der alten deutschen Kunst.[14]

Aber nicht nur in fachlicher Hinsicht wirkte Wilhelm Pinder prägend auf Ilse Schneider. In der ersten Fassung ihres autobiographischen Berichts heißt es: »Die Wichtigkeit des Optischen hatte man mir an der Universität vermittelt«. Bereits Pinders Leipziger Lehrer August Schmarsow hatte den Hörsaal des kunsthistorischen Instituts um 1900 mit einem Diaprojektor ausstatten lassen. Als Student und Doktorand hatte Pinder also bereits selbst einen Kunstunterricht mit Lichtbildern erlebt. Schmarsow selbst hatte die Situation 1909 so beschrieben:

> Die Lichtbilder erscheinen an der weißen Wand, die dem Katheder gegenübersteht. Deshalb sind zur Bequemlichkeit der Hörer die Sitzreihen nicht aus festen Bänken, sondern aus lauter einzelnen runden Drehsesseln hergestellt. [...].Der Dozent steht während solcher Demonstration *ad oculos* hinter den Hörern, vermag selbst aber das drüben erscheinende Bild gleichzeitig mit allen Anwesenden und ebenso wie sie zu sehen, während er andererseits dem Famulus in nächster Nähe durch seine Zeichen leitet, wie die Reihenfolge des Vortrags es irgend erfordern mag.[15]

Als Professor in München verfügte Pinder über eine große Lichtbildsammlung; zum Lehrstuhl gehörte ferner ein eigener Fotograf.[16] Auch er wird die Lichtbildprojektion also intensiv eingesetzt haben – vor allem, wie es damals schon üblich war, in der Doppelprojektion. Zu seinem Münchner Lehrrepertoire gehörten entsprechend auch regelmäßige Übungen zum vergleichenden Sehen.[17]

Aber nicht nur in seinen Vorlesungen, auch als Autor zeigte Wilhelm Pinder ein feines Gespür für fotografische Abbildungen. Bezog er für seine frühen Publikationen die Fotografien von verschiedenen Archiven und Institutionen, wobei ihre Urheber oft anonym blieben, so arbeitete er für das 1925 erschienene Buch *Der Naumburger Dom und der Meister seiner Bildwerke* zum ersten Mal mit einem einzigen Fotografen zusammen, der im Titel auch gleichberichtigt genannt wird.[18] Durch Zufall hatte Pinder die Aufnahmen des lokalen Fotografen Walter Hege in einer Auslage in Naumburg entdeckt.[19] 1927 setzte er die Zusammenarbeit mit ihm in dem Buch *Der Bamberger Dom und seine Bildwerke* fort.[20] Walter Heges Fotografien sind einem piktorialistischen Stil verpflichtet und versuchen, den Kirchenraum und die aufgenommen Figuren stimmungsvoll und mit malerischen Effekten zu inszenieren. Dazu arbeiten sie mit weichen Kontrasten, einem diffusen Licht und kalkulierten Unschärfen. In diesen beiden Büchern sind die Fotografien also mehr als nur Illustrationen – sie gewinnen einen eigenen Ausdruck.

Vermutlich hat Pinder die Aufnahmen Heges auch für seine Vorlesungen genutzt. Dann wurden die Fenster verdunkelt, die Projektoren liefen langsam warm. Ein leises Brummen erfüllte den Raum. Plötzlich, auf ein Zeichen hin, erschien ein Gemälde oder eine Statue an der Wand, so groß und so genau, wie sie noch niemand unter den Anwesenden je zuvor gesehen hatte. Die Augen der Betrachtenden weiteten sich unwillkürlich. Eine zweite Projektion, wieder auf ein Zeichen hin, erschien daneben. Sie zeigte vielleicht ein Detail jenes Kunstwerks und vergrößerte so nochmals das Gesehene, oder sie zeigte ein anderes Kunstwerk, das in irgendeiner Beziehung zu jenem stand. Dazu erklangen die erklärenden Worte des Professors, die das im Dunkel freigesetzte Imaginäre, den Geist der Kunst, wieder einzufangen versuchten. Lichtjahre, Lehrjahre.

Durch diese Erfahrungen musste Ilse Schneider den Entschluss gefasst haben, selbst das fotografische Handwerk zu erlernen. Dazu ging sie zunächst an die Bayerische Staatslehranstalt für Photographie. Dort traf sie erneut auf die piktorialistische Fotografie. Denn die Schule hatte sich seit ihrer Gründung im Jahr 1900 darauf spezialisiert und bald einen Ruf in künstlerischer Fotografie erworben – vor allem im Hinblick auf das Porträt. Von daher nahm auch der Zeichenunterricht eine herausragende Stellung im Lehrplan ein: zwölf Stunden in der Woche waren ihm vorbehalten.[21]

Zugleich legte die Schule aber auch großen Wert auf eine solide technische Ausbildung, besonders, nachdem die einseitige Gewichtung kritisiert worden war. Nach grundlegenden Reformen in den frühen 1920er Jahren setzte sich die Ausbildung aus einem zweijährigen Grundstudium und einer einjährigen Meisterklasse zusammen. Ihrer eigenen Tradition, die sich in der zweiten Hälfte der 1920er Jahre mehr und mehr überlebte, blieb die Schule dennoch treu. Ilse Schneider hat in München allerdings kein Vollstudium absolviert, sondern vermutlich lediglich einige Abendkurse besucht.[22] Die umfassende Ausbildung erfolgte erst in Berlin. Dort auch entwickelte sie einen eigenen fotografischen Stil.

Kapitel 3

Ein Porträt der Künstlerin als junge Frau

1928-1933

> Ich glaube nicht zu irren, wenn ich die Gewinnung einer lebhaften Vorstellung von dem Leben und der Kunst eines ›primitiven‹ Volkes als ein werthvolles Correktiv bei dem Studium jeder Kunst ansehe.
>
> Aby Warburg
> *Brief an seine Eltern aus Santa Fe* (14. Dezember 1895)

> Stellen wir uns vor, ein Mensch wäre gezwungen, an die sechzigmal denselben Film zu sehen und würde dabei Dinge entdecken, mit den Augen auskosten, die mit der – jetzt bereits bekannten Handlung – nichts zu tun haben. Dabei würde er, ja müßte er das erspüren, was sich auf der Leinwand *hinter* dem Szenarium und *durch* das Szenarium abspielt: das Wunder der Bewegung, die innere Struktur des Films. Rhythmus, Tempo, Takt und der plastische Wert der einzelnen Formen sind die Elemente, die dabei hervorträten.
>
> Hans Richter
> *Der Gegenstand in Bewegung* (1928)

In Berlin

Als Ilse Schneider in der preußischen Metropole eintraf, vibrierte das Leben dort in ähnlicher Weise wie in Paris. Der schnellere Takt der Stadt musste für sie erneut einen Gegenpol gebildet haben zum langsameren und von konservativen Kräften bestimmten Leben in München. Wie in Paris prägten arbeitende und selbständige Frauen das Stadtbild mit und trugen ein neues weibliches Selbstbewusstsein zur Schau. Wie in Paris versprach der Jazz die Zukunft und ließ, getragen von seinen afroamerikanischen Rhythmen, auch das Interesse für afrikanische und ozeanische Kunst weiter wachsen.

Wie in Paris schließlich traf Ilse Schneider hier auf eine ganz andere, moderne, von der neuen Sachlichkeit geprägte visuelle Kultur, in der sich die Fotografie aus der Klammer der Malerei befreit und in der technisch ermöglichten Abbildgenauigkeit ihre genuine Qualität entdeckt hatte. So eroberte sie sich, wie auch der Film, neue Ausdrucksformen, wie sie beispielsweise in dem experimentellen Dokumentarfilm *Berlin. Sinfonie einer Großstadt* von Walter Ruttmann aus dem Jahr 1927 vorgeführt wurden.

Nach den Angaben, die sich im Nachlass finden, verbanden sich für Ilse Schneider mit Berlin zwei sehr unterschiedliche Bereiche: die Photographische Lehranstalt des Lette-Vereins, in der sie weiter das fotografische Handwerk erlernte, und die Friedrich-Wilhelms-Universität, in der sie Vorlesungen zur Ethnologie hörte. Die beiden Bereiche lagen zu jener Zeit jedoch gar nicht so weit auseinander. Zum einen unterhielt der Lette-Verein einen engen Austausch mit dem Bauhaus, das ab 1926 seinen Betrieb im nahen Dessau aufgenommen hatte. Zum anderen gab es dort, am Bauhaus, eine Vielzahl von Lehrerinnen und Lehrern, die sich für jene Kunst interessierten, die im Berliner Museum für Völkerkunde zu besichtigen war und das sie folglich häufiger aufsuchten. Ferner verbündeten sich, gerade in Berlin, die Fächer Kunstgeschichte und Ethnologie miteinander, um die Kunst der indigenen Kulturen zu erforschen, und das hieß in der damaligen Zeit, zuallererst einen Überblick über die Stile und Stilregionen zu gewinnen, die sich über die Welt ausbreiteten.

In beide Bereiche muss sich Ilse Schneider mit großer Intensität gestürzt haben. Denn in dieser Zeit hat sie – mit Blick auf ihr späteres Werk – ihre charakteristischen Prägungen erfahren. Sie hat sich als Fotografin die grundlegenden handwerklichen Techniken so weit angeeignet, um sie mit einiger Sicherheit ausführen zu können, und sie hat zudem, die Einflüsse der Zeit aufnehmend, eine eigene Bildsprache entwickelt. Sie hat sich aber auch für ihre publizistischen und späteren literarischen Arbeiten grundlegende Kenntnisse verschafft, hat die wissenschaftlichen Fachdiskussionen nachvollzogen und darin eigene Positionen bezogen, bis schließlich ein erstes eigenes Projekt heranreifte. Darüber hinaus hat sie, nicht zuletzt, auch ihre Phantasie in die Lehre der Ethnologie geschickt.

Das Königliche Museum für Völkerkunde

In ihren biographischen Angaben nennt Ilse Schneider keinen expliziten Lehrer für das Fach Ethnologie. Der Grund liegt vermutlich in der geringen Institutionalisierung des Fachs an deutschen Universitäten. Bis in die 1930er Jahre gab es nur eine Universität, die über ein Ordinariat für Völkerkunde verfügte – die Universität Leipzig;

erst 1934 folgten Göttingen und 1936 Jena. Ansonsten existierten einzelne Professuren für Ethnologie; diese waren aber nicht verbeamtet.[1] Darüber hinaus wurden Vorlesungen mit ethnologischen Themen in vielen Fächern angeboten, so in der Geographie, der Geschichte, der Kunstgeschichte, der Religionswissenschaft, der Philologie, der Philosophie, der Psychologie, der Staats- und Kameralwissenschaft und der Soziologie.

Das eigentliche Zentrum indes bildeten die Museen für Völkerkunde. Hier kamen wissenschaftliche und museale Tätigkeiten zusammen – und hier wurde auch das große öffentliche Interesse in Form von Ausstellungen und populären Vorträgen gestillt. So wurden die Museen und nicht die Universitäten zum Geburtsort der Ethnologie. In Berlin übernahm diese Aufgaben das Königliche Museum für Völkerkunde, das im Dezember 1886 in einem repräsentativen Bau in der Königgrätzer Straße 120 von dem damaligen Direktor Adolf Bastian eröffnet worden war. Dieses Museum beherbergte um die Jahrhundertwende eine der umfangreichsten Sammlungen an ethnographischen Objekten, die selbst eine Kolonialmacht wie England mit Neid erfüllte.

So wird auch Ilse Schneider die Ethnologie neben den besuchten Vorlesungen an der Universität vor allem in und durch dieses Museum kennengelernt haben. Mit Blick auf ihr späteres künstlerisches Schaffen ist ihr das Museum in jenen Jahren sogar zu einem Lebensort geworden. Hier wird nicht nur ihr erstes Buch, *Die Welt der Maske*, zu großen Teilen entstehen; auch später – vor allem in den 1950er Jahren – wird sie immer wieder dorthin zurückkehren, um vor allem in der Bibliothek des Museums zu arbeiten.

Carl Einstein, Kunsthistoriker, Publizist und Pionier in der ästhetischen Reflexion der indigenen Kunst, hat dem Berliner Völkerkundemuseum im Jahr 1926 zwei Feuilletons in der Zeitschrift *Querschnitt* gewidmet. Sie halten den Umbruch der damaligen Zeit fest und geben einen Eindruck von jener Situation des Museums wieder, wie sie Ilse Schneider erlebt hat:

> Jahrzehnte gähnte dieses Museum verlegen umher, unordentlich verschlafene Abstellkammer; sterbende und fernste Völker hatten ihre Güter wie überflüssigen Ballast in diesen Kammern vergessen; verstorbene Kulturen sanken in verwirrte Schränke; ihrem Wirken beraubte Kultfiguren lagen zwischen Netzen, Bögen, Raphia und Kürbissen. Ruder hingen über Eßschalen, bootlos, der Hände und dem Spiel des Wassers entrafft. […] Der Fang ruhte abgestorben in den Kühlkammern weißer Wißbegier.[2]

Aus diesem Dämmerschlaf wurden die Museumsobjekte, so Einstein, von einigen Künstlern und Intellektuellen – zu denen er selbst gehörte – erweckt. Die neue Resonanz führte zur Einrichtung einer Schausammlung, für Einstein trotz des immer noch beschränkten Raums und baulicher Einschränkungen, ein Fortschritt, der aus der Zusammenarbeit von Sammlung und Forschung resultierte. Doch nun soll gerade diese fruchtbare Kooperation gekappt und die Forschungsabteilung der Universität eingegliedert werden. Einstein beschwört nun die Gefahr, dass die Sammlung erneut und dieses Mal in einen ästhetischen Dämmerschlaf falle. Umso entschiedener entwirft er – in der Berliner Tradition eines Alexander von Humboldt – seine eigene Vision eines lebendigen Museums, die auch Reflexe der damaligen Theoriediskussionen der Ethnologie enthält:

> Man zeige neben dem Ästhetischen das Gesamt des Ethnischen; also das anthropologische Bild, dann Hausbau, Jagd, Ritus usw.; man zeige die rassenhaften und geschichtlichen Zusammenhänge, Karten der Kulturkreise, Wanderungen usf. Kulturvergleiche müssen anschaulich gemacht werden. Die exotische Welt muss mit Vorgeschichte uneuropäischer Ethnologie stärker verbunden werden, damit ein Bildungsganzes vermittelt werde, statt einer kunstgewerblich gesteigerten Spezialität. Ein ethnologisches Museum muss eine Schule sein, welche die Lehre vom Menschen sichtbar vermittelt.[3]

Ein Ort wie das Königliche Museum für Völkerkunde ist – das klingt bei Einstein eindrücklich an – ohne das Imaginäre, das es freisetzt, nicht zu verstehen. Umso eindringlicher plädiert er für ein umfassendes Bildungsprogramm des Museums, mit dem tatsächlich Völker-Kunde betrieben werden kann. Doch Einstein weiß auch um das Dilemma eines solches Unternehmens. Denn die Ethnologie ist nur ein dünner Oberstrom über einer Vielzahl von Faszinationen und Imaginationen und damit immer auch ein Fach, das tief in die Träume herabreicht. Ihre Erkenntnisse und Diskussionen spiegeln immer auch die Hoffnungen und Sehnsüchte der eigenen Kultur und erzählen mithin immer auch von den Besessenheitstänzen der Ethnographie und derer, die sie repräsentieren.[4]

Das Faszinierende der Naturvölker

Was die Menschen der Weimarer Republik in der Ethnologie und im Museum für Völkerkunde suchten, waren die Fragen nach dem Ursprung des Menschen und seiner Entwicklung. Viele erlebten ihre Gegenwart als Krise. Das gesellschaftliche Fundament, gerade erst mit der Weimarer Verfassung gelegt, bröckelte bereits wieder, umstellt von kollektiven Ängsten, die von der technischen Moderne und ihres ersten katastrophalen Krieges ausgelöst wurden. Einen möglichen Anker bot die Ethnologie. Deshalb verstanden sich die Museen für Völkerkunde weniger als ein ›Haus für die Kulturen der Welt‹, so wie heute das *Musée du quai Branly* in Paris oder bald vielleicht das *Humboldt Forum* in Berlin, obwohl gerade das damalige Königliche Museum für Völkerkunde in Adolf Bastian – er starb 1905 – einen visionären Gründungsdirektor an der Spitze hatte, dessen enorme Sammlungstätigkeit in einem egalitären Verständnis der Kulturen wurzelte. Es trieb ihn an, so viele Objekte wie möglich zusammenzutragen, damit es möglich würde, ein breites Spektrum verschiedener Kulturen und ihrer Entwicklung zu präsentieren.[5] Doch das Interesse des Museumspublikums richtete sich nicht auf die einzelnen Kulturen und ihre Unterschiede, nicht auf die Vielfalt und das immer wieder überraschende Maß des kulturell Möglichen, sondern auf das eigene Herkommen. Die Faszination, die von den Naturvölkern auf viele ausging, lag in einem Versprechen: Sie erlaubten einen Blick in die Tiefe der Zeit – zurück in die eigene Geschichte, zurück zu den Anfängen.

Diese Faszination wurde durch die wissenschaftlichen Diskussionen der Ethnologie in ihrer langen Frühphase genährt. Ihre Vertreter waren von derselben Obsession angetrieben und versuchten, in universalen Theorien eine Antwort darauf zu geben.[6] Unter dem Einfluss Darwins und der Animismustheorie Edward Burnett Tylors herrschte zunächst im letzten Drittel des 19. Jahrhunderts ein evolutionistisches Denken vor, nach dem die Entwicklung von einfachen zu komplexen Kulturformen in einer notwendigen, geradezu naturgesetzlichen Abfolge verlief. Das Anschauungsmaterial lieferten die unzähligen ethnographischen Gegenstände, die mit enormer Sammelwut von den Völkerkundemuseen zusammengetragen worden sind und daraufhin geordnet werden mussten. Einfach gearbeitete Speere repräsentierten demnach eine niedrigere Kulturstufe als aufwendiger bearbeitete Speere, und ein Speer aus Ozeanien, der ähnlich gearbeitet war wie ein Speer aus Ostafrika, verriet, dass beide Kulturen dieselbe Stufe der kulturellen Entwicklung erreicht hatten.

Irgendwann jedoch wurde die Fülle an kulturellen Objekten so überbordend, dass sie sich gegen das evolutionistische Denken sperrte. Deshalb entwickelte sich gegen Ende des 19. Jahrhunderts die konkurrierende, kulturgeographische Theorie des Diffusionismus heraus. Ihr zufolge ist die Entwicklung der Menschheit vor allem auf Kulturkontakte zurückzuführen – auf Migration, Handel und Krieg. Ähnlich bearbeitete Speere lassen dem Diffusionismus zufolge auf einen Kulturkontakt schließen, der die Übernahme oder Integration fremder handwerklicher Techniken begünstigte.

Einen weiteren Versuch, die Vielzahl ethnographischer Gegenstände zu zähmen, unternahm ab 1910 die Kulturkreislehre, die sich als dritte Theorie vom Diffusionismus absetzte und schließlich unter dem Namen Kulturmorphologie bekannt wurde. Kulturkreise waren in diesem wissenschaftlichen Paradigma jedoch nicht das, was wir heute darunter verstehen. Es waren vielmehr abstrakte Kategorien, unter die Kulturen mit auffallenden Ähnlichkeiten zusammengefasst wurden, auch wenn sie räumlich weit auseinanderlagen. So unterschied man beispielsweise einen »mutterrechtlichen« und einen »vaterrechtlichen Kulturkreis«, ohne dass man sagen konnte, der eine sei höher entwickelt und aus dem anderen hervorgegangen. Nahmen die Vertreter von Evolutionismus und Diffusionismus einen gemeinsamen Ursprung an, so gingen die Kulturmorphologen davon aus, dass es mehrere, voneinander unabhängige Ursprünge gab und sich die höheren Kulturen durch Überlagerung und Vermengung bereits existierender Kulturen entwickelt hatten.

Es war dann vor allem das Bestreben eines Mitglieds des Steyler Missionsordens – Pater Wilhelm Schmidt – und seines Mitstreiters Pater Wilhelm Koppers, die verschiedenen Kulturkreise wieder zeitlich zu schichten und in eine Entwicklungsfolge zu bringen. Dabei setzten sie bei den Pygmäen in Afrika und anderen Kulturen kleinwüchsiger Menschen als »Urkultur« an und schritten über weitere Kulturkreise, die sie in Primär- und Sekundärkulturen untergliederten, fort – mit einer bemerkenswerten Eigenlogik, die wohl von ihrem christlichen Glauben inspiriert war: Sie drehten das alte Entwicklungsmodell um, setzten die Pygmäen an die oberste Stelle und erkannten von dort nur eine Abfolge kultureller Degenerationen. Pater Wilhelm Schmidt war es auch, der den monomentalen Versuch unternahm, in zwölf Bänden – sie erschienen zwischen 1912 und 1955 – den Ursprung der Gottesidee zu klären, überzeugt von der Annahme, dass es auf der frühesten Kulturstufe der Pygmäen bereits einen uranfänglichen Monotheismus gab.[7]

Wie auch immer das Puzzle der Menschheit zusammengefügt und welche universale Erzählung danach geformt wurde, immer übernahmen die Naturvölker darin die Rolle der Repräsentanten des Anfangs. Deshalb griffen gerade in den 1920er Jahren, angeregt durch das öffentliche Interesse, eine ganze Reihe von Ethnologen das Thema in populär gehaltenen Büchern auf und fragten nach der Welterfahrung dieser Menschen, nach ihrem Erleben, Denken und Fühlen. Zu nennen sind beispielsweise *Die geistige Kultur der Naturvölker* von Konrad Theodor Preuss, 1914 in erster, 1923 in zweiter, wenig veränderter Auflage erschienen, oder *Das Weltbild der Primitiven* von Fritz Graebner aus dem Jahr 1924 oder auch *Kultur und Religion des primitiven Menschen* von Theodor-Wilhelm Danzel, ebenfalls aus dem Jahr 1924 – alles zugleich Bücher, die Ilse Schneider im Literaturverzeichnis ihres ersten Buchs, *Die Welt der Maske*, anführen wird.

Obwohl all diese Bücher mit den Naturvölkern bereits reflektierter umgehen als frühere Darstellungen, können sie sich aus den entwicklungsgeschichtlichen Denkmustern nicht befreien. Die Eigenschaften, die den Naturvölkern zugeschrieben werden, stehen deshalb immer in Relation zum eigenen Selbstverständnis: als eine Art verkehrter Welt und Gegenbild zum Eigenen. So entspricht dem Individuum der bürgerlichen Kultur die Gemeinschaft bei den Naturvölkern. Das gerade in den Jahren der Weimarer Republik oftmals erfahrene Zersplittern des Gesellschaftlichen findet einen Gegenentwurf im kollektiven Erleben bzw. im Erleben als Kollektiv, und anstelle des wissenschaftlich-analytischen Denkens herrscht bei den Naturvölkern ein alles durchdringendes, magisch-religiöses Denken vor.

Dieses magisch-religiöse Denken wird, je nach Autor, durch bestimmte Züge charakterisiert. Konrad Theodor Preuss etwa spricht davon, dass Naturvölker eher einen Gesamteindruck wahrnehmen als Einzelheiten. Als Beispiel führt er den Nachthimmel an. Naturvölker sähen ihn als ein Ganzes an und personifizierten ihn als ein Wesen – und sähen eben nicht, wie wir, die einzelnen Sterne oder Sternbilder.[8] Andere Autoren heben die »Verschwommenheit im Unterscheiden« hervor. Demnach seien Naturvölker oft nicht in der Lage, den zeitlichen oder kausalen Zusammenhang zweier Ereignisse zu erkennen, gerade wenn diese weit auseinanderlägen. Auch hier träten dann personalisierte Kräfte wie Dämonen oder Geister an die Stelle von Ursache und Wirkung. Ebenso würden auch Urbild und Nachbild verschwimmen, beispielsweise wenn Traumbilder genauso real genommen würden wie sinnliche Beobachtungen.

All diese Entwürfe, Konzepte und Zuschreibungen – zusammengehalten von spekulativen universalen Theorien – hat Ilse Schneider in ihrer Berliner Zeit kennengelernt und studiert – sowohl im Hörsaal als auch im Berliner Völkerkundemuseum. In ihrem ersten Buch wird sie sich wiederholt auf die unterschiedlichen Theorien beziehen und sich in die Diskussion einmischen – nicht als Wissenschaftlerin, aber als Publizistin mit fundierten Kenntnissen.

Ethnologie und Kunst

Ein Bereich aus dem Spektrum der Ethnologie dürfte Ilse Schneider besonders angesprochen haben – nicht zuletzt durch ihre Vorbildung in Paris und München: die Kunstethnologie. Sie entwickelte sich in den 1920er Jahren und erhielt wichtige Impulse von der Kunstkritik, die sich spätestens seit Carl Einsteins Buch *Negerplastik* aus dem Jahr 1915 mit der indigenen Kunst zu beschäftigen begonnen hatte. Als Wissenschaft versuchte sie vor allem die Vielfalt der außereuropäischen Kunst zeitlich und räumlich zu ordnen – mit den Mitteln, wie es die Kunstgeschichte der Zeit auch für europäische Kunst unternahm. Dazu war sie aber von ethnographischen Daten abhängig. In dem Maße, in dem die empirischen, auf einzelne Kulturen ausgerichteten Forschungen zunahmen, kam es zu einer fruchtbaren Zusammenarbeit beider Disziplinen.

In Berlin konnte Ilse Schneider einen wichtigen Vertreter dieser Richtung erleben: Eckart von Sydow. Er verkörperte einen Typus, der verschiedene Karrieren produktiv mischte. Er war Ausstellungsmacher, Publizist, Forscher und Kunsttheoretiker. Über viele Jahre leitete er die Kestner-Gesellschaft in Hannover und setzte sich für den Expressionismus und den Konstruktivismus ein. In Zusammenarbeit mit einzelnen Künstlern gab er eigens angefertigte Mappenwerke heraus, u.a. mit El Lissitzky und László Moholy-Nagy. Sie stifteten einen engen Kontakt zum Bauhaus. 1921 veröffentlichte er ein schmales Bändchen mit dem Titel *Exotische Kunst. Afrika und Ozeanien*. Es beginnt mit dem Satz.

> Die einzigen Museen, die uns heute etwas Wesentliches bedeuten, sind die Sammlungen der Kunstwerke primitiv-exotischer Völkerschaften. […] Kunstgewerbe und bildende Kunst schließen sich zur Einheit zusammen. […] Das Unterbewußte wird uns wieder lebendig, wenn wir durch diese exotischen und primitiven Dinge

> fühlend hindurchwandern. Irgend etwas aus weiter von unserem eignen Herzen umspannter Ferne tönt echohaft wieder bei der Wesens-Schau dieser Ursprünglichkeiten. Uraltes Selbstgefühl wird wach beim Anblick dieser selbstverständlichen Geformtheiten: Selbstgefühl nicht der Neuzeit und ihrer jähzerspaltenen, zerspaltenden Gewolltheit, – nein: Selbstgefühl der ganzen Gattung.[9]

Im weiteren Verlauf seines knapp 30-seitigen Textes unternimmt von Sydow einen ersten Versuch, die elementaren Züge afrikanischer und ozeanischer Kunst herauszustellen, die für ihn immer in magisch-mystische Praktiken wie Dämonenglaube und Ahnenkult eingebettet bleibt.

Zwei Jahre später verantwortete er den ersten, opulenten Band der Propyläen Weltgeschichte der Kunst mit dem Titel *Die Kunst der Naturvölker und der Vorzeit.* Hierin zeigt sich bereits ein sehr viel nüchternerer Zugang und das Bemühen, einen Überblick über die gesamte Kunst der Naturvölker zu geben und zugleich, wie er im Vorwort schreibt, »die bedeutendsten Kunstbezirke aus dem Gewimmel der belangloseren herauszuheben«.[10] Für dieses Buch arbeitete von Sydow eng mit dem Berliner Völkerkundemuseum zusammen; viele der aufgenommenen Masken und Figuren gehören zu dessen Sammlung.

Es spricht für seine intellektuelle Beweglichkeit, dass er in vielen Artikeln und Büchern immer neue Konstellationen ausprobierte, um die indigene Kunst zu ergründen. 1927 nahm er dazu die Psychoanalyse zu Hilfe, um einmal mehr das Körperliche und Organische als ihr Kraftzentrum herauszustellen.[11] Die Wölbungen und Streckungen der Figuren nahm er dabei als manifeste Form, die aus der Verdrängung einer latenten, sexuell-körperlichen Form hervorgegangen ist. Erstmals bezog er in seinen Kunstbegriff als unmittelbarsten Kunstausdruck auch die Gestaltung des Körpers mittels Bemalungen oder Tätowierungen mit ein.

Offenbar setzte er in seiner beruflichen Karriere immer mehr auf eine Tätigkeit an der Universität. 1930 schließlich erhielt er einen festen Lehrauftrag für die Kunst außereuropäischer Kulturen am kunstgeschichtlichen Seminar der Berliner Friedrich-Wilhelms-Universität. Dort hielt er jedes Semester ein oder zwei Vorlesungen. Der Versuch, sich 1933 dort zu habilitieren, scheiterte jedoch an inhaltlichen Differenzen.[12]

Die folgenden Titel seiner Vorlesungen stammen zwar erst aus den Jahren ab 1933, doch seine früheren Vorlesungen werden ähnliche

Titel getragen haben. So gab er im Wintersemester 1933/34 eine Vorlesung mit dem Titel »Kunst und Kunstgewerbe in den ehemaligen deutschen Kolonien, mit Museumsführung«; eine zweite hingegen hieß »Kunstgeschichte der Naturvölker auf ethnologischer Grundlage II, mit Museumsführung«. Im Sommersemester bot er nur eine Vorlesung an: »Ausgewählte Kapitel aus der Kunstgeschichte der Naturvölker«. Weitere Titel aus den nachfolgenden Jahren lauteten »Malerei und Ornamentik der Naturvölker« oder »Masken und Maskentänze bei den Naturvölkern«.[13] Von Sydow unterrichtete regelmäßig am Berliner Seminar – auch nachdem Wilhelm Pinder, aus München kommend, dort die Leitung übernahm – bis zu seinem Ausscheiden 1942. Kurz darauf, am 1. Juli 1942, starb er. Posthum ist 1943 sein Buch *Im Reiche gottähnlicher Herrscher. Streifzüge durch Westafrika* erschienen, das auf seinen in den 1930er Jahren unternommenen Reisen beruhte.[14]

Es gibt keinen Beleg dafür, dass Ilse Schneider Anfang der 1930er Jahre eine oder mehrere Vorlesungen von Sydows gehört hat. Es ist aber sehr wahrscheinlich. Denn für ihr erstes Buch, *Die Welt der Maske*, wird sie mit ihm in persönlichem Kontakt sein. Zudem wird sie ihn in den Danksagungen ganz besonders hervorheben – und im Literaturverzeichnis wird er mit drei Titeln der am häufigsten vertretene Autor sein.

Bauhaus – Berlin

In Berlin vertiefte sich Ilse Schneider jedoch nicht nur in die Welt der Naturvölker. Sie setzte auch – und vermutlich sogar vorrangig – ihre Ausbildung zur Fotografin fort. Die Photographische Lehranstalt des Lette-Vereins genoss kaum weniger Renommee als die Münchner Fotoschule. Sie war bereits 1890 gegründet worden, wurde von 1891 bis 1932 von Marie Kundt geleitet und stand, wie der gesamte Lette-Verein, ursprünglich nur Frauen offen, hatte sich die Einrichtung doch ganz der beruflichen Ausbildung von Frauen verschrieben. Ab 1910 jedoch öffnete die Photographische Lehranstalt auch Männern ihre Türen und gliederte eine Abteilung für männliche Schüler an.[15]

Die fotografische Ausbildung am Lette-Verein war von Anfang an sehr breit angelegt. So wurden u.a. Lehrgänge für Röntgen- und mikroskopische Fotografie angeboten, durch die sich Frauen in drei bis vier Halbjahren zur Röntgen- oder Laboratoriumsassistentin ausbilden lassen konnten. Ein anderer Lehrgang widmete sich der Me-

Photographische Lehranstalt des Lette-Vereins

Gegr. 1890 Gegr. 1890

Mit Hilfe der Staatsregierung und der Stadt Berlin unterhaltene Lehr- u. Versuchsanstalt

Staatlich anerkannte Technische Mittelschule

Sprechstunden der Direktion: Montag 12–13 Uhr, Donnerstag 17–19 Uhr

Bürostunden: wochentags 9–14 und 16–18 Uhr, Sonnabend 9–13 Uhr

Auskunft und Anmeldung durch die Direktion der Photographischen Lehranstalt des Lette-Vereins, Berlin W 30, Viktoria-Luise-Platz 6, 4. Stock, Zimmer 415

Telefon: B 5 Barbarossa 1224-1225 / Telegrammwort: Witafot-Berlin / Postscheckkonto: Berlin NW 7 Nr. 8238

Lehrgang I: Fachphotographie mit den Abteilungen:
a) Bildnisphotographie
b) Photographische Technik
c) Reproduktionsretusche
Dauer: jeder Abteilung 4 Halbjahre
Abschluß: Gehilfenprüfung für das Photographengewerbe

Lehrgang II: Wissenschaftlich technische Hilfsarbeit
(Technische Assistentin an medizinischen Instituten)
a) Ausbildung zur Laboratoriumsassistentin
Dauer: 3 Halbjahre
b) Ausbildung zur Röntgenassistentin
Dauer: 3 Halbjahre
c) Ausbildung zur Laboratoriums- und Röntgenassistentin
Dauer: 5 Halbjahre
d) Ausbildung zur Technischen Assistentin an veterinär-medizinischen Instituten
Dauer: 3 Halbjahre
Abschluß: Staatsexamen als Technische Assistentin:
a—c an medizinischen Instituten
d an veterinär-medizinischen Instituten
e) Ausbildung zur Technischen Assistentin für chemische Betriebe (Chemotechnikerin)
Dauer: 4 Halbjahre
Abschluß: Prüfung unter staatlicher Aufsicht

Ergänzung für die Lehrgänge IIa, IIc, IId: Ausbildung in Botanik und Pflanzenbiologie

Lehrgang III: Metallographie und Materialprüfung
Dauer: 6 Halbjahre
Abschluß: Reifeprüfung unter staatlicher Aufsicht

Lehrgang IV: Kinematographie, Ergänzung für die Lehrgänge Ia, Ib, IIa-IId, III
Dauer: 2-3 Halbjahre

Lehrgang V: Moulagen, Ergänzung für die Lehrgänge IIa, IIc, IId
Dauer: 1 Halbjahr

Lehrgang VI: zur Erlernung besonderer Fachgebiete: angewandte Photographie, Photomontage, Reportage, Reklame

Lehrgang VII: für Freunde der Photographie

Ausführliche Prospekte kostenlos

Das Röntgeninstitut der Lehranstalt ist täglich geöffnet von 9—14 und 15—17 Uhr, Sonnabend 9—14 Uhr und steht unter Leitung eines Facharztes für Röntgenologie.
(4. Stock, Fahrstuhl)

Übersicht über die Kurse der Photographischen Lehranstalt des Lette-Vereins

tallographie und der Materialprüfung. Angeboten wurde aber auch der »Lehrgang I: Fachphotographie, mit den Abteilungen: a) Bildnisphotographie, b) Photographische Technik, c) Reproduktionsretusche«. Dabei erstreckte sich jeder Kurs über vier Halbjahre und schloss mit der Gehilfenprüfung für das Fotografengewerbe ab. Pro Lehrgang und Halbjahr betrug das Schulgeld zwischen 250 und 300 Reichsmark; der Unterricht fand an allen Wochentagen zwischen acht Uhr morgens und acht Uhr abends statt – die Ferien entsprachen den Schulferien höherer Lehranstalten.[16]

In einer Broschüre von Anfang der 1930er Jahre, in der sich die Photographische Lehranstalt vorstellt, zeigt sich die grundsätzliche Haltung gegenüber der Fotografie:

> Wie der Name der Anstalt schon ausdrückt, ist die Photographie die Grundlage aller der so verschiedenen Berufsarten, zu denen sie heranbildet, und so bleibt als wichtigste Aufgabe die solide und gründliche Ausbildung der Schülerin in der photographischen Technik. Dann aber scheidet sich die Photographie in zwei Gruppen: I. Die Fachphotographie, die selbständige Werte schafft. II. Die wissenschaftliche Photographie, die für die verschiedensten Zwecke arbeitet. […]
> Die Ausbildung in der Fachphotographie verbindet praktische Übungen, Aufnahmen, Fertigstellen der Bilder, Retusche und theoretische Vorlesungen, die in die Photochemie und photographische Optik einführen und der Schülerin tiefen Einblick geben in das Erzeugen von Bildern mit Hilfe chemischer Prozesse, die durch Licht ausgelöst werden.[17]

Gerade die Betonung der handwerklichen Grundlagen und die anwendungsorientierte Ausrichtung – in der Broschüre heißt es: »Es gibt ja kaum ein Gebiet, auf dem heute nicht die Photographie als willkommene Helferin begrüßt wird« – stiftete auch die Verbindung zum Bauhaus. Es entwickelten sich enge Kontakte zwischen den beiden Institutionen. Angeregt durch die legendär gewordenen rauschhaften Feste am Bauhaus, richtete man auch im Lette-Verein Feiern nach einem bestimmten Motto aus.[18] Nicht zuletzt beteiligten sich beide Institutionen immer wieder an nationalen und internationalen Fotoausstellungen, so an der berühmten vom Deutschen Werkbund veranstalteten Ausstellung *Film und Fotografie* 1929 in Stuttgart, die im Anschluss u.a. in Berlin gezeigt wurde.[19]

Wie sehr sich die beiden Institutionen auch in Ilses Erinnerung übereinandergelagert haben, spiegelt sich in einem Detail ihrer Bewerbung um den Kulturpreis 1959 wider. Dort schrieb sie: »Lette-Haus«. Die sprachliche Überblendung von Lette-Verein und Bauhaus mag zusätzlich und vielleicht sogar vorrangig durch ihr Privat-

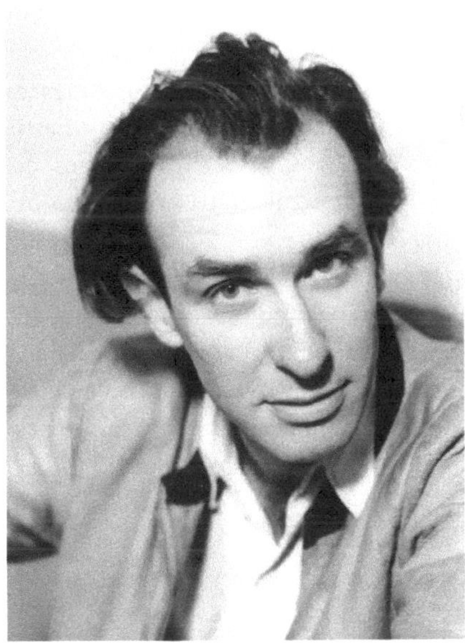

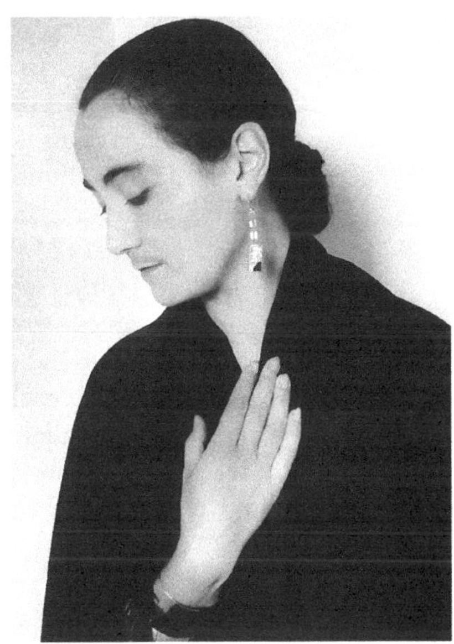

László Lengyel in den 1920er Jahren und Ilse Schneider-Lengyel im Jahr 1935.

leben verursacht sein. Denn in Berlin lernte sie den Ungarn László Lengyel kennen, ihren späteren Ehemann. In jenem Bericht über die Bekanntschaft mit dem bayerischen Kronprinzen Rupprecht lautet der erste Satz der längeren Version: »Ich war hinreißend in Paris verheiratet, jung verheiratet, fand nie vor noch nachher Ähnliches.«[20]

Die Familie Lengyel und die Ungarn am Bauhaus

László Lengyel, geboren am 29. März 1896 und damit knapp sieben Jahre älter als Ilse Schneider, kam mit seinem jüngeren Bruder Kálmán, geboren am 18. 7. 1900, vermutlich 1926 nach Berlin. Sie entstammen einer wohlhabenden jüdischen Familie aus der südungarischen Stadt Szeged. Bereits der Großvater hatte dort eine Möbelmanufaktur aufgebaut. So besaß die Familie nicht nur eine Fabrik, sondern auch ein großes Möbelgeschäft in bester Lage. Jüngste Recherchen haben ergeben, dass László und Kálmán noch vier weitere Geschwister hatten, eines von ihnen, Vilma Lengyel arbeitete später als Musikkritikerin.[21] Man kann sich die Lengyels also als eine großbürgerliche Familie vorstellen, in der neben den merkantilen und gestalterischen Interessen in Verbindung mit der Möbelmanufaktur auch die Künste gepflegt worden sind.

László Lengyel besuchte die Königlich Ungarische Kunstgewerbeschule in Budapest, an der er Malerei und Architektur studierte. Dadurch wurde sein Interesse am Bauhaus geweckt, an dem die Ungarn die stärkste ausländische Gruppe bildeten. So verbrachte der gleichaltrige Farkas Molnár die fünf Jahre von 1920 bis 1925 am Bauhaus in der Tischlereiwerkstatt von Walter Gropius, wo er u.a. das unter dem Namen »roter Würfel« bekannte Versuchshaus für die erste Bauhausausstellung 1923 entwarf, und kehrte anschließend voller ehrgeiziger Pläne nach Budapest zurück. Vielleicht traf László Lengyel mit ihm persönlich zusammen; zumindest aber wird er dessen Artikel über moderne Architektur, die Molnár in diesen Jahren veröffentlichte, gelesen haben.

Wichtige Impulse erhielt László Lengyel auch von Theo van Doesburg, der in seiner Person Architektur und Malerei verband. Darüber hinaus war von Doesburg auch publizistisch sehr rege, nicht zuletzt als Herausgeber der einflussreichen Zeitschrift *De Stijl*, die er von 1917 bis zu seinem Tod im Jahr 1931 redaktionell betreute. Van Doesburg hielt sich von 1921 bis 1923 in Weimar auf und gab in dieser Zeit Kurse zu seiner Kunstauffassung. Die Kontakte zum Bauhaus waren sehr eng, aber auch zunehmend konflikthaft. Dennoch hielt der Kontakt auch in Dessauer Zeit; 1926 erschien in der Reihe der Bauhausbücher sein Werk *Grundbegriffe der neuen gestaltenden Kunst*.

Van Doesburg ging es darum, die verschiedenen Künste auf die ausschließliche Verwendung ihrer genuinen Mittel zurückzuführen. Darin lag für ihn die stärkste Ausdruckskraft einer Kunstform. Im Fall der Malerei waren dies für ihn die Farbe und die Fläche. Nimmt ein Maler einen Gegenstand wahr, abstrahiert er nach und nach von seiner realen Erscheinungsform und sieht ihn nur mehr im Hinblick auf Fläche, Spannung – und sofern sich der Gegenstand bewegt – auf Rhythmus. Diese drückt er dann mit jenen elementaren Mitteln von Farbe und Fläche aus, wodurch der Gegenstand auf neue Weise konkret wird.[22] Dem grundlegenden Ansatz einer abstrakten Malerei wird László Lengyel in seinen Arbeiten immer folgen – und auch auf Ilse wird diese Auffassung von Kunst großen Einfluss ausüben.

Dennoch sind die genauen Beweggründe, warum László Lengyel nach Berlin gegangen ist, unklar. Eindeutiger ist dies im Fall von Kálmán Lengyel, da er der Linie der väterlichen und großväterlichen Möbelmanufaktur folgte. Er muss sogleich den Kontakt zu Marcel Breuer aufgenommen haben, einem weiteren ungarischen Lehrer am Bauhaus, der in Dessau die Möbelklasse leitete. Vermutlich mit Kapital aus der Familie gründeten sie eine gemeinsame Firma unter dem Namen *Standard Möbel*, in der die von Breuer entworfenen freischwingenden Stahlrohrmöbel serienmäßig hergestellt und vertrieben werden sollten. Damit unternahm Breuer einen ungewöhnlichen Schritt: Er vermarktete Produkte, die er am Bauhaus entwickelt hatte, selbständig. Das führte zu erheblichen Konflikten, und Breuer zog sich schnell aus dem Geschäft zurück. Kálmán führte die Firma unter dem Namen *Standard Möbel Lengyel & Co* weiter.[23]

Waren im ersten Katalog von *Standard Möbel* ausschließlich von Marcel Breuer entworfene Modelle annonciert, mit einem »B« gekennzeichnet, so finden sich im zweiten Katalog aus dem Jahr 1928 unter dem Titel *Das neue Möbel* auch vier Modelle mit einem »L« für Lengyel. Doch die wirtschaftlich unruhigen Zeiten bescherten der Firma keinen Erfolg. Sie wurde schließlich von der großen Möbelfirma Thonet übernommen, für die Marcel Breuer bereits arbeitete.

Wenig später versuchte es Kálmán Lengyel erneut. Er gründete die Firma *KA-LE-Möbel.* Ein Werbeblatt von 1929 pries die Produkte als »die Möbel der Neuzeit mit der Berufung, das Wohnbedürfnis des Kulturmenschen von heute in vollem Maße zu befriedigen«. Dieser Firma war, trotz der Krisenstimmung dieser Jahre, mehr Erfolg beschieden. Sie existierte bis 1933.

Kálmán und László Lengyel verkehrten also im unmittelbaren Umfeld des Bauhauses, und über sie hat auch Ilse Zugang dazu gefunden. Da in ihren späteren Texten ausdrücklich vom »Dessauer Bauhaus« die Rede ist und sich Ilse Schneider-Lengyel immer wieder auf diesen Ort bezieht, ist davon auszugehen, dass sie Dessau zumindest häufiger besucht, wenn nicht sogar sich für längere Zeit dort aufgehalten hat.

Bei einem ihrer Besuche wird Ilse auch László Moholy-Nagy kennengelernt haben. Er war bereits 1922 von Walter Gropius ans Bauhaus, das damals noch in Weimar ansässig war, berufen worden. Er übernahm den Vorkurs und die Leitung der Metallwerkstatt. Zugleich begann er, angeleitet von seiner ersten Frau, Lucia Moholy, mit dem Medium der Fotografie zu experimentieren. Bereits 1925 erschien in der von ihm betreuten Reihe der Bauhausbücher *Malerei Fotografie Film* – eine Publikation, die rasch den Rang eines Lehrbuchs für die fotografischen Avantgarden in ganz Europa erlangte.[24] In der »Einführung« heißt es programmatisch:

> Der fotografische Apparat hat uns überraschende Möglichkeiten geliefert, mit deren Auswertung wir eben erst beginnen. In der

> Erweiterung des Sehbildes ist selbst das heutige Objektiv schon nicht mehr an die engen Grenzen unseres Auges gebunden; kein manuelles Gestaltungsmittel (Bleistift, Pinsel usw.) vermag ähnlich gesehene Ausschnitte aus der Welt festzuhalten; ebenso unmöglich ist es dem manuellen Gestaltungsmittel, eine Bewegung in ihrem Kern zu fixieren; auch die Verzerrungsmöglichkeiten des Objektivs – Untersicht, Obersicht, Schrägsicht – sind keineswegs nur negativ zu werten, sondern geben eine unvoreingenommene Optik, die unsere an Assoziationsgesetze gebundenen Augen nicht leisten; […]. Seit kurzem erst ist unser Sehen reif geworden zur Erfassung dieser Zusammenhänge.[25]

In seiner Tätigkeit am Bauhaus lag Moholy-Nagy vor allem der Vorkurs am Herzen. Sein Ziel war es, in den Übungen seine Schüler in all ihren Sinnen anzusprechen und somit die Ahnung von einem »ganzen« oder »totalen Menschen« zu wecken. In seinem zweiten Bauhausbuch *von material zu architektur*, 1929, ein Jahr nach seinem Weggang von der Kunstschule erschienen, resümiert er die Erfahrungen seiner Lehrtätigkeit und seiner Ziele:

> das erste jahr diente der entwicklung und reifung von sinn, gefühl und gedanken – insbesondere bei jenen jungen menschen, die infolge der üblichen kindheitserziehung eine unfruchtbare häufung lexikalischen wissens hinter sich hatten. erst nach diesem ersten jahr der entwicklung und reifung begann die zeit der fachausbildung nach freier wahl innerhalb der bauhauswerkstätten. und auch in dieser zeit der fachausbildung war das gesamtziel: der totale mensch. der mensch, der von seiner biologischen mitte her allen dingen des lebens gegenüber wieder mit instinktiver sicherheit stellung nehmen kann; der sich heute genau so wenig von industrie, eiltempo, äußerlichkeiten einer oft mißverstandenen »maschinenkultur« überrumpeln läßt, wie der mensch der antike die sicherheit hatte, sich den naturgewalten gegenüber zu behaupten.[26]

In jenen knappen Angaben zur Ausbildung, die sie ihrer Bewerbung um den deutschen Kulturpreis im Jahr 1959 beigelegt hat, setzte Ilse Schneider hinter den Namen ihres Lehrers Moholy-Nagy den Zusatz »Bauhaus«. Auch das weist auf einen persönlichen Kontakt schon zu Dessauer Zeiten hin. Ob Ilse dort allerdings tatsächlich Kurse bei Moholy-Nagy besuchte, der wie nur wenige am Bauhaus Männer und Frauen unter den Studierenden tatsächlich gleichberechtigt behandelte, oder ob sie, als er ab 1928 wieder in Berlin lebte, privaten Unterricht bei ihm nahm, ist nicht mehr zu ermitteln. Der Einfluss von Moholy-Nagy, gerade in der Art seiner Porträtaufnahmen, ist jedoch offensichtlich.

Ein eigenes Studio für Gebrauchsgraphik

Auch in anderer Hinsicht mag László Moholy-Nagy ein Vorbild gewesen sein. Noch vor der Hochzeit mit László Lengyel im Jahr 1933 eröffnete Ilse Schneider ein eigenes Studio für Gebrauchsgraphik in München. Im Nachlass findet sich in einem Konvolut mit Entwürfen zu einem Buch über Puppen ein geschäftlicher Briefbogen, dessen Gestaltung sichtbar am Bauhaus orientiert ist:

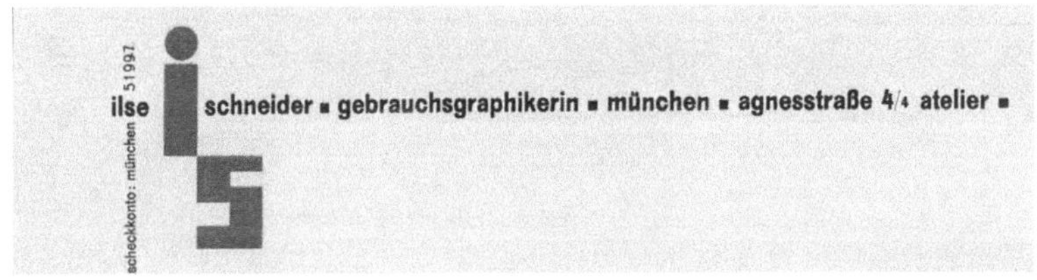
ilse schneider ▪ gebrauchsgraphikerin ▪ münchen ▪ agnesstraße 4/4 atelier ▪
scheckkonto: münchen 51997

Am rechten unteren Rand des Briefbogens findet sich ein aufschlussreicher Hinweis. Dort steht: »mitglied des R.B.K.D.« – des »Reichsverbandes bildender Künstler Deutschlands«. Ilse Schneider musste also genügend Zeugnisse nicht allein auf dem Gebiet der Fotografie, sondern auch auf dem der Gebrauchsgraphik vorgelegt haben, um in diese Vereinigung aufgenommen zu werden. Der Reichsverband wurde schließlich am 1. November 1933 aufgelöst und durch die »Reichskammer der bildenden Künste« (mit der Abkürzung »RdbK«) ersetzt.

In welchem Maß sich Ilse Schneider mit dem Bauhaus identifiziert hat, lässt sich aus einem Satz in dem autobiographischen Bericht über ihre Bekanntschaft mit dem bayerischen Kronprinzen erschließen. Einige Zeit nach dem ersten gemeinsamen Abend im Münchner Altertumsverein, der mit einer Einladung Rupprechts an die junge Fotografin geendet hatte, ihn in Berchtesgaden zu besuchen, reiste sie dorthin, um sich von ihm durch dessen Kunstsammlung führen zu lassen. Über die Abteilung, in der Gemälde aus der Zeit der Romantik hingen, schreibt sie: »Diese Epoche war mir absolut fremd und ich wurde stumm wie ein Fisch. Kann man von einer Bauhausanhängerin auch nicht verlangen.«[27]

Kapitel 4

Am Anfang der Kunst

1934

> Vom einfachen Schmuck an, dem Gefallen an prächtiger Kleidung und Uniformen, über die Theatermasken, die Karnevalsvermummungen, den Flitterkram der Clowns, das Schminken der Frauen [...] bis hin zu den Totemverkleidungen und Tätowierungen sieht es ganz so aus, als ob der Mensch, kaum dass er sich seiner Haut bewusst geworden war, nichts Eiligeres zu tun hatte, als sie zu wechseln und sich mit dem Kopf voran in eine erregende Metamorphose zu stürzen.
>
> Michel Leiris
> *Documents Nr. 8* (1930)

Das erste Buch, *Die Welt der Maske*, das Anfang 1934 im Münchner Piper Verlag erschienen ist, stand ganz im Zeichen der Berliner Jahre.[1] Ilse Schneider-Lengyel ließ darin alles einfließen, was sie im Völkerkundemuseum, im Lette-Verein und im Bauhaus aufgenommen hatte: ihr fotografisches Handwerk, ihre visuelle Schulung durch László Maholoy-Nagy, ihre Leidenschaft für die Kunst und ihr ethnologisches Wissen über die Naturvölker.

Von Seiten des Verlags bekam sie weitgehend freie Hand, um ihre Idee eines Buches, das Masken aus unterschiedlichen Kulturen und Zeiten präsentierte, zu realisieren. So lieferte sie nicht nur – wie bei vielen späteren Kunstbildbänden – die Fotografien, sie besorgte auch ihre Auswahl, schrieb einen ausführlichen Einleitungstext und übersetzte noch die Begleittexte ins Englische und Französische. Wohl keines ihrer weiteren veröffentlichten Bücher hat sie so weitgehend selbst bestimmt wie dieses. Umso erstaunlicher ist es, dass ihr ein solches Debüt als junge Frau im Alter von 31 Jahren in einem von Männern dominierten Metier gelang.

Der renommierte Kulturverlag bot Ilse Schneider-Lengyel für ihr Vorhaben sehr gute Bedingungen. Denn Reinhard Piper arbeitete von Beginn an mit herausragenden Buchgestaltern zusammen. Zu ihnen zählten Emil Rudolf Weiß, Fritz Hellmuth Ehmke und Paul Renner. Letzterer arbeitete über drei Jahrzehnte für den Ver-

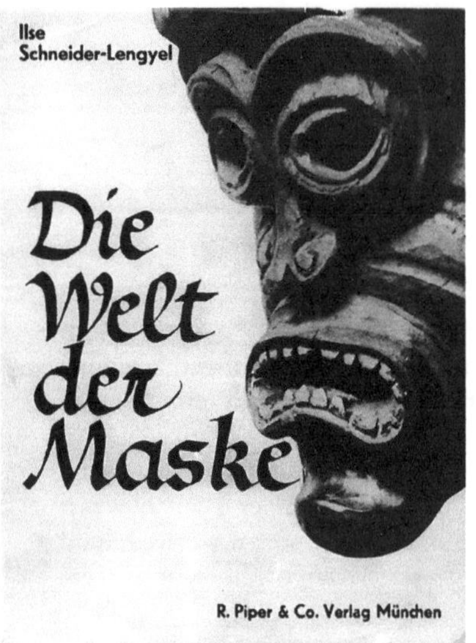

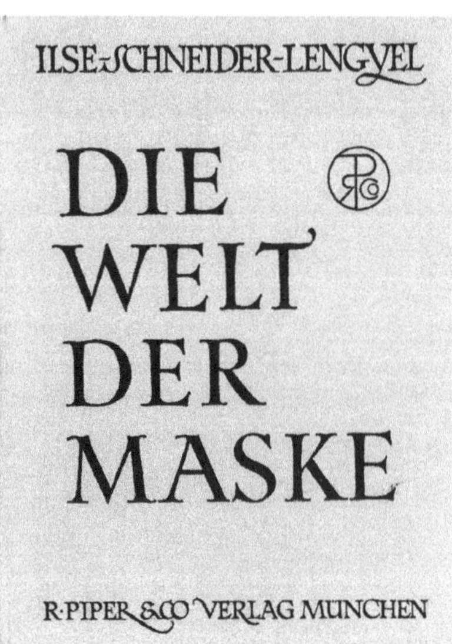

Umschlag und Einband von *Die Welt der Maske*, 1934, gestaltet von Paul Renner

lag und entwickelte mit Jan Tschichold und Georg Trump eine von der Neuen Sachlichkeit inspirierte Typographie, die Ende der 1920er Jahre als »Münchner Stil« bekannt geworden ist und der bayerischen Metropole die Bezeichnung eines »Mekka der Schwarzen Kunst« einbrachte.[2] Paul Renner gestaltete auch den Einband zu *Die Welt der Maske*. Es war eine seiner letzten Arbeiten für den Piper Verlag.[3] Es lohnt sich also, das Buch eingehend zu betrachten.

Das Buch *Die Welt der Maske* misst im Format 28 × 21 Zentimeter und umfasst 240 Seiten. Der Umschlag zeigt eine längliche Holzmaske, deren europäische Herkunft aus dem Tirol des 18. Jahrhunderts nicht offensichtlich ist. Sie könnte auch aus einer außereuropäischen Kultur stammen. Der Einband indes, aus beigem Leinen, trägt dunkelbraune Lettern und ein in Ocker gehaltenes, an das Bauhaus erinnerndes Verlagssignet. Die Typographie des Titels besticht durch eine luftige Klarheit, weist aber auch einige verspielte Elemente auf.

Das Buch besteht aus zwei Teilen, die sich auch haptisch durch zwei verschiedene Papiersorten unterscheiden. Die ersten 50 Seiten sind auf Büttenpapier gedruckt. Das Schriftbild ist durch den Bleisatz satt und voll. Dieser Teil enthält einen ausführlichen Essay, der in das Thema des Buches einführt.

Der zweite Teil, der eigentliche Bildteil, enthält 80 schwarz-weiße fotografische Abbildungen. Sie sind auf Glanzpapier gedruckt. Die Fotografien sind kontinuierlich auf der rechten Seite platziert. Ihnen gegenüber steht, links auf der aufgeschlagenen Doppelseite, jeweils ein kurzer erläuternder Text. Dieser Bildteil ist nach verschiedenen geographischen Regionen geordnet, die jeweils durch ein kurzes Vorwort eröffnet werden – in der Abfolge Afrika, Amerika, Ozeanien, Indien und Indonesien, Japan, Alt-Griechenland, Deutsche Alpenländer, Gegenwart.

Ferner ist die mehrsprachige Anlage des Buches hervorzuheben. Alle Kommentare zu den fotografischen Abbildungen sind in deutscher, französischer und englischer Sprache wiedergegeben. Auch dem einleitenden Essay im ersten Teil ist eine kurze, jeweils zweiseitige Zusammenfassung in Französisch und Englisch vorangestellt.

Kein Wunder also, dass Ilse Schneider-Lengyel noch in den 1950er Jahren in ihrem autobiographischen Bericht über die Bekanntschaft mit dem bayerischen Kronprinzen notiert hat: »Niemals wieder ist man so stolz, wie auf sein erstes Buch.«[4]

Voraussetzung eines Buches I: *Negerplastik*

Jedes Buch beruht auf vielen anderen Büchern. Mit einigen jedoch steht es in engerer Verbindung. So verhält es sich auch bei *Die Welt der Maske*. Hier sind es vor allem zwei Bücher, mit denen es einen Dialog aufnimmt. Das erste erschien im Leipziger Verlag der Weißen Bücher im Jahr 1915: ein kleinformatiger Text-Bild-Band mit dem Titel *Negerplastik*, geschrieben von Carl Einstein. Das Buch besteht aus einem 20-seitigen Essay und 119 Schwarz-Weiß-Fotografien, die insgesamt 94 Figuren und Masken aus Afrika zeigen – manche in zweierlei Ansichten. Die Fotografien stammen zum großen Teil aus dem Fundus des ungarischen Kunsthändlers Joseph Brummer, den Carl Einstein bei einem längeren Aufenthalt in Paris kennengelernt hatte. Einstein war bis dahin als Autor von Texten zur Literatur und bildenden Kunst im Umfeld von Herwarth Walden und seiner Zeitschrift *Der Sturm* hervorgetreten. Davon geprägt, verzichtete Einstein auf jede Bildunterschrift unter den Fotografien; die abgebildeten Objekte sollten ohne Worte wirken.

In dem begleitenden Essay indes bemühte sich Einstein umso wortreicher, einen ästhetischen Rahmen für die Rezeption afrikanischer Artefakte zu errichten, in dem diese überhaupt erst als Kunst wahrgenommen werden konnten. Der Text setzt mit einer erfrischenden Kritik an der frühen Evolutionstheorie menschlicher Kultur ein, die vor allem mit dem Namen Edward B. Tylor verbunden ist. »Leichtfertig«, schreibt Einstein, »deutet man recht vage Evolutionshypothesen auf ihn [den Neger, P.B.] zurecht; er mußte dem einen sich ausliefern, um einen Fehlbegriff von Primitivität abzugeben, andere wiederum putzten an dem hilflosen Objekt so überzeugend falsche Phrasen auf, wie Völker ewiger Urzeit und so fort. Man hoffte im Neger so etwas von Beginn zu fassen, einen Zustand, der aus dem Anfangen nie hinausgelangt.«[5]

Diesen gängigen Vorstellungen setzt Einstein unter Verweis auf die fotografischen Abbildungen abrupt entgegen: »Vielleicht ergibt sich aus den Bildtafeln folgendes: der Neger ist kein nicht entwickelter Mensch; es ging eine bedeutsame afrikanische Kultur zu Grunde; der heutige Neger entspricht einem möglichen ›antiken‹ vielleicht wie der Fellache dem alten Ägypter.«[6] Damit gesteht Einstein den afrikanischen Kulturen zu, was die etablierten Ethnologen seiner Zeit ihnen absprachen: Geschichte und Entwicklung.

Ein Wissen von der Geschichte Afrikas, ihrer Kulturen und Königreiche sei, so räumt Einstein ein, allerdings kaum in Europa vorhanden. Die Wissenschaften, die sich damit beschäftigen, stünden – nicht zuletzt wegen jener »bequemen Theorie« kultureller Evolution – noch ganz am Anfang. Deshalb sei es auch unmöglich, die tatsächliche Wirkung der afrikanischen Artefakte innerhalb ihrer jeweiligen Kultur zu rekonstruieren.

Einstein schlägt deshalb den Weg einer Formanalyse ein. Von den einzelnen Objekten und ihren Formelementen ausgehend, möchte er die »Gesetze ihrer Anschauung« aufdecken und die Bedingungen ihres Erscheinens freilegen. Dies gelingt ihm durch eine strikte Gegenüberstellung von Europa und Afrika: Während sich in der europäischen Kunst in allen Bereichen das Prinzip des Malerischen durchgesetzt habe – gerade auch in der Bildhauerei –, sei die afrikanische Kunst ganz vom Prinzip des Plastischen bestimmt. »Die Negerplastik stellt eine klare Fixierung des unvermischten plastischen Sehens dar«, schreibt Einstein.[7] Dieses plastische Sehen wiederum führe zur Gestaltung eines kubischen Raums. Nur unter dieser Prämisse sei afrikanische Kunst wahrnehmbar.

Der kubische Raum erklärt sich wiederum im Vergleich mit Europa. Seit der Renaissance habe sich dort mit der Zentralperspektive eine homogene Raumvorstellung durchgesetzt: von einem menschlichen Sehpunkt aus eröffnet sich ein durchgebildeter Raum, den man von vorne nach hinten durchschreiten kann. In Afrika hingegen stehe die gesamte Kunst im Zeichen der Religion und des Kults. Von daher handele es sich dort um einen »absoluten« und »geschlossenen« Raum, der keine Bewegung kennt. Alles ist gleichzeitig da und steht in vielfältigen simultanen Beziehungen zueinander. »Das Kunstwerk muss die gesamte Raumgleichung geben«, schreibt Einstein; »denn nur wenn es jede zeitliche Interpretation, die auf Bewegungsvorstellungen beruht, ausschließt, ist es zeitlos. Es absorbiert die Zeit, indem es, was wir als Bewegung erleben, in seiner Form integriert.«[8] Einsteins Metapher dafür ist das Tektonische: »Das Kubische muss in der Unterordnung der Anschichten als tektonisierte Intensität sich darstellen.«[9]

Das Ende seines Essays hat Einstein der Kunst der Tätowierungen und der Masken vorbehalten. Dabei geht er auch auf eine Folge von 17 Fotografien in seinem Bildteil ein, die verschiedene Masken wiedergeben. Masken dienen dazu, schreibt Einstein, dass sich ihre Träger im Rahmen einer Zeremonie und im Zustand der Ekstase in eine Gottheit verwandeln. Masken sind für ihn von daher »fixierte Ekstase«. Die Bandbreite der Masken hingegen sei groß. So heißt es: »Ich gab eine Folge von Masken, die vom Tektonischen zu einem ungemein Menschlichen niedersteigen, damit die verschiedenartige Reihe der seelischen Fähigkeiten dieses Volkes [das ist für Einstein das Volk der Afrikaner, P.B.] belichtet werden.«[10] In diesem Satz und den dazugehörigen Bildtafeln steckt – im Keim – bereits das Buch *Die Welt der Maske*. Mit diesem Satz und dieser Bildfolge tritt Ilse Schneider-Lengyel in den frühen 1930er Jahren in Korrespondenz und öffnet sie – über Afrika hinaus – auf die ganze Welt.

Voraussetzung eines Buches II: *Barbaren und Klassiker*

In den frühen 1920er Jahren erschien ein weiteres Buch, das in opulenter Aufmachung mit nun bereits zum Teil farbigen Abbildungen einen Weg zur Kunst außerhalb Europas bahnen wollte. Es erschien, wie *Die Welt der Maske*, im Piper Verlag und trägt den Titel *Barbaren und Klassiker. Ein Buch von der Bildnerei exotischer Völker.* Als Autor zeichnet Wilhelm Hausenstein, ein promovierter Historiker, der sich als Publizist jedoch schnell der Kunst verschrieb und sich die Grundlagen dazu in einem Zweitstudium aneignete. Bereits 1910 beauftragte Reinhard Piper den damals 26-Jährigen mit einer Publikation über Pieter Brueghel – der Beginn einer langen Zusammenarbeit, die bis Ende der 1940er Jahre reichen sollte. In seinen Lebenserinnerungen schreibt Piper: »[...] dem Brueghel widmete er sich mit der ihm eigenen Intensität und mit seinem großen Wissen auch auf soziologischem Gebiet. Er schrieb einen scharfen, pointierten Stil.«[11]

Die im Titel aufgeführten Begriffe »Barbaren« und »Klassiker« stehen zunächst für Europa und alle außereuropäischen Kulturen. Doch aus dem begleitenden Essay, dem umfangreichen Bildteil nachgestellt, geht bald hervor, dass Hausenstein nicht von Geographie und Ethnologie handelt, sondern von zwei grundlegenden künstlerischen Prinzipien, die er mit dem »Barbarischen«, »Exotischen« und »Wilden« und, als Widerspiel, dem »Klassischen« bezeichnet.

Das Wilde ist demnach jene ganz in der Natur ruhende impulsive und eruptive künstlerische Kraft, die spontan sowohl nach dem Physischen als auch dem Metaphysischen ausgreift und in der mithin eine ungeheure Spannung wirksam wird. Es ist die Spannung des Schöpferischen selbst, die ihren Ausdruck – und hier knüpft Hausenstein an Einstein an – im Kubischen findet. Die Hand, die diese Spannung zu modellieren versteht, ruht ganz im Organischen der Natur. Hausenstein spricht hier in einer schönen Formulierung vom »Magnetismus zwischen Wirklichkeit und Hand«. Das Klassische hingegen begreift Hausenstein als eine durch Bewusstheit und Reflexion beförderte Bewegung des Ausgleichs jener beiden Sphären, die er auch als »Domestikation« oder »zivilisatorische Zähmung« versteht. Das Animalische und das Göttliche gleichen sich aus und kommen in einem mittleren Bereich, dem Menschlichen, in eine Balance. »Das Klassische ist das Reich der Mitte«, schreibt er.[12]

Diese ausgleichende Bewegung ist der Entwicklung aller Kunst inhärent. Deshalb entwickelt sich die außereuropäische Kunst zum Klassischen, das Hausenstein vor allem in Indien, China und Japan lokalisiert, umgekehrt kann aber auch in Europa die klassische Kunst immer wieder in eine wilde kippen. Sie zeigt sich in vorgeschichtlichen Artefakten, bricht sich aber auch in späteren Epochen immer wieder Bahn in das künstlerische Schaffen, beispielsweise in der Romanik oder im Barock. Zu Letzterem notiert Hausenstein jedoch einen entscheidenden Unterschied: »Die Natürlichkeit des Barock ist ungeheuerlich. Wären die Nerven nicht, die flatternden europäischen Nerven, die das Ganze zur Hälfte der Zivilisation verdächtig machen [...].«[13]

Anhand der in seinem Buch präsentierten Werke der primitiven Kunst urteilt Hausenstein über die zeitgenössische europäische

Kunst: »Das Niveau unserer Zeit liegt um ungezählte Grade tiefer. Dies ist die Moral einer Erfahrung, die aus einer Reise der Gedanken und Empfindungen um die Welt exotischer Kunst gewonnen werden muss.«[14]

Obwohl sich Hausenstein über lange Strecken seines Essays bei kunstästhetischen Überlegungen aufhält, ist ihm die Kunst kein Selbstzweck. Vielmehr steht sie im Dienst des Sozialen – in dieser Ansicht zeigt sich seine zum Sozialismus tendierende politische Haltung, die auf einer intensiven Auseinandersetzung mit sozialistischen Schriften beruht: »Kunst – das ist, was vor der Kunst ist und nach der Kunst, das Soziale daran, die gesellschaftliche Möglichkeit, die elektrisch aus der Kunst springt.«[15]

Die Welt der Maske

Es mag heute verwundern, dass ein Buch wie *Die Welt der Maske* noch zu Beginn des Jahres 1934 erscheinen konnte. Die Nationalsozialisten hatten bereits seit einem Jahr die Politik beherrscht und alle Maßnahmen ergriffen, ihre Ideologie auch im Bereich der Kultur und Kunst durchzusetzen. Bereits im Mai 1933 hatten sie ihre Macht demonstriert, als sie in vielen Universitätsstädten Bücher sozialdemokratischer, kommunistischer und vor allem jüdischer Autoren öffentlich verbrennen ließen. In München hatte die von der »Nationalsozialistischen Studentenschaft Deutschland« initiierte Aktion unter großer öffentlicher Beteiligung auf dem Königsplatz stattgefunden – in unmittelbarer Nähe des Piper Verlags.

Schon zwei Monate vorher, im März 1933, hatten die Nationalsozialisten die Verlagsräume durchsucht und Reinhard Piper vorgeladen, ausgelöst durch eine Denunziation, die vermutlich dem jüdischen Teilhaber Robert Freund galt, mit dem Reinhard Piper seit 1926 zusammenarbeitete.[16] Es spricht also für eine gewisse Standfestigkeit, wenn Piper an dem Projekt mit Ilse Schneider-Lengyel in dieser unsicheren Lage festgehalten hat. Doch schritten die politischen und ideologischen Verwerfungen schnell voran. Die intensive Beschäftigung mit der Kunst der Naturvölker und der außereuropäischen Kulturen brach jäh ab. Ohne es zu beabsichtigen, markiert *Die Welt der Maske* damit in Deutschland einen historischen Endpunkt.

Der einleitende Essay der Autorin zeigt sich davon jedoch völlig unberührt und bewegt sich ganz auf der Höhe der damaligen ethnologischen Diskussion – einschließlich der Spannungen, die sich zu dieser Zeit zwischen den universalen Ansätzen der spekulativen Ethnologie und ihrem empirischen, auf genaues Wissen drängenden Widerlager aufbauten. An einer Stelle ihres Essays bildet Ilse Schneider-Lengyel diese gespaltene Situation explizit ab, wenn sie die »ethnologische Forschung« von der »Kulturmorphologie« unterscheidet, diese jedoch als deren »Schwesterwissenschaft« bezeichnet.[17] Entsprechend vertraut ist die Autorin mit beiden Richtungen, ihren Fragen und Methoden. So mancher Gedanke führt einen internen Dialog mit dieser oder jener Theorie, und selbst der spekulative Entwurf von Pater Wilhelm Schmidt, der bei den Pygmäen eine frühe Form des Monotheismus entdeckt zu haben glaubte, wird an einer Stelle zitiert.[18]

Auf der anderen Seite enthält der Essay eine Fülle empirisch gewonnener Kenntnisse über konkrete Riten und Zeremonien, in denen Masken eingesetzt werden. So zeichnet die Autorin im zweiten Kapitel ihres Essays ein Tableau, das sie nach Fruchtbarkeitsriten, Ahnenkulten, Übergangs- und Initiationsriten und Totenkulten auffächert und darin kulturelle Praktiken aus über 20 verschiedenen Kulturen beschreibt.

Im Sinne einer sich ergänzenden »Schwesterwissenschaft« hält jedoch letztlich auch Ilse Schneider-Lengyel daran fest, eine universale Geschichte der Masken zu erzählen. Dazu greift sie einerseits auf die im Keim bereits in Carl Einsteins *Negerplastik* enthaltene Folge von tektonischen zu individualisierten Masken zurück. Andererseits begreift sie diese Folge mit Wilhelm Hausenstein als eine zeitliche Entwicklung, wonach sich das Wilde mit der Zeit immer durch eine Domestikation im Mittleren, Menschlichen austariert. So zeichnet sie eine geschichtliche Bewegung, die bei der Maskentradition der Naturvölker beginnt, in der japanischen einen ersten Höhepunkt erlebt, über das antike griechische Theater und weiter bis zu noch gegenwärtigen Volksbräuchen in den Alpenländern fortschreitet, um schließlich beim modernen Tanztheater zu enden, für die Namen wie Oskar Schlemmer und Mary Wigman stehen. Indem diese in ihren performativen Arbeiten wieder Masken einsetzen, vollziehen sie – ganz im Sinne von Hausenstein – eine Rückkehr in den wilden Bezirk der Kunst.

Eine andere Weltsicht

Auch in dem Bild, das Ilse Schneider-Lengyel in ihrem Essay von den Naturvölkern zeichnet, zeigen sich die Spannungen der Ethnologie in jener Zeit. Im Zuge der Beschreibung konkreter Riten nennt sie auch die einzelnen Kulturen – so die Aleuten, die Sioux, die Chibchas oder die Kagabe. Hier folgt sie der sich zunehmend durchsetzenden empirisch ausgerichteten Variante des Fachs, der es vor allem um ein Wissen von konkreten kulturellen Praktiken geht. Damit deutet sich ein Verständnis an, das vor allem durch die amerikanische Schule des Kulturrelativismus, aber auch durch ausgedehnte Forschungsreisen der französischen Völkerkunde Eingang in die moderne Ethnologie gefunden hat: Jede Kultur stellt eine eigene Entität dar und ist nur aus sich selbst heraus zu verstehen.

Überwiegend jedoch ist die Welt der Naturvölker für die Autorin noch nicht in Stücke zerbrochen. Überwiegend bilden sie – trotz ihrer Unterschiede – eine große einheitliche Gruppe, die, von denselben Bedürfnissen und Kräften bewegt, ähnliche kulturelle Praktiken und Werte hervorgebracht haben. Mögen sie sich auch weniger weit von den Anfängen der Menschheit wegbewegt haben, so ist deren Entwicklung nicht einfach auf einer minderen Stufe abgebrochen. Ilse Schneider-Lengyel nimmt demgegenüber ein emanzipatorisches Konzept auf, das den Naturvölkern nicht eine mindere Entwicklung, sondern ein genuin anderes Denken und andere kognitive Strukturen zugesteht, die zu einer anderen Weltsicht führen. Für sie birgt gerade diese andere Weltsicht ein großes Potential. Es hält Erfahrungen in einer Intensität und Tiefe bereit, die in Europa längst verloren gegangen sind, und es eröffnet Sphären, die für Europäer längst versiegt sind. Als Beispiel lebt bei den Naturvölkern die Vorstellung, sie könnten sich tatsächlich in eine Gottheit oder einen mythischen Ahnen verwandeln:

> Erst muß man diese Naivität begreifen, um für möglich zu halten, wie fruchtbar der Boden dieser irrationalen Realität für die Maskenbräuche werden konnte. Für den Eingeborenen ist die Maske nicht Sinnbild und der Maskentanz nicht symbolische Handlung, sondern die völlige Gleichheit mit dem, was die Maske darstellen soll, also die lückenlose Erfüllung der Vorstellung und Konkretisierung der Abstraktion. Was ihren Sinn noch vertieft, ist die tatsächliche geistige Anteilnahme des Maskenträgers am Geschehnis und das innerliche Zusammenwachsen mit der Maske.[19]

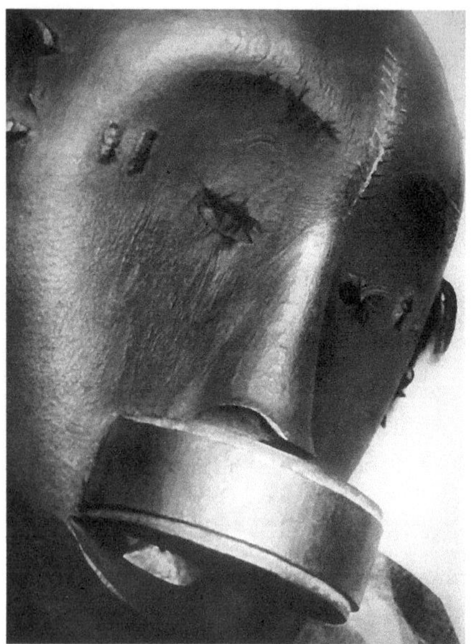
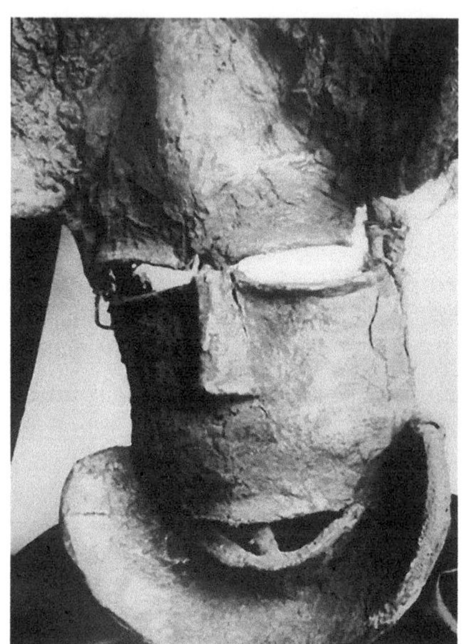

Fotografien aus *Die Welt der Maske*

Für jene Sphären, die durch die Masken im Ritual gestaltet und, unterstützt von Tanz und Trommelrhythmen, sinnlich erfahrbar werden, benutzt Ilse Schneider-Lengyel mehrmals den Begriff der »Überwirklichkeit« – eine Übersetzung des französischen Begriffs *le surréalisme*, dessen von André Breton verliehene programmatische Bedeutung ihr aus der Pariser Zeit sicherlich vertraut war. Gerade deshalb können für Ilse Schneider-Lengyel – wie schon für Carl Einstein und Wilhelm Hausenstein – die Masken der Naturvölker zum Maßstab der europäischen Kunst werden, einschließlich der zeitgenössischen. In einer der eindrücklichsten Passagen des Essays heißt es:

> Wir, die wir uns höher stehend als der Primitive empfinden, müssen zugeben, daß wir weiter entfernt sind vom Erfassen der Überwirklichkeit, als der Wilde es auf der primitivsten Stufe seiner Entwicklung war. Wir müssen bekennen, daß seine Gestaltung sich der eigenen Idee unendlich nähert und daß unsere Kunst sich weit davon entfernt hat, Führer im Unerklärlichen des Alls zu sein.[20]

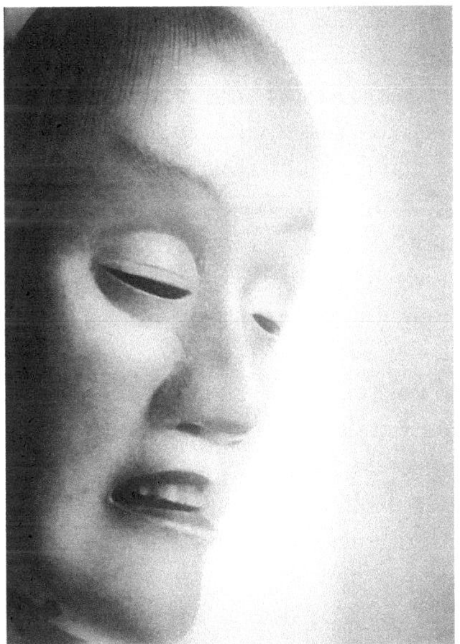

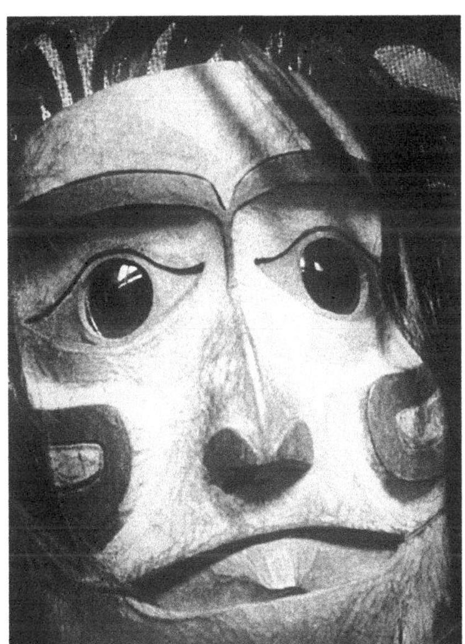

Die Fotografien

So vielfältig und voraussetzungsreich der Essay, so unkonventionell und originell fällt der Einsatz der Fotografien in *Die Welt der Maske* aus. Weder in der Art, wie die Masken in den einzelnen Fotografien perspektiviert und kadriert sind, noch in der Weise, wie sie durch das Layout als fotografische Serie zusammengestellt sind, lassen sich Vorläufer unter den Bildbänden über die Kunst der Primitiven finden. Gerade die opulenten Werke wie *Barbaren und Klassiker* von Wilhelm Hausenstein oder *Die Kunst der Naturvölker und der Vorzeit* von Eckhart von Sydow haben eine museale Präsentationsweise gewählt: Der Gegenstand wird freigestellt und vor neutralem, meist hellem Hintergrund in frontaler Ansicht wiedergegeben und zum Rand hin mit einem leeren Hof umgeben, der wie ein Passpartout wirkt. Kein Element darf die kontemplative Wahrnehmung stören. Denn sonst würde sich nicht die Illusion einstellen, den Gegenstand vollständig zu sehen, obwohl doch nur eine Ansicht gegeben wird.

Ganz anders hingegen Ilse Schneider-Lengyel: Sie kadriert die Masken, die sie fotografiert, sehr eng; sie stoßen oft an den Bildrand, oft drängen sie sogar darüber hinaus. Manchmal ist ein Teil der Stirn- oder Kinnpartie, manchmal ist eine Seite bewusst weggeschnitten.

Andere Masken wiederum sind in schräger Aufsicht, wieder andere aus extremer Untersicht aufgenommen. Niemals stellt sich der Eindruck ein, der Betrachter habe die ganze Maske vor Augen. Vielmehr offenbaren die Fotografien immer nur Ausschnitte, Fragmente, und rücken ihren Gegenstand nah an den Betrachter heran. Die Masken halten keinen Abstand, sondern springen ins Auge. Die Verzerrungen in den Größenverhältnissen, die sich daraus ergeben, führen bei manchen Abbildungen im ersten Moment zu Irritationen: Der Blick des Betrachters muss die einzelnen Elemente erst wieder entzerren und neu zusammensetzen.

Die Art, wie Ilse Schneider-Lengyel die Masken aufgenommen hat, zeigt den großen Einfluss von László Moholy-Nagy. Vergleicht man ihre Maskenfotografien mit jenen Porträtaufnahmen des Ungarn, die in dem 1930 von Franz Roh herausgegebenen Buch *60 Fotos* erschienen sind, zeigen sich frappierende Ähnlichkeiten: Beide schneiden die Gesichter bzw. die Masken auf dieselbe Art an, und beide probieren sehr ähnliche Positionen der Kamera aus.[21]

Ilse Schneider-Lengyel folgt in der Weise, wie sie fotografiert, jedoch nicht einfach der Programmatik ihres Lehrers. Für sie ist der Gebrauch der Kamera durch ihren Gegenstand selbst begründet. Denn Masken werden hergestellt, um in Ritualen und Zeremonien eingesetzt zu werden. Erst durch die tänzerischen Bewegungen des Maskenträgers, erst durch die performative Dynamik seiner Kopf- und Körperdrehungen entfalten sie ihre Ausdruckskraft. Masken sind keine starren, sie sind kinetische Gegenstände.

In ihrem Essay gibt die Autorin den Lesern folgende Erläuterung zu ihren Fotografien an die Hand:

> Als Reproduktionsmittel diente die Photographie. Es wurde versucht, am gegebenen Ausdruck alle Möglichkeiten auszuschöpfen, die Masken aus ihrer toten Ruhelage herauszuheben und in einer ihrem Wesen entsprechenden günstigen pantomimischen Einstellung zu zeigen. Um der Maske spürbares Leben einzuhauchen, galt es, die Phase der stärksten Bewegung im Bilde festzuhalten. Nun erst beginnt die Maske, aus ihrer Isolierung gehoben, magische Kräfte zu entfalten. In ihren Verschiebungen und Wendungen werden die dynamischen Wirkungen aufgezeigt: oft unter Hintanstellung ethnologisch wichtiger Zutaten, oft unter Verzicht auf die Vollständigkeit der Maske, wurde versucht, den visionären Bildausdruck zu steigern.[22]

Mit diesem Konzept überträgt Ilse Schneider-Lengyel den ästhetischen Zugriff ihres Lehrers auf ein ganz anderes Gebiet. Moholy-Nagy setzte die Medien, mit denen er arbeitete, nicht nur die Fotografie, dafür ein, die Dynamiken der industriellen Moderne zu feiern und einen Ausdruck für das moderne Lebensgefühl zu finden. Für ihn ging es vor allem darum, Bewegung und Licht zu gestalten. Sie selbst hingegen setzt die Fotografie, auf dieselben Darstellungsprinzipien zurückgreifend, ein, um den erhalten gebliebenen Artefakten vergangener, indigener Kulturen neues Leben einzuhauchen und ihre ursprüngliche Magie wiederzubeleben. Carl Einstein hatte die Masken prägnant eine »fixierte Ekstase« genannt; Ilse Schneider-Lengyel will durch ihre Art der Fotografie den Bann wieder lösen und jene Ekstase in der ästhetischen Erfahrung des Bildes erneut erfahrbar machen.

Insgesamt sind 80 Fotografien in *Die Welt der Maske* enthalten. Der Großteil der Masken befindet sich in deutschen Museen, einige wenige gehören zu privaten Sammlungen in München, Paris und Lugano. Die am Ende des Buchs verzeichneten Aufenthaltsorte der Masken offenbaren die Reiserouten, die Ilse Schneider-Lengyel für die Fotografien zurückgelegt hat. Mit 38 Aufnahmen bildet das Berliner Völkerkundemuseum eindeutig das Zentrum ihrer Arbeit. Andere Masken stammen aus den Völkerkundemuseen in Leipzig, Dresden, Frankfurt am Main, München und Stuttgart, wieder andere aus dem Alten Museum in Berlin, dem Museum Antiker Kleinkunst in München, aus dem Germanischen Museum Nürnberg und aus dem Tiroler Volkskunstmuseum in Innsbruck. Auch in den Danksagungen ist das Berliner Völkerkundemuseum prominent erwähnt. Namentlich werden der damalige Direktor Otto Kümmel, der durch zwei lange Forschungsreisen nach Mittel- und Südamerika bekannt gewordene Konrad Theodor Preuss und schließlich der junge Ethnologe Hans Nevermann. Mit ihm wird Ilse Schneider-Lengyel noch in den 1950er Jahren zusammenarbeiten.

Das Zusammenspiel zwischen Bild und Text

Fotografien, in einem Buch zu einer Folge zusammengestellt, werden selten völlig selbständig betrachtet. Sie sind meist begleitet, wenn nicht sogar umstellt von Texten. Die Frage, wie beide zusammenspielen, ist somit für die ästhetische Erfahrung von großer Bedeutung. In *Die Welt der Maske* sind es kurze, knapp gehaltene Texte,

26. Nordwestamerika, Haida

26. Amérique du Nord-Ouest, Haïdas

26. North West America, Haida

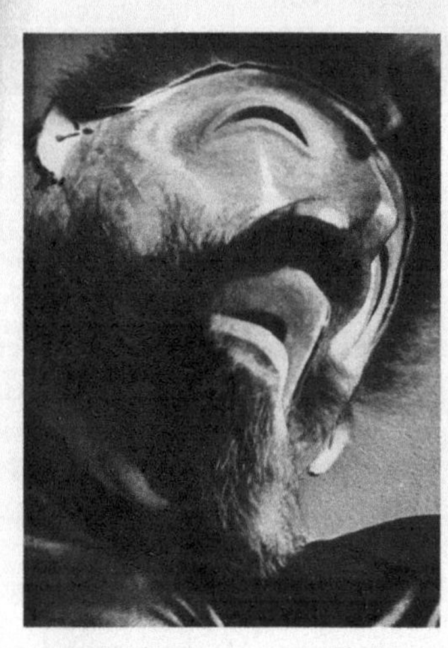

Eine Doppelseite aus *Die Welt der Maske* mit Fotografie und dreisprachigen Begleittexten

die den Fotografien zur Seite gestellt werden. Darin greift auch Ilse Schneider-Lengyel auf die Methode der Formanalyse zurück, wie sie ihr in den Vorlesungen bei Wilhelm Pinder begegnet ist. Allerdings weiß sie auch, wie begrenzt noch das Wissen um die Bedeutung der Masken in ihren Entstehungskulturen ist. Deshalb, so schreibt sie:

> muß an deren Stelle ein anderes, objektiveres Merkmal treten, das geeignet ist, als Wertmesser für die Physiognomie der Maskenwerke zu gelten. Ein solches objektives Kriterium für die primitive Maskenmimik gibt es in der Tat: Gefühlsdurchdrungenheit schlechthin ohne Bezug auf ihren Inhalt. Dazu muß noch ein zweites kommen: erst in der Hand eines Künstlers wächst ja die Mimik zu absoluter Höhe und zu zeitloser Gültigkeit; unter den künstlerischen Mitteln ist es der Rhythmus, der durch Spannung und Lösung formale Ordnung in die Gesichtszüge bringt. Dieses Spiel der Spannungen, das gröber und leiser schwingt, an- oder abschwillt, ist jenes wichtige Mittel, wodurch der Künstler den Betrachter in seinen Bann zwingt.[23]

In den begleitenden Texten tauchen diese beiden Kriterien – die gestaltete Mimik im Hinblick auf ihre Gefühlsdurchdrungenheit und das Verhältnis von Spannung und Lösung, das den Rhythmus hervortreibt – im Wechsel mit knappen ethnologischen Informationen auf. Manchmal beschränken sich diese jedoch auf die Kultur und den Ort, woher die Masken stammen; der Akzent liegt deutlich auf der formalen Beschreibung, wodurch die Texte zu einem genaueren Sehen anleiten. So ergibt sich im fließenden Übergang zwischen Bild und Text ein loses und sich doch gegenseitig stützendes Hin und Her zwischen visueller Wahrnehmung und begrifflicher Reflexion.

Ausblick

Die letzten Fotografien des Bandes sind dem Theater der Gegenwart gewidmet. Sie zeigen Masken von Bruno Goldschmidt, Tommy Parzinger und dem Japaner Wy Magito, die in zeitgenössischen Aufführungen eingesetzt worden sind. Alle drei stehen beispielhaft für den Einfluss des japanischen Nō-Theaters. Ilse Schneider-Lengyel schreibt dazu:

> Ihre [der Maske, P.B.] liebevolle Pflege am japanischen Theater zeigt, daß sie noch manches zu sagen hat, was dem nur geschminkten Schauspieler versagt bleibt. Eine entsprechende Verwendung der Maske auf der deutschen Bühne ist an sich nicht unvorstellbar; die Hast aber, mit der unsere Theater neue Stücke an- und absetzen, ist nicht dazu geeignet, schrittweise neue Wege zuzulassen. Außerdem bewegt sich der utilitaristische Zug des modernen Lebens in anderer Richtung. Die Bühne gilt nicht dem gefühlsmäßig beeindruckbaren Augenmenschen, sondern sie ist Hörstätte verstandesmäßiger Auseinandersetzung nicht visueller Art geworden.[24]

Diese Passage ist nicht die erste, an der Ilse Schneider-Lengyel am Maßstab der Maskenkunst ein kritisches Urteil über die Gegenwart fällt. Unter der Hand benennt sie damit auch die ideale Rezeptionshaltung für ihr eigenes Buch. Wer es lesend betrachtet oder betrachtend liest, soll sich in einen »gefühlsmäßig beeindruckbaren Augenmenschen« verwandeln.

Dieses Vermögen auf die Probe zu stellen, ist die Aufgabe der letzten Fotografie. Mit ihr geht Ilse Schneider-Lengyel ein Wagnis ein.

Denn mit diesem Bild erhebt sie die Folge ihrer Maskendarstellungen zu einer visuellen Argumentation, zu einer Form des Denkens in Bildern. Die Fotografie zeigt, durch die enge Kadrierung wiederum nah herangeholt, eine Maske, die im Vergleich zu den vorangegangenen deutlich gröbere Züge trägt und auch vom Material rauer erscheint. Die Augen sind weit aufgerissen, der Mund steht offen.

Der begleitende Text verrät, dass es sich um eine Schülerarbeit handelt, um eine Maske im Stil der primitiven Kunst. Ilse Schneider-Lengyel kommentiert:

> Diese Kindermaske aus Papiermaché mit geklebten farbigen Streifen zeigt zwar wertvolle Ansätze, es fehlt ihr aber eigentlich an schöpferischer Logik. Diesen Mund in seiner unwahren Linienführung gegenüber der virtuos geometrischen Gestaltung der Augen und der äußerst naturalistischen Form der Nase kann man wirklich als »primitiv« bezeichnen.[25]

Damit erteilt die Autorin am Ende allen evolutionistischen Theorien der spekulativen Ethnologie und mehr noch der aus der Völkerpsychologie stammenden Analogie zwischen dem psychischen Zustand der Kinder und dem der Primitiven eine visuelle Absage. Das konkrete Material widerspricht: Eine Parallele zwischen der Kunst der Kinder und der der Naturvölker entbehrt jeder Grundlage.

Die Zeichen der Zeit

Anfang 1934 stand das Fenster für die Aufnahme des Bildbandes *Die Welt der Maske* noch einen Spalt offen. Das Buch wurde allgemein wahrgenommen und in vielen Zeitungen rezensiert. Begünstigt wurde die Rezeption durch eine frühe, sehr ausführliche und äußerst positive Kritik von Wilhelm Hausenstein in der *Frankfurter Zeitung* vom 4. März 1934. Offenbar war es Reinhard Piper gelungen, die Rezension des dem Verlag nahestehenden Autors zu lancieren. Denn Hausenstein beschreibt darin pointiert die Intentionen der Autorin sowohl für den Text als auch für die Fotografien und hat damit das Verständnis und das Urteil für weitere Kritiken maßgeblich beeinflusst. Hausensteins Rezension beginnt:

> Unter dem Titel, der sich erklärt, ist soeben bei R. Piper u. Co. in München ein besonders bemerkenswertes Buch erschienen. Es

> ist ein Atlas mit 80 Tafeln und etwa einem halben hundert Seiten Text. [...] Die Aufnahmen, von der Verfasserin des Buches, Ilse Schneider-Lengyel, selbst gemacht, sind in einem bisher auf vergleichbaren Gebieten wohl kaum erlebten Maße suggestiv: mit Glück versuchen sie, die Masken aus der stumpfen Ruhe des baren Sammlungsgegenstands in gleichsam dynamische Haltung und Ausdrücklichkeit zu versetzen, damit in andeutender Weise wenigstens etwas von der eigentlichen Funktion der Maske gespiegelt sei – der Rolle nämlich, die nur dann deutlich wird, wenn die Maske am tanzenden, überhaupt am darstellenden Träger erscheint. Mit Recht hebt die Verfasserin hervor, dass der Maske die dramatische Macht wesentlich zugehört – im Unterschied von der mehr zuständlichen, verharrenden Haltung des Ahnenbildes, des Standbildes. Dass die Photographien und die nach ihnen gebildeten Wiedergaben ein subtiles Gefühl für Form, Licht, Materie, Ausdruck, Schimäre und Schönheit verraten ist eigens und dankbar anzuerkennen. [...]
> Der vorbereitende Text ist ein klar unterrichtendes Stück ethnologischer, psychologischer, religionsgeschichtlicher, mit angemessenem Abstand auch ästhetischer Untersuchung; ernstliche Vermittlung, die doch bequem zu lesen ist. Unmissverständlich muss aber auch bestätigt werden, dass dies Werk als Ganzes, wie im einzelnen, nichts zu tun hat mit jenem törichten und desparten Exotismus, der die Kunst des Abendlands vor einem halben Jahrhundert heimgesucht und vollends aus den Fugen gebracht hat. Das Buch von Ilse Schneider-Lengyel, von jenem Exotismus abgewandt, ist einfach eine autonome Studie zu dem ursprünglichen Gebiet, das als »Welt der Maske« auch ohne alle Nebenabsicht umschrieben ist.[26]

Das erste Buch bekommt auch in Ilse Schneider-Lengyels Bericht über die Bekanntschaft mit dem bayerischen Kronprinzen seinen gebührenden Platz. Denn das Kennenlernen fand kurz nach dem Erscheinen des Buches statt, und die Autorin bat ihren Verleger unmittelbar danach, Rupprecht ein Exemplar zukommen zu lassen. Aber auch die Kritiken, die zu dem Buch veröffentlicht worden sind, spielen in dem Bericht eine Rolle. Ilse Schneider-Lengyel erwähnt zum einen die positive Kritik von Hausenstein, zum anderen einen Verriss im *Völkischen Beobachter*:

> Die Kritiken mit Hausenstein als erster drehten sich darum, nur der Völkische Beobachter – den es ja gab – hatte mich in Grund

und Boden verdammt, besonders wegen eines Satzes, nämlich »dass alle Völker lachen und weinen«; das kam 1934 nur bei uns vor und nie hätte ein anderes Volk das können, lachte der Kronprinz, als ich ihm die Kritik später zeigte.[27]

Die Rezension aus dem *Völkischen Beobachter* ist nicht im Nachlass erhalten. Sucht man sie aus einem Zeitungsarchiv heraus, so findet man ein Dokument, das deutlich mit der Faszination für die Naturvölker bricht und sie, zukunftsgewiss, mit einer neuen politischen Situation konfrontiert. Auch tritt hier wieder das alte evolutionistische Denken hervor, dieses Mal noch um rassenbiologische Vorstellungen erweitert. Der Verfasser zeichnet lediglich mit dem Kürzel »Dr. W.R.« und schreibt:

> In der Maske lebt ein höchst gefährlicher Zauber: die Lockung zur Flucht aus der eigenen Verantwortung, aus dem eigenen Gesetz. Wo dem primitiven Menschen als gleichsam noch nicht zum Bewußtsein erwachten Wesen die Maske Symbol des Zusammenhangs mit der Natur ist, erliegt der an der gestaltenden, aufbauenden Kraft zweifelnde moderne Skeptiker dem Zauber der Lockung.
>
> Diesem Zauber ist auch die Verfasserin des vorliegenden Buches erlegen. Das Buch ist in verehrender Haltung für das »erdnahe schicksalsschwere Leben« der Masken geschrieben. Indem die Verfasserin meint, daß die »großzügige Geste und das natürliche Pathos des gefühlsbedingten Primitiven unserer Kunst abhanden gekommen« sei und eine große Anzahl weitere ähnlicher Äußerungen tut, verliert sie die dem gefährlichen Reiz dieser Dinge gegenüber notwenige Haltung des kulturgeschichtlich sowohl als völker- und rassenpsychologisch nur beobachtenden Menschen. Sie sieht in den Masken vielmehr das »Ewig-Gültige« und spielt, kaum ausgesprochen diese primitive Maskenwelt gegen die gegenwärtig wohl lendenlahm gewordene, aber hochdifferenzierte Kultur der weißen Menschheit aus. […]
>
> Die Aufnahmen und der Text des Buches zeugen oft von einem großen Einfühlungsvermögen der Verfasserin in die primitive Welt der Maske, und wir erkennen seinen Wert in diesem Punkte an, jedoch können wir die Frage nach der inneren Notwendigkeit der Entstehung dieses Buches gerade heute nicht bejahen. Denn seine Grundhaltung ist im Letzten Verneinung der schöpferischen Kräfte der Persönlichkeiten, die eine geistbeherrschte eigene Welt

schaffen, ist Verneinung der urgegebenen Qualitätsunterschiede von Persönlichkeiten, Völkern und Rassen: »Denn der innere Wesenskern der Menschen ist derselbe an allen Orten und zu allen Zeiten. Alle Menschen lachen, weinen, zeigen Furcht oder Schrecken, wenn auch die Gebärde verschieden sein mag.« Das Buch erweist sich mit solchen Sätzen als um ein Jahrzehnt zu spät geschrieben.[28]

Zwischenspiel

Hier folgt der Anfang des einleitenden Essays zu *Die Welt der Maske* aus dem Jahr 1934. Der Text findet sich dort auf den Seiten 17-21.

Vom Sinn der Maske

Das starre Maskengesicht, einstmals die bildnerische Ausdrucksmöglichkeit des Übersinnlichen, begleitete die Völker aus ihrem Urdasein in den hellichten Tag der Zivilisation. Dabei wandelte sich der magische Zauber allmählich zum Aberglauben; der Maskenglaube verflüchtigte sich, um noch einige prachtvolle Blüten in dem von der Großstadtatmosphäre unberührten Winkel der deutschen Alpenländer zu treiben, wo Fastnachtssitten, Perchtenhüpfen und Rauhnächte die Jahrhunderte überlebten, kirchlichen und weltlichen Verboten zum Trotz. Dort spürt man noch etwas vom endlosen Kampf des Mensches mit den heidnischen Gottheiten.

Viele unserer Volksbräuche sind undenkbar ohne die Erinnerung an das große vorreligiöse Erlebnis, die Maske. Ihr ursprünglicher Sinn lag nicht in der Unkenntlichmachung des Gesichts, sondern in einer vorsprachlichen Formung des Ausdrucks. In ihr fand der Urmensch die Möglichkeit, ein neues Wesen zu schauen. Während er sich aus der Natur löste und sich der Pflanzen- und Tierwelt gegenüber als ein besonderes Wesen erkannte, fand er in der Maske eine Steigerungsfähigkeit seines unvollkommenen, noch unbestimmten »Ichs« zum Überpersönlichen. Gleichzeitig mit der Ichvorstellung erwuchs die Gottvorstellung: hierin war die Maske zum ersten vorliterarischen Versuch ausersehen, die Ahnung vom Höheren zu gestalten. Durch ihre Erfindung konnte der Mensch Lebloses belebt erscheinen lassen, indem die tote Maske durch Bewegung ihre Starrheit verlor und eine Steigerung bis zur Ekstase erreichbar war.

Im Vordringen zu den unbegreiflichen Mächten des Werdens und Vergehens wollte er den geheimnisvollen Urheber, den Wesentlich-Andern, gestalten und beeinflussen. Bestimmte Erscheinungen der Natur und Vorgänge des Lebens, die auf dämonisches Wirken zurückgeführt wurden, ahmte er in magischen Handlungen nach, um diese Erscheinungen und Vorgänge hervorzurufen. Durch solche zauberische Nachahmung des Dämonischen fühlt sich der primitive Geist tatsächlich in den Dämon verwandelt, glaubt das Naturgeschehen zu beherrschen und selbst den Tod zu überwinden.

Der Analogiezauber braucht die Begleitung des Opfers. In der Selbsthingabe und der vertieften Freude des Opferns überschreitet der Mensch sein begrenztes Dasein, um die im Orgiasmus erfaßte Totalität des Göttlichen zu schauen; und erst in der unheimlichen Sphäre des Opferkults wird das Wunder des Übergangs in den Dämon greifbare Tatsache. Bei diesen Zeremonien spielt die Maske eine entscheidende Rolle, denn sie verwandelt sich in ihnen zum Gott. So wurde sie die erste vortechnische Leistung, die Natur zu meistern, ihr Keimen und ihre Fruchtbarkeit wieder und wieder zu erzwingen. Im Drang nach dem Göttlichen nähert sich der Mensch diesem mit seiner gottnahesten Eigenschaft, mit der schöpferisch-bildnerischen Kraft.

In jenes Dunkel kulturell-zivilisatorischen Ringens der Menschheit leuchtet die ethnologische Forschung und die Schwesterwissenschaft der Kulturmorphologie mit ihren zwingenden Schlußfolgerungen vom Parallelismus der Entwicklung hinein, uns jeweils zu den Naturvölkern verweisend, so oft wir in der Enge der eigenen Vorzeit erfolglos nach den Grundlagen unserer Gegenwart suchen.

Wenn man der tiefen Bedeutung nachspüren wollte, die der Maske im kollektiven Raum der Vorgeschichte zukommt, müßte man einerseits vom letzten entarteten Glied der Entwicklungskette, unserer Karnevalsmaske, andererseits von den noch greifbaren kultischen Voraussetzungen der Naturvölker ausgehen.

Wer am übermütigen Faschingstreiben teilnimmt und sich von der aufschäumenden Woge der Lebensfreude mitreißen läßt, der nimmt etwas vom faszinierenden Wesen der Maske in sich auf. Zu dem Reiz, sich – hinter der Maske verborgen – so geben zu können, wie man sein möchte, tritt die Wirkung, die von den übrigen Maskierten ausgeht, hinzu. Die Karnevalsmasken sind phantastische Fratzen mit starren Gesichtern, die uns erheitern und erschrecken, gleich fleischgewordenen Wesen aus einer Fabelwelt; es ist die mystische Wirkung »bewegter Starrheit«; ihr ist die Seele des Primitiven ausgeliefert. Sie erkennt nicht den Zusammenhang mit der Wirklichkeit, das menschenfremde Ereignis berührt sie als Offenbarung. Sie wirft sich mit der Kraft ihrer Phantasie in diese von Masken erfüllte Zauberwelt und stattet sie mit den wildesten Farben ihres Erlebens aus.

Die vollkommene Einswerdung von Maske und Dämon geht aus einer eigentümlichen seelischen Haltung des Primitiven hervor, die zwischen der trunkenen Ohnmacht der Lebensfreude und dem zermalmenden Druck der Todesangst schwankt. Es gilt ihrer andersgearteten Logik gerecht zu werden, die K. Th. Preuß mit »magisch-religiös« bezeichnet. Ursache und Wirkung sind in ihren Fundamenten verschoben. Die annähernde Gleichsetzung von Traum und Wirklichkeit, das Ineinanderfließen von Fühlen und

Denken, sind Hauptmerkmale naturvölkischen Seelenlebens. Ein Bericht des Missionars Taplin, den Ernst Vatter mitteilt, erzählt, daß australische Eingeborene die Pferde der ersten berittenen Europäer für die Mütter der Weißen hielten, da sie die Männer auf dem Rücken trugen, wie die australische Mutter ihr Kind; andere bezeichneten die Packochsen der Missionare als deren Frauen, da sie die Lasten trugen wie die australische Frau das Gepäck ihres Mannes schleppt. Dieses Zusammenfallen von Sein und Schein wirft ein bezeichnendes Licht auf ihre Denkart. Erst muß man diese Naivität begreifen, um für möglich zu halten, wie fruchtbar der Boden dieser irrationalen Realität für die Maskenbräuche werden konnte. Für den Eingeborenen ist die Maske nicht Sinnbild und der Maskentanz nicht symbolische Handlung, sondern die völlige Gleichheit mit dem, was die Maske darstellen soll, also die lückenlose Erfüllung der Vorstellung und Konkretisierung der Abstraktion. Was ihren Sinn noch vertieft, ist die tatsächliche geistige Anteilnahme des Maskenträgers am Geschehnis und das innerliche Zusammenwachsen mit der Maske.

Wissenschaftler und Reisende haben dies unheimliche Requisit der primitiv-kultischen Magie, die Maske, aus allen Ländern zusammengetragen. Dem Museumsbesucher erscheint sie losgelöst aus ihrer Bedeutungssphäre als bloßes Schaustück. Ahnt er, welche Kräfte in diesen hinter Glas und Rahmen geborgenen Gesichtern schlummern? Mächtige potentielle Energien sind in ihnen aufgespeichert; nur in der Bewegung werden sie aktiv und lösen sich von der Materie. Erst in der rhythmischen Bewegung steigert sich die Maske zu überwältigender Wirkung. Wie der Edelstein erst beim bewegten Lichteinfall sein feuriges Wesen enthüllt, so die Maske erst im dämonischen Tanz. Maske und Tanz gehören untrennbar zueinander, beide sind Offenbarungen des frühen Menschen, sind Versuche seine Gefühle in organisierter Form darzustellen. In der Durchdringung von Maske und Tanz liegt die große Leistung des primitiven Menschen: die Steigerung seiner Ausdrucksmöglichkeit ins Übersinnliche über die Grenzen seiner Individualexistenz hinaus.

»Die Maske tanzt!« Ihre Bewegungsphasen fließen ins pulsierende Leben über, alle Ansichten und Überschneidungen der Gesichtszüge durchquerend und aufzeigend. Im Tanz wandelt sich die Maske. Totes wird lebendig. Das Übernatürliche gewinnt Gestalt. Diesem Zauber unterliegt der Wilde mit seinem ganzen Sein. Schritt für Schritt wird von dem Maskentänzer alles Gewohnte abgestreift, um sich in das erweiterte Dasein hineinzuspielen. Der Gruppentanz, der den persönlichen Willen durch den Gemeinschaftsrhythmus ersetzt, wird durch den Takt der Musikbegleitung vom ansteigenden Tempo beherrscht. Trommeln und Tanzrasseln, Stimmen der Gottheit, geben die innere Richtung und Stärke an. Durch ihre Aktivität steht die Maske in der Wirkung weit über den Statuen. Ahnenfiguren halten Abstand zwischen dem Beschauer und sich, rücken in eine gehobene Ferne, wirken in ihrer Passivität lyrisch oder episch. Die Maske dagegen hat dramatische Kraft und wird zum tätigen Mittelpunkt der Handlung. Über sich hinauswachsend reißt sie die Menge bis zur Raserei mit. Die figürliche Plastik verkörpert die gesamte Formensprache der Primitiven, die Maskenkunst neben dieser noch ihre aktive, übersinnliche Phantasie. Die Statuen sind die Träume der Völker, die Masken aber ihre ekstatische Wirklichkeit.

Daraus ergibt sich, daß alle Masken in ihrem Endziel Physiognomisches erstreben. Wenn das Wort nicht ausreicht und auch die Geste versagt, ersetzt das Antlitz beide. Ihm steht die ganze Ausdrucksskala seelischer Regungen zu Gebote. Es ist die feinnervige Hülle der Seele, ihre Materialisation von der Geburt bis zum Tode. Undenkbar viele Abänderungen erfährt es durch Rassen- und Altersunterschiede. Zwischen Spannung und Entspannung zeichnet dies feinste Meßinstrument alle Schwingungen des Geistes auf. Das Gesicht wird zum Symbol der Seele. In der Interpretierung durch den Künstler erhebt es sich zum Absoluten.

Ein erdnahes schicksalschweres Leben strömt aus den frühen Masken, deren Mimik, das heimliche Reden des Geistes, an der anatomisch-objektiven Gesichtsgestaltung vorbeigehen muß, um unbeschwert Ewig-Gültiges zu formen. Es fällt das Persönlich-Einmalige weg, um das Wesentliche, Unvergängliche des menschlichen Ausdrucks um so mehr hervortreten zu lassen. Die großzügige Geste und das natürliche Pathos des gefühlsbedingten Primitiven ist unserer Kunst abhanden gekommen. Sie erhebt sich aber in den Masken der Naturvölker, Exoten und Alpenländern, in ungehemmter Kraft. Ihre Einfachheit und Ursprünglichkeit strahlt so warm Menschliches aus, daß wir die zwischen uns und dem Primitiven liegende Entfernung als bedeutungslos empfinden. Ein Zug wahrer Gemeinsamkeit geht durch die Masken. Ihre innere Verwandtschaft ist so stark, daß man fast versucht ist, einen einzigen Ursprung für sie anzunehmen.

Aber unabhängig davon, ob solche Zusammenhänge zu sehen sind, wäre die Annahme von Anlehnungen oder gleichzeitiger Befruchtung von sekundärer Bedeutung: so übereinstimmend ist der Ausdruck der Physiognomie bei Völkern, die sich unmöglich beeinflußt haben können. Das ist kein Wunder; denn der innere Wesenskern des Menschen ist derselbe an allen Orten und zu allen Zeiten. Alle Menschen lachen, weinen, zeigen Furcht oder Schrecken, wenn auch die Gebärde verschieden sein mag.

Kapitel 5

»Dichten mit den Augen der Kamera« – die Kunstbildbände
1935-1939

> Am Vordergrundhaften kann die Fotografie ihre Mittel am reichsten differenzieren. Der materielle Charakter der Dinge kommt energisch zu Wort und je intensiver der Lichtbildner auf die Grundtatsache der Körper eingeht, desto beseelter werden sie aus dem Prozeß der Bildwerdung hervorgehen. Ja, sie können sogar ein geradezu unheimliches Leben erhalten.
>
> Wolfgang Born
> *Fotografische Weltanschauung* (1929)

Der große Umbruch

Als das erste Buch von Ilse Schneider-Lengyel, *Die Welt der Maske*, vorlag, gab es das Bauhaus nicht mehr. Nachdem es im September 1932 unter seinem dritten Direktor, Mies van der Rohe, von Dessau nach Berlin umgezogen war, geriet es auch dort bald ins Visier der neuen politischen Kräfte. Kaum hatte es seinen Lehrbetrieb wieder aufgenommen, vollzog die Geheime Staatspolizei am 11. April 1933 eine Hausdurchsuchung, nahm 32 Studentinnen und Studenten vorübergehend fest und versiegelte die Räume. Zum Ende des Sommersemesters beschlossen die Lehrkräfte, das Bauhaus aufzulösen. Sie sahen die Bedingungen als unakzeptabel an; die neue nationalsozialistische Regierung hatte ihr Ziel erreicht.[1]

Viele, die mit dem Bauhaus verbunden waren, entschlossen sich zur Emigration. So ging Wassily Kandinsky noch 1933 nach Paris, Anni und Josef Albers siedelten in die USA über. Viele jener Bauhaus-Lehrer, die bereits 1928 die Schule verlassen hatten und danach in Berlin lebten, trafen dieselbe Entscheidung: Marcel Breuer ging 1933 nach Budapest und zwei Jahre später nach England, Walter Gropius reiste 1934 über England in die USA aus, und László Moholy-Nagy, der immer viel in Europa unterwegs gewesen war, emigrierte 1934 zunächst nach Amsterdam und dann nach London. Der Druck auf avantgardistische Künstler wurde immer stärker, ein finanzielles Auskommen für sie fast unmöglich.

Bis dahin durften sich die Avantgardisten als Zentrum der Moderne fühlen, einem Netzwerk zugehörig, das überall in Europa experimentierfreudig die moderne, funktionale, auf der Höhe der Industrie stehende Gesellschaft entwarf. Auch wenn die politischen Konflikte zunehmend offener ausgetragen wurden, so waren sie doch immer noch der Gesellschaft um einen Schritt voraus. Dieser eingeschworene Kreis wurde nun zersprengt und zur Flucht getrieben. Manche konnten sich in sichere Länder retten und an anderen Hochschulen ihre Arbeit fortsetzen; andere blieben bedroht und fühlten sich verfolgt – gezwungen, im Verborgenen zu agieren, ohne die Möglichkeit, wieder öffentlich auftreten zu können. Das musste den Lebenston für László und seinen jüngeren Bruder Kálmán, vor allem jedoch für die frisch verheiratete Ilse, die gerade ihr erstes Buch veröffentlicht hatte, grundlegend ändern. Und dieser so ganz andere Lebenston wird sich niemals wieder verlieren.

Wie stark der politische und gesellschaftliche Umsturz die Familie Lengyel und damit auch Ilse ergriffen hat, geht aus Unterlagen im Nachlass hervor, die im Zusammenhang mit dem Bayerischen Landesentschädigungsamt stehen, das 1949 nach der Verabschiedung des Entschädigungsgesetzes gegründet wurde. Ilse Schneider-Lengyel hat dort im Jahr 1950 einen Antrag eingereicht, der das Aktenzeichen 40064/VIII/65 bekommen hat. Dem Antrag musste sie einen Fragebogen und verschiedene Dokumente beifügen. In einem Begleitschreiben schildert sie ihr Schicksal:

> Wir, mein Mann und ich, konnten uns ebensowenig wie die anderen mehr hier halten [gemeint ist der Bruder Kálmán, P.B.], da der Name LENGYEL als jüdisch bekannt war, da der bekannte ungarische Theaterschriftsteller so hiess.[2]
> Es blieb uns nur die schnelle Auswanderung. Wir verliessen Deutschland im Jahr 1934 und versuchten in Ungarn und Rumänien bei den Verwandten meines Mannes Fuss zu fassen. Verdienst für mich war durch die Sprachschwierigkeiten nicht möglich.
> Anschliessend wanderten wir im August 1934 mit meinem Schwager Kálmán LENGYEL zu dritt nach Frankreich aus. In Paris konnte mein Mann keine Arbeitserlaubnis und keine Aufträge als Ausländer erhalten.
> In Paris verdiente ich unser gemeinsames Leben mit Hilfe meines Mannes durch Schriftstellerei und Photographie, soweit nicht

Unterstützungen der beiderseitigen Verwandten uns geholfen haben.[3]

Bevor sie aus Deutschland weggingen – das erwähnt Ilse Schneider-Lengyel in ihrem Brief nicht –, wurde László katholisch getauft. Es existiert eine Taufurkunde auf seinen Namen, in München am 9. Juni 1934 ausgestellt.[4] War dies ein Schritt, der noch im Zusammenhang mit ihrer Hochzeit stand? Oder war es ein politischer Akt, um Lászlós jüdische Herkunft zu tarnen und sich vor antisemitischen Übergriffen zu schützen? Die Einreisevisen, die nun beantragt werden mussten, wurden durch diesen Schritt sicherlich erleichtert.

Exil in Paris

Viele Exilanten wählten in diesen Jahren Frankreich als Ort ihrer Zuflucht. Das Land zeigte sich zu dieser Zeit offen und hilfsbereit für politisch oder ›rassisch‹ Verfolgte aus ganz Europa. Wer ein gültiges Einreisevisum besaß und über einen offiziellen Grenzübergang eingereist war, erhielt eine persönliche Kennkarte, die einen Aufenthalt von zwei Jahren erlaubte. Sehr viel schwieriger war es allerdings, eine Arbeitserlaubnis zu bekommen, was wohl auch László Lengyel nicht gelang. Viele schlugen sich deshalb mit Schwarzarbeit durch oder gingen Tätigkeiten nach, die nicht unter das Arbeitsverbot fielen – darunter Nachhilfeunterricht, kleine Übersetzungen oder freie journalistische Mitarbeit. Auch Buchmanuskripte durften, ohne staatliche Erlaubnis, Verlagen angeboten und veröffentlicht werden.[5]

Es ist möglich, dass Ilse Schneider-Lengyel diesen Spielraum nutzte; aber auch, dass es ihr gelang, eine Arbeitsgenehmigung zu erhalten. Schließlich musste sie für ihre nächsten Buchprojekte aufwendige Fotoreisen unternehmen und in den entsprechenden Kirchen und Museen offizielle Gesuche einreichen.

Für die neuen Buchprojekte halfen ihr sicherlich ihre Sprachkenntnisse in Französisch und ihr erstes Buch als Arbeitsprobe. Auch traf sie in Frankreich auf eine lebendige, bildaffine Buchkultur. Ihr experimenteller Ansatz der Kunstfotografie wird dort sicherlich mit Neugier aufgenommen worden sein. Dennoch spricht es für ihr Geschick, dass bereits im Jahr 1935 zwei Kunstbildbände in der etablierten, von Jacques und René Wittmann betreuten Reihe *Editions d'histoire et d'art* im Pariser Verlag Librairie Plon erschienen sind: *Têtes de statues gothiques* und *L'Art italien. Chefs-*

d'œuvre de la sculpture. Zu beiden Büchern schrieb sie auch kurze, einleitende Texte.

Erste Arbeiten in Frankreich

Für diese beiden Bücher hält Schneider-Lengyel an ihrem schon für *Die Welt der Maske* entwickelten Konzept fest und überträgt es auf die Köpfe von Skulpturen und Skulpturengruppen. Für *Têtes de statues gothiques* sind es vor allem die Gesichter verschiedener Portalfiguren der bekannten gotischen Kathedralen Frankreichs in Reims, Chartres oder Paris; für *L'Art italien* die Gesichter von Skulpturen und Reliefs bekannter Künstler der Renaissance wie Donatello oder Michelangelo, aber auch weniger bekannter wie Luca della Robbia, Mino da Fiesole oder Antonio Rosselino.

In ihren Fotografien konzentriert sich Ilse Schneider-Lengyel, wie bei den Masken, auf die gestaltete Physiognomie der Gesichter, deren Emotionalität sie durch den Aufnahmewinkel und die Art des Ausschnitts freilegen möchte. Wieder wählt sie dazu eine sehr enge Kadrierung; wieder schneidet sie ein oder zwei Seiten der Gesichter an, rückt sie damit aus ihrer Mittellage und zeigt sie in Unter- oder schräger Aufsicht. Nicht eine vollständige Ansicht des einzelnen Gesichts soll suggeriert werden, vielmehr werden nur seine entscheidenden physiognomischen Züge preisgegeben.

Die Sehkonventionen sind in den beiden französischen Büchern jedoch nicht nur in den einzelnen Fotografien aufgebrochen. Darüber hinaus verfährt auch das Layout experimentell: Erst die Doppelseite bildet das Rezeptionsmuster aus, mit der Kunstbildbände betrachtet und gelesen werden. Zwar nimmt, wer in einem Band mit Fotografien blättert, diese zunächst einzeln wahr. Doch sobald mehr als eine Fotografie auf einer Doppelseite zu sehen ist, setzt das Ausloten der möglichen Beziehungen zueinander ein. Die Doppelseite gerät dann als simultanes Bildensemble in den Blick.

In *Têtes de statues gothiques* und *L'Art italien* sind die fotografischen Abbildungen auch hinsichtlich der Platzierung auf der Seite aus ihrer Mittellage gerückt und ganz an den äußeren Rand gesetzt, also randabfällig gedruckt. In Ausnahmefällen befinden sich die beiden fotografischen Abbildungen einer Doppelseite auf gleicher Höhe; in der Regel sind sie jedoch diagonal zueinander versetzt. Das führt zu einer stärker dynamischen Bezugnahme, die alle Möglichkeiten der Montage ausschöpft: Manchmal verstärkt sich der Ausdruck der Gesichter gegenseitig, manchmal tritt er in Kontrast; manche Gesichter wenden den Blick einander zu, andere voneinander ab, und wieder andere blicken aneinander vorbei. Immer aber entstehen gedachte Linien zwischen den beiden Abbildungen einer Doppelseite, zwischen den Augenpartien, den Nasen und den Mündern und manchmal auch zwischen der Haartracht, den Wangen und dem Kinn. Die Augen der Betrachtenden folgen vor allem der Bewegung dieser Linien und vollziehen damit nach, was durch das Layout angelegt ist.

Aus dem Buch *60 Fotos* von László Moholy-Nagy aus dem Jahr 1930 hat Ilse Schneider-Lengyel die kompositorische Bezugnahme zweier Abbildungen auf einer Doppelseite bereits erlernen können.[6] Die Fotografien in diesem Buch sind meist nach dem Prinzip des Kontrasts ausgewählt, weisen aber ein feines Spiel gedachter Linien zwischen den Abbildungen auf. So geht der Blick eines Mannes, der seitlich aus dem Bild gerichtet ist, in Stromleitungen über, die schräg durch das andere Bild laufen. Die filigranen Drähte fungieren in diesem Bild somit zugleich auch als reale Linien. Auf einer anderen Doppelseite geht der Blick eines lachenden Mannes diagonal nach unten aus dem Bild und trifft in dem gegenüberliegenden Bild auf eine Spielzeugpuppe. Sie liegt auf einem Balkon, und der Schatten des Gitters legt sich über sie. Die Fotografien in diesem Buch sind immer zentriert und mit einen weißen Rand umgeben. Lászlò Moholy-Nagy ist in seinen Büchern von dieser Praxis niemals abgewichen – auch nicht in seinen beiden mit reichem Bildmaterial versehenen Bauhausbüchern.

Die randabfällige Platzierung von Fotografien ist in Frankreich entwickelt worden. Sie findet sich bereits im ersten Band der Reihe *Editions d'histoire et d'art* in der Librairie Plon aus dem Jahr 1934. Er ist dem Fotografen André Kertész gewidmet und trägt den Titel *Paris vu par André Kertész*.[7] Das Layout-Schema ist also nicht von Ilse Schneider-Lengyel selbst entwickelt worden. Sie hat das ästhetische Potential, das darin steckt, jedoch sogleich erkannt und sich zu eigen gemacht, wie ihr ebenfalls 1935 erarbeitetes Buch *Das Gesicht des deutschen Mittelalters* zeigt.

Die Schule des Films

Bis Anfang 1936 konnte Ilse Schneider-Lengyel auch in Deutschland weiterarbeiten und veröffentlichte dort noch zwei weitere Kunstbildbände. Allerdings wechselte sie dafür den Verlag. Ihre folgenden

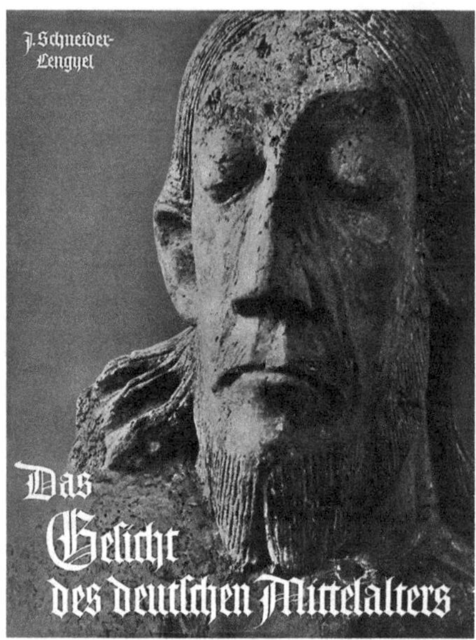

Umschlag von *Das Gesicht des deutschen Mittelalters*

beiden deutschsprachigen Bücher mit den Titeln *Das Gesicht des deutschen Mittelalters* aus dem Jahr 1935 und *Griechische Terrakotten* aus dem Jahr 1936 erschienen im F. Bruckmann Verlag, einem Traditionsverlag, der für die hohe Druckqualität seiner Kunstbildbände bekannt war. Ihm kam aber auch ein nationalkonservatives Renommee zu, zählte der Verleger Hugo Bruckmann doch schon Mitte der 1920er Jahren zu den Förderern von Adolf Hitler.[8]

Umso mehr muss erstaunen, dass sich in *Das Gesicht des deutschen Mittelalters* dasselbe Layout-Schema mit den randabfällig gedruckten fotografischen Abbildungen wie in *Têtes de statues gothiques* wiederfindet. Im Vergleich mit allen anderen Büchern, die in dieser Zeit im F. Bruckmann Verlag erschienen sind, nimmt es damit eine klare Sonderstellung ein.[9] Ilse Schneider-Lengyel musste also den Verleger davon überzeugt haben, das neuartige, französische Layout mit seiner dezentrierenden Dynamik zu übernehmen.

Nur in der Typographie setzt sich das deutsche Buch von dem französischen Konzept ab. Statt der serifenlosen und modern anmutenden Antiqua-Schrifttype *Gilles Sans* ist für *Das Gesicht des deutschen Mittelalters* eine Frakturschrift gewählt worden. Aber das mag eine gestalterische Entscheidung im Hinblick auf den Buchinhalt

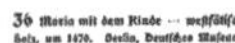

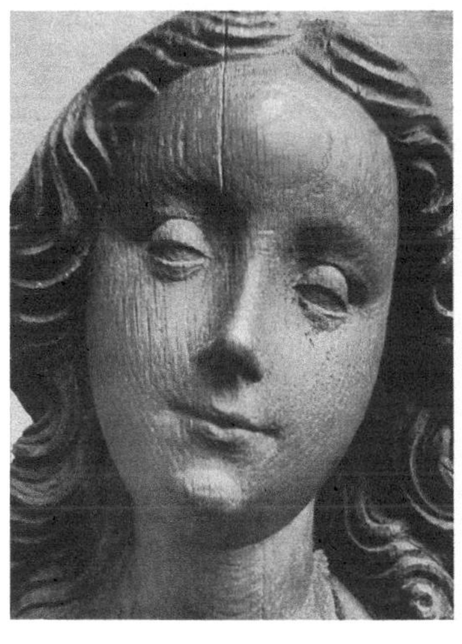

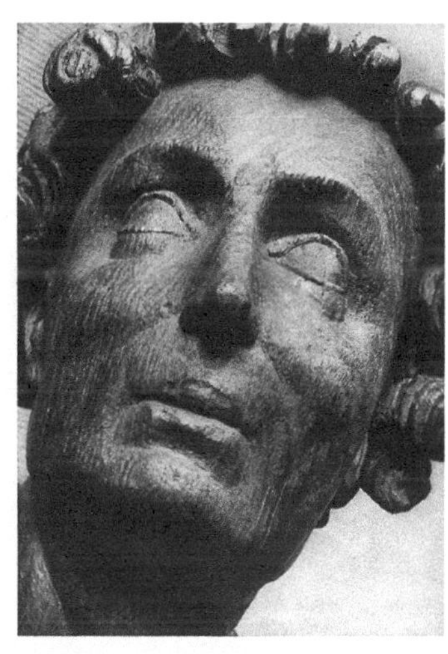

Doppelseite aus *Das Gesicht des deutschen Mittelalters*

gewesen sein. Die Frakturschrift wurde bereits im Hochmittelalter entwickelt und geht mit ihren spitz zulaufenden Brechungen der runden lateinischen Schrift, die zu einer Verengung der Buchstaben führen, auf die ästhetischen Ideale der Gotik zurück. Darüber hinaus konkurrierten in der nationalsozialistischen Kulturpolitik zu diesem Zeitpunkt noch Antiqua- und Frakturschrifttypen miteinander; erst 1941 fiel die Entscheidung zugunsten der Frakturschrift.[10] So ist auch Ilse Schneider-Lengyels nachfolgendes Buch, *Griechische Terrakotten*, wieder in einer Antiqua-Schrifttype gesetzt.

Das Blättern in *Das Gesicht des deutschen Mittelalters* von Doppelseite zu Doppelseite weckt Assoziationen an den Film. Jede Aufnahme wirkt wie eine Einstellung, die sich zunächst auf die ihr gegenüberliegende bezieht, darüber hinaus aber auch in einer Abfolge mehrerer Aufnahmen steht. Zudem springen die Aufnahmen durch ihre wechselnde Platzierung auf der Seite beim Blättern, als würde jedes Bild noch einen Moment nachzittern.

Der Einleitungstext von Ilse Schneider-Lengyel bestätigt diesen Eindruck.[11] Er enthält einige Formulierungen, in denen sich die Absicht eines filmischen Erzählens erhärtet: »Deutsche Köpfe aus fünf Jahrhunderten des Mittelalters liegen in diesem Bande wie

Porträts nebeneinander, und so sollen sie auch betrachtet werden.«[12] An mehreren Stellen ist zudem vom »Rhythmus« die Rede. So soll die Abfolge der Bilder weniger einer stilkritischen Einordung in die Epochen der Romanik, Gotik und Spätgotik dienen als vielmehr das »Auf und Ab« der künstlerischen Gestaltung menschlicher Gesichter in jenen Jahrhunderten sinnlich vor Augen führen, deren »oft unbewußt[e], oft tastend[e], oft irrend[e]« Bewegungen und Abbrüche.

Doch nicht allein die Hinweise auf die Intentionen des Layouts zielen auf die Nähe des Films und des Kinos. Auch die von der Autorin vorgegebene ideale Weise, wie Kunstwerke betrachtet und aufgenommen werden sollen, ist von der Seherfahrung im Kino beeinflusst. Eine bloß rational-wissenschaftliche Analyse reicht für ein Erfassen des Kunstwerks nicht aus. Kunst will vielmehr in einem umfassenderen Sinne »erlebt« werden – und dieses Erlebnis folgt, trotz der vordergründigen Emphase für das geistige Erleben, der Anordnung eines Kinos:

> Darum bleibt exakte Stilforschung notgedrungen anatomische Zergliederungskunst. Sie muss sich mit der sinnlichen Hülle und dem Formengerippe des Kunstwerks begnügen, weil sein inneres Leben und sein tiefer Gehalt dem Seziermesser nicht zugänglich sind. Die Formen sind nur Mittler der Einsicht in eine »bildhaft durchschaute Wirklichkeit«. Hier ist die Stelle, wo die Brücke vom Bekannten, Faßbar-Materiellen dieser Welt zum Unergründlich-Irrationalen der geistigen Welt hinüberführt. Diese schmale Brücke betritt der Zuschauer ahnungslos, um in der Musik der an- und abschwellenden Klänge, dem künstlerischen Weg der Schaffenden folgend unter Aufgabe des eigenen Willens in die Welt des Erlebens geleitet zu werden. Seinen wahren Sinn gewinnt das Kunstwerk erst durch dies Erlebtwerden. Denn erst im Beschauer, und zwar dem Beschauer, der innerlich aufgeschlossen und bereit dazu ist, es zu empfangen, löst es das Mitschwingen aus, dessen es bedarf.[13]

Übersetzt man diese Beschreibung des ästhetischen Erlebens in die unterschwellig mitklingende Raumerfahrung eines Kinos, so bildet die Leinwand jene schmale Brücke, die von der materiellen in die geistige Welt hinüberführt. Die Zuschauer sitzen im Dunkel des Kinos und überlassen sich ganz – »unter Aufgabe des eigenen Willens« – dem, was auf der Leinwand als Lichtprojektion erscheint.

Doch erst wenn sie diese flackernde Lichtschemen in sich aufnehmen und mit eigener Erfahrung beleben, werden sie zum Element einer filmisch erzählten Geschichte – werden sie zu einem Kunstwerk.

Klingen Film und Kino in *Das Gesicht des deutschen Mittelalters* lediglich an, spricht Ilse Schneider-Lengyel diesen Bezug in ihrem zweiten Buch für den F. Bruckmann Verlag, in *Griechische Terrakotten*, explizit aus. In einem kurzen Vorwort erläutert sie:

> Älteren Werken gegenüber soll dies Buch in einer lichtbildnerischen Sprache zum Auge sprechen. Das neue Lichtbild, besonders aber der Film, haben das Auge im hohen Maße geschult und erzogen, durch Sehen zu verstehen. Diese filmische Schulung hat bewirkt, daß in einer Szenen- und Bilderfolge das einzelne, nur scheinbar selbstständige Bild in seiner optischen Wirkung als Glied eines fließenden Ganzen verstanden wird. Hieraus ergibt sich eine neue Aufgabe für die Kunstbetrachtung: durch optische Unterstreichung von Zusammengehörendem ein Gesamtbild herauszuarbeiten, in dem nicht nur einzelne Kunstwerke, sondern auch die bedingenden und verbindenden Kräfte fühlbar werden, ein Gesamtbild, das im Auf und Ab der Entwicklung den formenden Willen des griechischen Volkes zeigt.[14]

Gegenüber diesem Programm wirkt das realisierte Layout auf den ersten Blick klassisch: Alle fotografischen Abbildungen haben wieder einen Rand, alle abgebildeten Figuren sind in ganzer Größe wiedergegeben – allerdings sind sie im Original jeweils nur zwischen 10 und 20 Zentimeter hoch –, und Unter- bzw. Aufsicht sind nur sparsam eingesetzt. Dennoch entsteht bei der betrachtenden Lektüre ein geradezu filmischer Eindruck. Er entsteht, weil die Figuren in den allermeisten Fällen vor einem schwarzen Hintergrund freigestellt sind. Zudem sind sie äußert kunstvoll von jeweils mehreren Scheinwerfern beleuchtet. Durch eine diffizile Lichtdramaturgie werden die Körperhaltungen und -bewegungen, werden Gestik und Mimik visuell in Szene gesetzt – als agierten Schauspieler, die jeweils kurz, für den Augenblick einer Fotografie, auf der Leinwand erscheinen. Verdoppelt wird dieser Eindruck, wenn die Figuren selbst, was nicht selten der Fall ist, Tänzerinnen oder Schauspieler verkörpern und in einer entsprechenden Pose dargestellt sind.

Die fein abgestuften Grautöne der Figuren vor dem schwarzen Hintergrund und die akzentuierte Lichtführung erinnern an den poetischen Realismus des französischen Kinos der 1930er Jahre – an

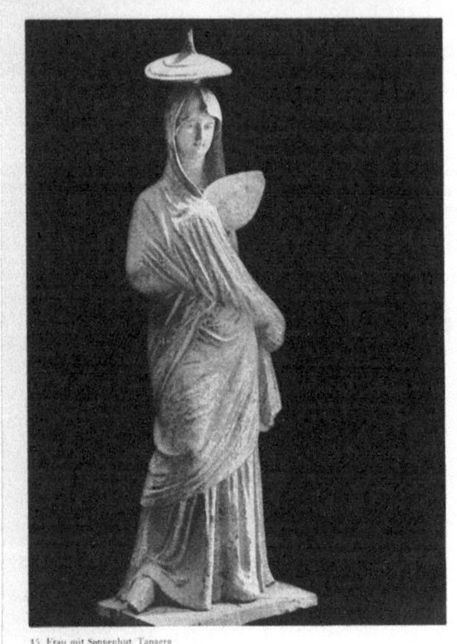

15. Frau mit Sonnenhut, Tanagra

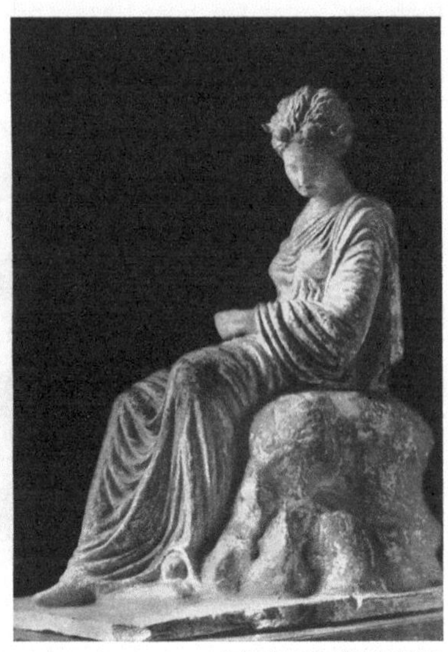

16. Junge Frau, auf einem Felsen sitzend, Tanagra

Doppelseite aus *Griechische Terrakotten*

die Filme Jean Renoirs aus dieser Zeit oder an die ersten Filme Jean Cocteaus. Zweifellos übten sie, wie auch die gesamte visuelle Kunst in Paris, auf Ilse Schneider-Lengyel einen großen Einfluss aus. Sie selbst schulte sich an ihnen, »durch Sehen zu verstehen«; sie waren ihr aber auch Vorbild für die handwerkliche Genauigkeit der Komposition und Inszenierung ihrer Fotografien.

Das Buch *Griechische Terrakotten* stellt die letzte Arbeit Ilse Schneider-Lengyels für den F. Bruckmann Verlag dar, obwohl weitere Projekte geplant waren. Dies geht aus einem undatierten Schreiben des Verlags hervor, um das die Autorin im Zuge ihres Entschädigungsverfahrens gebeten hat und das vermutlich aus dem Jahr 1950 stammt:

> In unserem Verlagsvertrag vom 24.1.1936 haben wir der Autorin die Publikation ihres, im Manuskript vorhandenen »Puppenbuch« (Puppen aller Länder und Zeiten) schriftlich zugesagt.
> Zeitgemäss musste die Bedingung ihrer Aufnahme in die Schrifttumkammer erfüllt werden. Da sich die Aufnahme von Frau Schneider-Lengyel in die Schrifttumkammer des 3. Reiches, auf

Grund ihrer Verehelichung mit einem jüdischen Mann als nicht möglich erwies für sie, mussten wir damals leider auf die geplante Publikation des PUPPENBUCHS und auf weitere verzichten.[15]

Kontakte zur Pariser Künstlerszene

Mitte der 1930er Jahre war das Leben Ilse Schneider-Lengyels von vielen Ambivalenzen gezeichnet. Sie musste häufig wechselnde französische Regierungen erleben, die in der Flüchtlingspolitik immer restriktiver handelten; erst die Volksfront-Regierung unter Léon Blum, die sich vom Sommer 1936 für ein Jahr halten konnte, gab wieder mehr Einreisevisen aus. Das entspannte die Lage – vor allem für László und Kálmán Lengyel. Auch die materielle Situation war schwierig. Kálmán jedoch konnte an seine Berliner Tätigkeiten anknüpfen. Er entwarf und vertrieb Möbel, gelegentlich auch unterstützt von seinem Bruder. Während Kálmán weiterhin auf Stahlrohrmöbel setzte, experimentierte László mit dem Werkstoff Holz und entwickelte daraus Bugmöbel. Gut möglich, dass Kálmán über genug Kapital verfügte, um einen Gewerbeschein zu erhalten, so dass er erneut eine eigene Firma gründen konnte.

Einen Gegenpol zur bedrängten Situation im Privaten bildete das virile und vielfältige Kulturleben in Paris. Mit welchen Künstlern und Gruppen Kálmán, László und Ilse Kontakt in diesen Pariser Jahren aufgenommen haben, ist anhand des Nachlasses schwer nachzuweisen.

Eine konkrete Spur liefert indes die Zeitschrift *Verve*, die ab Dezember 1937 vier Mal im Jahr erschienen ist. Sie bezeichnete sich als *Revue Artistique et Litteraire* und wurde von dem Griechen Stratis Eleftheriadis, der sich in Frankreich E. Tériade nannte, herausgegeben und redaktionell betreut. Dieser hatte bereits im Jahr 1933, zusammen mit Albert Skira, die Zeitschrift *Minotaure* gegründet, als deren *Directeur Artistique* er lange Jahre fungierte, bis es zu einem inhaltlichen Streit mit André Breton kam und er 1936 die Redaktion abgeben musste. *Minotaure* erschien noch bis 1939 und brachte es auf zwölf Ausgaben, *Verve* hingegen hat sich bis in die 1950er Jahre gehalten. E. Tériade übernahm das von ihm entwickelte Konzept des *Minotaure* auch für *Verve*. Die Ausgaben waren als edle Kunstmagazine mit hoher Druckqualität aufgemacht, aufwendig und großzügig gestaltet und reich mit Zeichnungen, Fotografien und teilweise farbig wiedergegebenen Gemälden bebildert. Das Titelbild wurde jeweils eigens von einem Künstler gestaltet; in der ersten Ausgabe beispielsweise stammt es von Henri Matisse, von dem im Heft auch einige Traumzeichnungen und *Réflexions sur la peinture* aufgenommen sind. Ferner finden sich in der Nummer 1 von *Verve* Lithographien von Fernand Léger und Joan Miró, dokumentarische Fotografien von Brassai, experimentelle Fotografien über Frisuren von Man Ray und Erwin Blumenfeld und schließlich eine Fotoreportage von Dora Maar, die Pablo Picasso in seinem Studio bei der Arbeit an dem Bild *Guernica* beobachtet. Die Textbeiträge stammen u. a. von André Gide über die moderne Plastik, von Georges Bataille über van Gogh und von André Malraux über die Psychologie der Kunst. Damit war *Verve* stärker auf die Kunst ausgerichtet, während *Minotaure* auf ein breites, von den Surrealisten beeinflusstes Themenspektrum setzte und auch Beiträge über Ethnologie und Psychoanalyse aufnahm.[16]

In der Nummer 3 von *Verve*, erschienen im Juni 1938, ist auch Ilse Schneider-Lengyel mit zwei Fotografien vertreten. Sie zeigen, jeweils angeschnitten, zwei Puppen aus dem nördlichen Indien des 17. Jahrhunderts. Sie begleiten und umrahmen einen Beitrag von André Malraux mit dem Titel *De la Représentation en Occident et en Extrême Orient.*[17] Die Ausgabe ist insgesamt der Kunst Indiens gewidmet und eröffnet mit einem Text von Rabindranath Tagore. Andere Texte haben Paul Claudel und Pierre Reverdy, Henri Michaux und Paul Valéry beigetragen. Die Ausgabe enthält eine Vielzahl von farbigen Abbildungen traditioneller indischer Kunst – allen voran Abbildungen von Göttern und mythischen Szenen. Malraux thematisiert in seinem Essay einige grundlegende Aspekte der malerischen Darstellung, spricht über realistische und idealistische Verfahren, über den Umgang mit der Zeit, handelt viel von der europäischen und ein wenig von der ägyptischen und kaum von der buddhistischen Kunst. Ein direkter Bezug zu den Fotografien von Ilse Schneider-Lengyel stellt sich nicht her.

Die Einladung, an der Zeitschrift *Verve* mitzuwirken, ist womöglich auch der Auszeichnung geschuldet, die Ilse Schneider-Lengyel im Jahr 1937 erhalten hat. Bei dem jährlichen Wettbewerb der Berufsfotografen, ausgerichtet von der *Union nationale des Sociétés photographiques de France*, bekam sie den ersten Preis – den *Grand Prix* – in der Sektion Porträt zugesprochen. Verbunden mit der Auszeichnung war die Teilnahme an der *15*[e] *Exposition de la Photo et du Cinéma*, bei der die prämierten Fotografien ausgestellt worden sind. Für Ilse Schneider-Lengyel war dies nicht nur ein großer Erfolg, der ihr handwerkliches Können bestätigte, sondern auch ein Akt der Anerkennung in Frankreich.

László Lengyel dürfte sich im Hinblick auf seine Malerei wohl zu einer anderen Gruppe hingezogen gefühlt haben. Noch kurz vor seinem Tod im Jahr 1931 hatte Theo van Doesburg die Gruppe *Abstraction Creation* in Paris mitbegründet, die bis 1937 bestand.[18] Sie organisierte Ausstellungen, veranstaltete Lese- und Diskussionsabende und gab gemeinsame Publikationen heraus, um für die abstrakte Kunst, die manchmal auch »nicht-figurative Kunst« genannt wurde, einzutreten und ihr ein Forum für Theorie und Praxis zu schaffen. Die Vereinigung vergrößerte sich beständig und zählte schon bald 400 Mitglieder. Vielleicht gehörte László Lengyel bereits in jenen Jahren dazu. 1946 jedenfalls wird sich die Gruppe neu gründen und László zu ihren aktiven Mitgliedern zählen.

Auf Fotoreisen

Das Leben in Paris wurde für Ilse Schneider-Lengyel immer wieder von Fotoreisen unterbrochen, die sie häufig nach Italien führten. Dort traf sie, wann immer sich die Gelegenheit bot, den bayerischen Kronprinzen Rupprecht, der ab 1939 im Exil lebte, vornehmlich in Florenz. Bei ihren Treffen gingen sie ihrer gemeinsamen Leidenschaft für die Kunst nach. Sie besuchten Museen und Galerien. Er übernahm dabei die Rolle des Connaisseurs, der seiner jungen Schülerin die Welt der italienischen Kunst eröffnete – so jedenfalls stellt es Ilse Schneider-Lengyel in ihrem Bericht über die Freundschaft mit dem bayerischen Kronprinzen dar:

> Das Grossartige war, dass man sich mit Sicherheit auf seine Bewertungen verlassen konnte. Sein kristallklares Urteil vermochte Vorzüge von Mängeln zu unterscheiden und die Schönheit eines Kunstwerks, eines Baus, schweigend auf sich wirken zu lassen, verstand nur er.[19]

Neben der Passion für die Kunst verband die beiden eine Vorliebe für die italienische Küche und den italienischen Wein und nicht zuletzt eine Lust am Spiel, am Inkognito. »Nie«, heißt es in dem Bericht, »hat uns ein Italiener erwischt, aus welchem Land wir stammen. Wir sprachen englisch, französisch und italienisch, abwechselnd.«[20]

Stets war Ilse Schneider-Lengyel, wie sie in ihrem Bericht betont, auf ihre Eigenständigkeit bedacht:

> Wir führten die Kassen getrennt. Ich war immer in Todesangst mit den schrecklich teuren Hotels; manchmal quartierte ich mich anderswo ein in einem ganz billigen Ding. Entging auf diese Weise falschen Persern, furchtbar geschnörkelten Möbeln aus dem 19. Jahrhundert und pfiffigen Hotelboys.[21]

Manchmal, wenn das Geld knapp wurde, bezahlte sie auch in Naturalien. Sie nahm dann Porträtfotos auf und retuschierte die Abzüge, die sie in ihrer mobilen Dunkelkammer entwickelte. »Damit waren sie sehr zufrieden und ich konnte wieder weiter.«[22]

Stellenweise trägt der Bericht Züge eines pikaresken Romans. Italien erscheint als heitere Gegenwelt zum bedrückenden Paris. Die Politik und die Geschichte Rupprechts, der die gesamten Jahre des Ersten Weltkriegs als hochdekorierter Offizier gekämpft hatte, kommen nur am Rande vor:

> Denn ein Gespräch haben wir auf immer aus den Jahren geschieden. Krieg und Militär. Seine militärische Laufbahn war anerkanntermaßen hervorragend; ein Gegenspieler Ludendorffs, u.s.w. Rechtzeitig den Wahn steuern, war seine Devise, und was er an Kunstschätzen in Belgien gerettet hat, macht Bayern Ehre. Das war schön und anhörungswürdig, wenn er davon sprach. Ich war kein Pazifist, habe nie einer Partei angehört, lediglich der imaginären der Zukunft. Davon habe ich ihm lange und viele Male erzählt und oft schien es so, als könne er sich damit einverstanden erklären.[23]

Worauf ihre Seelenverwandtschaft letztlich beruhte, bleibt nur zu vermuten. Vielleicht verkörperte der Kronprinz, der letzte Wittelsbacher, der 1918 den Sturz der bayerischen Monarchie erleben musste, für Ilse Schneider-Lengyel das Bayern ihrer Kindheit – ein Stück Heimat. Für ihn indes, der seine ihm zugedachte Lebensbahn überlebt hatte, war die Kunst schon länger ein Refugium geworden, in dem ihm eine kluge und begeisterungsfähige Frau immer wieder ein kleines Wegstück begleitete. Vielleicht war es also ein wenig innerer Ruhe, die beide im anderen suchten und fanden.

Daraufhin jedenfalls weist eine Passage des Berichts Ilse Schneider-Lengyels über die zweite Begegnung mit dem Kronprinzen in Berchtesgaden, wohin sie gereist war, um sich seine Kunstsammlung anzusehen. Der Diener ließ sie ein, und sie war zunächst für eine Zeit allein mit den Kunstwerken:

> Ich sah mich rundum im gedämpften Licht der Sammlung. Ich fand sie, die geliebten Madonnen, denen ich nicht glich – da ich aber mit den Museumdienern der europäischen Länder ein unausgesprochenes Abkommen habe, die Figuren berühren zu dürfen und ihren Linien und Formen nachzugehen, so tat ich es auch hier. Die Türe war ja hinter dem Castellan ins Schloss gefallen und die Heiligen sind einsam.[24]

Nach einer Weile überraschte sie der Kronprinz, indem er sie plötzlich wie aus dem Nichts ansprach:

> »Sie haben wohl schon Verbindung mit meinen Heiligen aufgenommen«, sagte er. »Mit den Madonnen«, antwortete ich. Er muss ganz nah irgendwo im Raum gewesen sein, ohne dass ich es gemerkt hatte, aber sprachlos war ich nicht. Dachte vielmehr, wie schön dass ein Mensch so leise sein kann. Und so leise war es immer um ihn. Das gehört sich doch und hat mich über manchen Lärm in der Aussenwelt hinweggetröstet.[25]

Die fotografische Praxis

In der zitierten Passage spricht sich ein geradezu haptisches Verhältnis zu den Figuren und Skulpturen aus – als ob das Berühren der Objekte, das Erspüren des Materials, das Ertasten der Formen und Konturen die Voraussetzung für die fotografische Arbeit Ilse Schneider-Lengyels bildete. Doch wie sah ihre Arbeit konkret aus? Darüber geben zwei kürzere, jeweils fünfseitige Manuskripte Auskunft: *Wie ich die Gesichter der Domfiguren aufnahm* und *Photoreise nach Italien*. Beide lesen sich wie ein *making of* ihrer Bildbände zur Kunst der Gotik und der Renaissance.

Ihr Entstehungsdatum ist jedoch vage. *Wie ich die Gesichter der Domfiguren aufnahm* ist – in einer ersten Fassung – bereits 1936 in der Zeitschrift *Photographik* erschienen[26]; im Nachlass existiert zudem eine spätere Fassung, in der auch die Jahre des Krieges kurz angesprochen werden. Der andere Text wurde am 2. Juni 1951 vom Hessischen Rundfunk in seiner Samstagssendung *Volkstümliches Wissen* unter dem Titel *Fotoreise für die Kunst – Italien* ausgestrahlt.[27]

In *Wie ich die Gesichter der Domfiguren aufnahm* erzählt Ilse Schneider-Lengyel von einer Fotoreise, die sie für ihre beiden Bücher

Têtes de statues gothiques und *Das Gesicht des deutschen Mittelalters* unternommen hat. Sie führte von Bamberg über Straßburg und Amiens nach Chartres. Über ihre Ausrüstung schreibt sie:

> Es hiess einpacken für eine lange Fotoreise. Für Monumente waren Apparate ihrer Größe entsprechend mitzunehmen, für Miniaturen Knopflochobjektivapparate. Staubwedel für beide. Was ich mit mir führen musste, waren die Kameras mit ihren unendlichen Utensilien: Lichter, Reflektoren, Entwickler- und Fixiertanks, Korrexdosen, Stative, Hintergründe. Dies zur Aufnahme und dann eine ganze Dunkelkammer. Nach der Aufnahmearbeit musste in fünf Minuten ein Hotelbadezimmer in eine Dunkelkammer verwandelt werden. Schwarze Vorhänge; Schnüre zum Aufhängen der entwickelten Filme.[28]

An anderer Stelle fügt sie der Auflistung noch eine »fast 200 Meter lange elektrische Leitung« hinzu, da die Steckdosen in Kirchen und Museen meist weit vom Ort der Aufnahme entfernt lägen.

Eine große Schwierigkeit bot der Standort der aufzunehmenden Figuren, die sich oft in beträchtlicher Höhe befanden. So war sie gezwungen, mit langen Leitern zu arbeiten, die oftmals noch miteinander verbunden werden mussten. Im Bamberger Dom rief ihr der Küster, wie sie berichtet, von unten zu: »Wenn Sie mit der Leiter kippen, geben Sie acht, dass Sie den Bamberger Reiter nicht verletzen!«[29]

An manchen Orten musste sie sich sogar abseilen. Besonders halsbrecherisch erwiesen sich die fotografischen Aufnahmen in Amiens. Vor allem die Figuren an den Chorumgängen waren in unerreichbarer Höhe. Eine zusätzliche Schwierigkeit bot der harte Lichteinfall. Dieser musste gedämpft, der Schatten auf einer Figur indes aufgehellt werden:

> Dies hiess, dass beide Hände dazu dienen mussten, Stangen mit Tüchern zu schwenken. Um die Körpermitte herum angeschnallt, die Füße an der Wand abgestemmt, sonst freischwebend im Maurergurtband, mussten die langen Belichtungszeiten durchgeführt werden. Neben diesen Geschicklichkeits- und Gleichgewichtsprüfungen durfte man nicht vergessen, Objektive zu wechseln, Blenden umzustellen, Belichtungen der veränderlichen Tageszeit anzupassen, die Stoppuhr zu beobachten.[30]

Da Ilse Schneider-Lengyel nach Möglichkeit mit kleiner Blende arbeitete, konnte sich die Belichtungszeit auf bis zu 20 Minuten erstrecken – freilich nur, wenn sie vom Stativ aufnehmen konnte.

Auch bürokratische Hürden mussten genommen werden. Nach Chartres trat Ilse Schneider-Lengyel zwei Mal den Weg an, da ihr beim ersten Mal der Stempel von der obersten Kirchenverwaltung in Paris fehlte. Führte eine Reise sie indes ins Ausland, beispielsweise nach Italien, mussten die Formulare für den Zoll ausgefüllt und alle Teile der Ausrüstung in einem internationalen Spezialreisepass eingetragen sein.

Nach Italien kehrte Ilse Schneider-Lengyel mit immer neuen Aufträgen zurück, vor allem, seitdem sie im Jahr 1939 ihre erfolgreiche Zusammenarbeit mit dem Phaidon Verlag aufgenommen hatte. Dieser war 1923 in Wien von dem Kunsthistoriker Ludwig Goldscheider und dem aus Ungarn stammenden Verleger Béla Horovitz – beide jüdischer Herkunft – gegründet worden. Ab 1936 erschienen dort großformatige, in Leinen gebundene und innovativ gestaltete Kunstbildbände. Die Bücher erzielten bald hohe Auflagen und erschienen, durch die Zusammenarbeit mit englischen und amerikanischen Verlagen, oftmals in zwei oder sogar mehr Sprachen.

Nachdem die ersten Bände dem Werk von Malern gewidmet waren – Vincent van Gogh (1936) und Sandro Botticelli (1937) –, wandten sich die nachfolgenden Bände auch dem Werk von Bildhauern zu, zuerst jenem von Auguste Rodin (1939). Zu diesem Zeitpunkt waren Goldscheider und Horovitz bereits nach England emigriert, um ihre Arbeit von dort aus fortzusetzen.

Für das Buch über Rodin engagierten sie Ilse Schneider-Lengyel als Fotografin und überließen ihr auch einen kurzen, einleitenden Text. Wie Goldscheider und Horovitz auf Ilse Schneider-Lengyel aufmerksam geworden waren und wie es zu ihrer Zusammenarbeit kam, geht aus dem Nachlass nicht hervor. Sie mussten allerdings mit dem Ergebnis zufrieden gewesen sein, denn rasch folgten weitere gemeinsame Projekte: *Roman Portraits* (1940, zweite Auflage 1944) sowie *Michelangelo. Skulpturen, bzw. Sculptures* (1941, zweite, leicht veränderte Auflage 1950), *Etruscian Sculpture* (1941) und *Donatello* (ebenfalls noch 1941, zweite Auflage 1944). Fünf Kunstbildbände in zwei Jahren – für Ilse Schneider-Lengyel eine arbeitsintensive Zeit, wohl der Höhepunkt ihres Schaffens in der kunstreproduzierenden Fotografie.

In dem Text *Fotoreise nach Italien* berichtet sie von ihrer Arbeit an dem Buch *Michelangelo, Skulpturen*. Der Verleger hatte die Idee gemäß seiner Programmplanung entwickelt und beauftragte nun die Fotografin per Telegramm:

> Eines Tages kam wieder die berühmte Aufforderung. Ich war gerade in Paris. Wir bitten sie nach Italien zu fahren und die Skulpturen von Michelangelo aufzunehmen. Stopp. Briefwechsel. Travellerschecks. Das Visum wurde geholt. Der Stein kam ins Rollen.[31]

Die Fotoreise führt dieses Mal nach Florenz und Rom, an die beiden Orte, wo sich fast alle Werke Michelangelos finden. Ilse Schneider-Lengyel beschreibt die Aufnahmen von drei Skulpturen und einer Skulpturengruppe: des übergroßen David und der Medici-Kapelle, beide in Florenz, der Pietà im St.-Peters-Dom im Vatikan und dem sitzenden Moses in der Kirche San Pietro in Vinculi, ebenfalls in Rom. Um den Gesichtern dieser Figuren nahe zu kommen, benutzt Ilse Schneider-Lengyel dieses Mal keine Leitern, sondern lässt sich jeweils ein Gerüst bauen. Im Nachlass hat sich ein Foto erhalten, das sie bei der Arbeit zeigt.

Ihr fotoästhetisches Programm beschreibt Ilse Schneider-Lengyel so:

> Porträts haben gewisse Ähnlichkeiten mit Skulpturengesichtern. Nur das lebende Modell trägt die Beweglichkeit in sich; das Gesicht der Statue aber muss man verlebendigen. Mit anderen Worten, trotz der getreuen Kamera: Erfinden! Denn Fotografie muss Gestaltung werden. Es besteht vielfach die Ansicht, dass Gesichter mit Objektiven langer Brennweiten aufgenommen werden müssen. Ich verhalte mich entgegengesetzt. Denn die Erfahrung lehrt, dass durch das nahe Herangehen an das Gesicht etwas gewonnen wird, auf das ich nicht verzichten möchte, nämlich sein intensivster Ausdruck.[32]

Die Aufnahmen erfolgen auch hier unter schwierigen Bedingungen. Manchmal ist höchste Eile geboten, da nur die Zeit zwischen zwei Gottesdiensten bleibt – so etwa als Ilse Schneider-Lengyel im Vatikan die Pietà von Michelangelo fotografiert:

> Mit einer Empfehlung des geheimen Kämmerers des Papstes kam ich zu dem Direktor von St. Peter. Er legte ein feines Verständnis für das Ziel von Verleger und Lichtbildner an den Tag. Stunde und

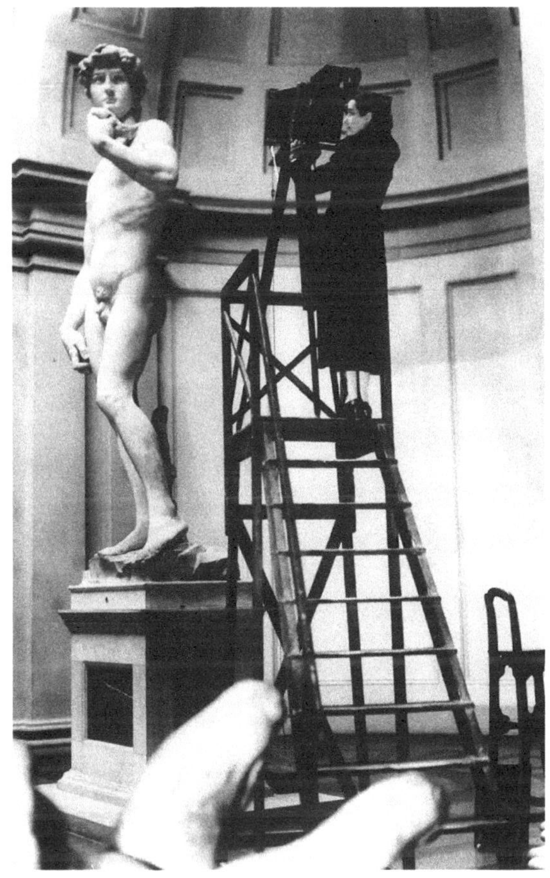

Ilse Schneider-Lengyel nimmt den Kopf des David von Michelangelo auf

Zeit wurden mir bestimmt und man liess mir am selben Tag in der Mittagspause ein Gerüst von den Domarbeitern aufstellen. Eine Stunde stand mir zur Verfügung. Ich arbeitete Zug um Zug, denn ich wusste, von meinen etwa 15 Aufnahmen durfte keine misslingen; noch einmal liess sich dieser Aufwand, der mir zugebilligt wurde, nicht wiederholen. Trotz der Tücke des Bretterbodens wurden die Aufnahmen fehlerlos, wie sich später herausstellte. Während ich meine Apparate einpackte, die Stative hinabreichte, wurde das Podium bereits abgebaut; es blieb gerade noch Zeit, zwischen dem Gerüst durchzuschlüpfen.[33]

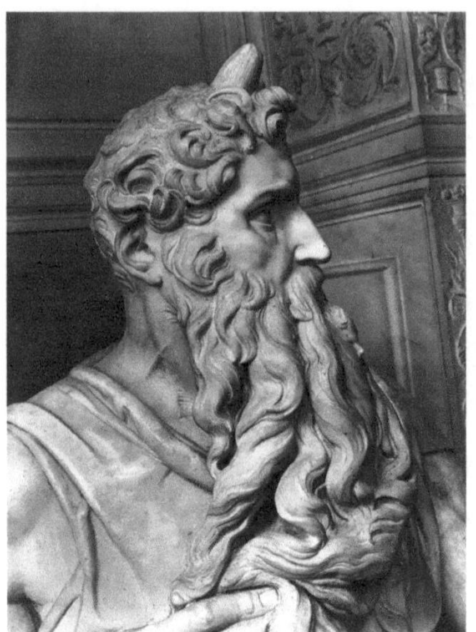
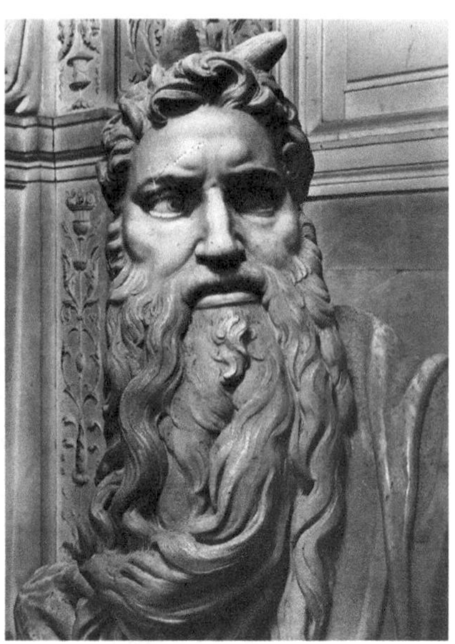

Moses von Michelangelo, aufgenommen von Ilse Schneider-Lengyel

Für die Aufnahmen des Moses in San Pietro in Vicoli benötigt Ilse Schneider-Lengyel kein Podest. Hier allerdings bedrängen sie die Kirchenbesucher, vor denen sie sich nur mit Mühe schützen kann:

> So trat ich in Rom vor den gewaltigen Moses Michelangelos. Ein stilles, dunkles Kirchenschiff. Zu ebener Erde aufgestellt der Halter der Gesetzestafeln. Langsam schält er sich aus dem Dunklen, wenn man geblendet vom südlichen Himmel in die Kirche kommt. Der Tourist hat Mühe sich hineinzusehen. Als ich mit den Scheinwerfern strahlendes Licht um die Figur verbreitete, wurde die Rufe der Bewunderung für den Moses in allen Sprachen hörbar. Ich aber zog einen eisernen Ring, das will sagen ein Tau, um meinen Arbeitsplatz abzugrenzen. Es kam auf das »ganz nahe in die Augen schauen« an und – der überlegene Blick des Moses ließ es zu. Die Wellen des Bartes als Fortsetzung des Gesichts verstärkten das grossartige Motiv und weiter die schweren Hände und die ganze Gestalt über das Faltengewand bis zum Fuss. So wie Michelangelo seine Gesetze für die Plastik schuf, so musste die Kamera zwangsläufig dem Meissel folgen, der sich in dem Mamorblock auslebte und die Dreidimensionalität des Bildwerkes in die schwarz-weisse Fläche verwandeln.[34]

Die schwierigen Bedingungen scheinen Ilse Schneider-Lengyel jedoch kaum gestört zu haben, und es verdient Respekt, wie sie diese auf sich genommen und gemeistert hat – auch wenn in ihren Bericht, gerade dort, wo er ihr Verständnis der Fotografin als Künstlerin berührt, ein gewisses Maß an Selbststilisierung eingeflossen ist:

> Es gibt keine geregelte Lebensweise, nur Dienst an der Sache. Niemand, der es nicht selbst erlebt hat, kann es sich vorstellen. Es hängt irgendein Geheimnis daran, das man nicht in Worte kleiden kann, wie keine schöpferische Arbeit erklärbar ist. Ein Wunsch nach Gestalten oder mehr, ein Dichten mit den Augen der Kamera; […].[35]

Kapitel 6

Die dunklen Jahre

1940-1944

> In jenen Jahren waren alle Pariser entpersonalisiert: Von allem war dies vielleicht das Niederschmetterndste. Wenn wir vor dem Krieg mit Sympathie auf ein Kind, auf einen jungen Mann oder eine junge Frau gesehen hatten, dann deshalb, weil wir ihnen eine Zukunft einräumten – die wir dunkel in ihren Gesten, in ihren Gesichtern ahnten. Aber die Okkupation beraubte die Menschen ihrer Zukunft.
>
> Jean-Paul Sartre
> *Erinnerungen an die Tage der Besatzung* (1966)

Das besetzte Paris

Die Zusammenarbeit mit dem Phaidon Verlag brach für Ilse Schneider-Lengyel in dem Augenblick ab, als deutsche Truppen im Mai 1940 in Paris einmarschierten und den nordwestlichen Teil Frankreichs besetzten. Erst 1949 wird sie eine Fortsetzung finden, allerdings nur mehr für kurze Zeit. Damit verhinderten die Nationalsozialisten die Karriere Ilse Schneider-Lengyels ein zweites Mal und nun – zieht man die wenigen Projekte für Kunstbildbände in Betracht, die sie nach Ende des Krieges noch verwirklichen konnte – endgültig.

Schon seit April 1938 mussten Kálmán, László und Ilse erleben, wie ein nationalkonservativer Ruck Frankreich erfasste. Es folgten militärische Aufrüstung und eine abrupte Wende in der Flüchtlingspolitik: Gesetze gegen »unerwünschte Ausländer« wurden verabschiedet und über 50 Internierungslager eingerichtet – die ersten galten republikanischen Flüchtlingen aus dem Spanischen Bürgerkrieg und Mitgliedern der Internationalen Brigaden. Kálmán entschloss sich daraufhin, Paris zu verlassen und nach Ungarn zurückzukehren.

Zwei Jahre später ergab sich Frankreich dem nationalsozialistischen Nachbarland und Marschall Philippe Pétain, der gerade erst an die Macht gekommen war, kollaborierte von nun an mit den Besatzern. Mit seiner Regierung nahm er Sitz in dem südöstlichen

Kurort Vichy. Bald, und das musste das Ehepaar Lengyel besonders beunruhigen, folgten neue Gesetze, die sich vor allem gegen jüdische und kommunistische Ausländer richteten und mithin gegen einen Großteil der in Frankreich lebenden Juden, von denen nur ein Viertel dort geboren war.

Die ersten Maßnahmen galten, beeinflusst von den Nürnberger Gesetzen, der zunehmenden Ausgrenzung der Juden im Alltag, die dadurch aus dem Land vertrieben werden sollten. Juden waren von allen öffentlichen Ämtern und jeder journalistischen Tätigkeit ausgeschlossen. Ferner wurden Ausgangssperren verhängt und Ladenverbote erteilt.

Ab 1941 verschärften sich die Maßnahmen. Nun sollten die Juden zusammengedrängt, interniert und außer Landes transportiert werden. Dazu wurden sie in Karteien erfasst, in Razzien gejagt, zu Verhören abgeführt und schließlich in Lager inhaftiert. Am Ende stand die Deportation nach Deutschland. Der erste Güterzug nach Auschwitz fuhr am 27. März 1942, der letzte am 17. August 1944. In dieser Zeit wurden aus Frankreich 75.721 Juden verschleppt und ermordet, darunter 1200 aus Ungarn.[1]

In ihrem Tagebuch, das im Jahr 2008 unter dem Titel *Pariser Tagebuch 1942-1944* veröffentlicht worden ist, beschrieb die junge jüdische Französin Hélène Berr, die an der Sorbonne Englische Literatur studierte, wie verletzend und vereinsamend der zunehmende Ausschluss gewirkt hatte und in welchem Maß das Leid in ihrer Familie und um sie herum angewachsen war. Der Vater, im Ersten Weltkrieg noch mit dem Kreuz der Ehrenlegion ausgezeichnet, wurde im Sommer 1942 festgenommen und im Lager Drancy festgehalten. Regelmäßig gingen von dort die Güterzüge nach Auschwitz. Je Transport wurden 1000 Juden, Männer und Frauen, zusammengepfercht – »wie Vieh, sogar ohne Stroh«, notierte Hélène Berr.[2] Fanden sich nicht genügend ausländische Juden, wurde die Zahl mit französischen Juden aufgefüllt.

Einen Höhepunkt der Gewalt erlebte Hélène Berr mit der größten Razzia auf Juden während der deutschen Besatzung am 16. und 17. Juli 1942, bekannt unter dem Namen *la grande rafle du Vél' d'Hiv*. Sie selbst wurde zwar vor der Razzia gewarnt, doch als freiwillige Sozialhelferin der *Union générale des Israelites des France* bekam sie die Auswirkungen der brutalen Aktion hautnah mit. Über 4000 französische Polizisten haben allein in Paris fast 13.000 Juden aufgespürt und mehrere Tage bei heißen Temperaturen in der berühmten Radsporthalle in der Nähe des Eiffelturms, dem Wintervélodrom, festgehalten. Hélène Berr schrieb darüber:

> Die Frauen, die dort arbeiten, sind bewundernswert. Mme Horwilleur, Mme Katz und die anderen. Sie sind erledigt, aber sie halten durch. Den ganzen Tag ein ununterbrochener Andrang von Frauen, die ihre Kinder verloren haben, von Männern, die ihre Frauen verloren haben, von Kindern, die ihre Eltern verloren haben, von Menschen, die sich nach Kindern und Frauen erkundigen, von anderen, die sich erbieten, welche aufzunehmen. Frauen weinen. Eine ist gestern in Ohnmacht gefallen. Ich sehe das alles nicht, weil ich im Raum nebenan bin. Aber Bruchstücke bekomme ich mit.[3]

Die meisten der Festgehaltenen kamen nicht mehr frei. Sie wurden über die Lager Drancy, Beaune-la-Rolande und Pithiviers nach Auschwitz deportiert.

Hélène Berr und ihre Eltern – der Vater war noch einmal nach einer Kaution entlassen worden – wurden endgültig am 8. März 1944 verhaftet. Am 27. März – an Hélène Berrs 23. Geburtstag – verließen sie gemeinsam das Lager Drancy in einem Deportationszug nach Auschwitz. Die Mutter wurde dort bereits im April in den Gaskammern ermordet, der Vater im September. Sie selbst hielt noch fast ein Jahr durch. Sie wurde schließlich nach Bergen-Belsen verlegt, erkrankte dort an Typhus und starb im April 1945, wenige Tage vor der Befreiung des Lagers durch englische Truppen.[4]

Verfolgung und Todesdrohung

Die Situation von Ilse Schneider-Lengyel und ihrem Mann László im besetzten Paris war sicherlich nicht vergleichbar mit dem Schicksal der Familie Berr. Aber auch für sie blieb die Bedrohung ständig gegenwärtig. »Die Mehrzahl meiner Verwandten aus der Familie meines Mannes sind in die Konzentrationslager gekommen und wir haben nur einen kleinen Teil aus seiner grossen Familie behalten dürfen«, schrieb Ilse Schneider-Lengyel 1950 an das Bayerische Landesentschädigungsamt.[5] Als sich das Verfahren in die Länge zog, wandte sie sich 1958 nochmals an das Amt und appellierte eindringlich:

> Mit den erlittenen zwölf Jahren der immerwährenden Verfolgung und Todesdrohung und dem Verlust unserer Familienangehörigen war für mich die Leidenszeit keineswegs vorbei. Weder mein geschiedener Mann noch ich konnten uns je davon erholen.[6]

Es ist davon auszugehen, dass die Familie Lengyel in Szeged in den Kriegsjahren massiv verfolgt worden ist. Nachdem die Deutschen im März 1944 in Ungarn einmarschiert waren und das Land besetzt hielten, stellten sie der jüdischen Bevölkerung in äußerst aggressiver Weise nach. Innerhalb weniger Monate wurden – unter der Leitung von Adolf Eichmann – mehr als 400.000 Menschen massenhaft deportiert, die allermeisten nach Auschwitz. Insgesamt waren bis zum Einmarsch der Roten Armee im Januar 1945 fast 70 Prozent aller in Ungarn lebenden Juden davon betroffen. Möglich war dies, weil sie an einigen Orten, meist in den großen Städten des Landes, sehr geballt lebten, allein in Budapest waren es über 220.000.[7] Zudem war unter den Ungarn der Antisemitismus sehr ausgeprägt, und mit den »Pfeilkreuzlern« existierte sogar eine ungarische, faschistische Partei.

Die antijüdischen Aktionen begannen in Szeged, wo die Familie Lengyel eine Möbelfabrik besaß, am 15. Mai 1944. Spätestens zu dieser Zeit wurden sie enteignet. Wie viele Mitglieder der Familie verhaftet, zur Zwangsarbeit verschleppt oder nach Auschwitz deportiert wurden, ist nicht bekannt. Sehr wahrscheinlich zählte jedoch Kálmán Lengyel zu den Opfern. Nach seiner Rückkehr aus Paris lebte er in Budapest. Irgendwann in den Sommermonaten des Jahres 1944 musste er den deutschen Soldaten oder ihren ungarischen Helfern in die Hände gefallen sein. Möglicherweise zählte er zu den etwa 3000 Juden, die am Ufer der Donau von den Pfeilkreuzlern erschossen wurden und deren Leichname flussabwärts trieben. Gewissheit jedoch besteht darüber, dass die Eltern Paula und Louis Lengyel nach Auschwitz deportiert und dort ermordet worden sind. László und Ilse sollten davon aber erst nach Ende des Krieges Nachricht erhalten.[8]

Wie hoch die Gefahr für László selbst in den Jahren der Okkupation war, ist schwer zu ermessen. Hat ihm seine offizielle Zugehörigkeit zur römisch-katholischen Kirche geholfen? Konnte er sich dadurch relativ frei bewegen? Oder musste er doch jeden Tag fürchten, als »Jude« verhaftet zu werden? In den antijüdischen Gesetzen der Vichy-Regierung nahm die Religion nur einen sehr untergeordneten Rang ein; viel entscheidender war der familiale Hintergrund, waren die Eltern und Großeltern.[9]

Umso mehr musste nun Ilse Schneider-Lengyel für ihr gemeinsames Auskommen sorgen. Aber auch ihre Möglichkeiten waren nun äußerst eingeschränkt. 1943 konnte sie nochmals Aufnahmen der Werke Rodins an den Wiener Verlag Anton Schroll verkaufen. Das Buch, mit einem ausführlichen Text von Emil Waldmann, erschien

1943 in erster und 1945 in zweiter, unveränderter Auflage.[10] Weitere Veröffentlichungen aus dieser Zeit sind nicht bekannt.

Ein irritierender Fund

In die Zeit der Okkupation fällt jedoch noch eine weitere Veröffentlichung, die in hohem Maße irritiert. In einer Mappe mit der Aufschrift »Zeitungsausschnitte und dgl. (Varia)« stößt man auf einen Artikel, der aus einer Zeitschrift herausgerissen worden ist. Es handelt sich lediglich um drei Seiten, von denen zwei nummeriert und als die Seiten 17/18 und 19/20 ausgezeichnet sind. Die dritte Seite bildet die hintere Umschlagseite; die vordere mit dem Schriftzug der Zeitung fehlt.[11]

Auf allen Seiten sind Fotografien von Ilse Schneider-Lengyel zu entdecken. Es sind vor allem Bilder aus ihrem Buch *Das Gesicht des deutschen Mittelalters*, zudem die Reproduktion eines Gemäldes von Lucas Cranach dem Älteren, auf dem er einen sächsischen Prinzen porträtiert hat, und auf der hinteren Umschlagseite, groß und vor einem blauen Hintergrund freigestellt, eine Gruppe von Engelstatuen. Alle Abbildungen sind in einen sepiafarbenen Ton getaucht.

Ihnen zur Seite gestellt sind fotografische Porträts deutscher Menschen aus dem bäuerlichen Milieu, die von Erna Lendvai-Dircksen, einer der populärsten Fotografinnen des Dritten Reichs, stammen.[12] Die in klaren Schwarz-Weiß-Tönen gedruckten Fotografien zeigen, laut Bildunterschrift, einen »Bergführer aus dem Stubai-Tal«, eine »Tochter aus friesisch-niedersächsischem Blut« und einen »Bauernjungen aus dem Klützer Winkel«.

Die Anordnung der Abbildungen ist leicht zu durchschauen. Einem realen deutschen Gesicht aus der Gegenwart steht jeweils ein künstlerisch gestaltetes Gesicht aus dem Mittelalter gegenüber. Dabei ist jeweils ein Mann neben einem Mann, eine Frau neben einer Frau und ein Kind neben einem Kind zu sehen. Nur Seite 19 ist ausschließlich zwei Fotografien von Ilse Schneider-Lengyel vorbehalten, dem Gesicht des Bamberger Reiters aus dem 13. Jahrhundert und jenem einer Madonna aus Nördlingen aus dem 15. Jahrhundert.

Auf den Seiten 18 und 19 sind zudem kurze Textzitate in die konstellative Zusammenstellung aufgenommen. Sie stammen von Ernst Moritz Arndt und den Brüdern Grimm, von Friedrich Hölderlin und schließlich von Adolf Hitler. Es sind Texte, die eine völkische Gesinnung zu erkennen geben oder zumindest als solche gelesen werden können. So heißt es von Friedrich Hölderlin: »Gutmütigkeit und Fleiss, Kindheit des Herzens und Männlichkeit des Geistes sind die Elemente, woraus sich ein treffliches Volk bildet. Wo findet man das mehr als unter den Deutschen?« Adolf Hitler indes wird zitiert mit: »Die Kulturdenkmäler der Menschheit waren noch immer die Altäre der Besinnung auf ihre bessere Mission und höhere Würde.« Gerade diese Zeilen finden sich neben der Fotografie des Bamberger Reiters von Ilse Schneider-Lengyel, in leichter Schräge aufgenommen, die ihre fotografische Handschrift verrät.

Von ideologischem Gedankengut geprägt gibt sich auch der einleitende Text, von dem auf Seite 17 allerdings nur noch das Ende zu lesen ist. Verfasst hat ihn Wolf von Niebelschütz, ein gelernter Journalist, der nach dem Krieg mit den Romanen *Der blaue Kammerherr* und *Kinder der Finsternis* hervortreten sollte. Von Niebelschütz gehörte zur ›Propagandakompanie des Luftgaukommandos Westfrankreich‹ und war ab August 1940 bis zum Ende der Okkupation in Etampes, 50 Kilometer südlich von Paris, stationiert.[13] In den letzten beiden Absätzen seines Textes, in denen die Umlaute in kurioser Weise ganz unterschiedlich gedruckt sind, stehen Sätze wie diese:

> Wir aber, deren Seele noch atmet und deren Herz noch pulst, voll von Leidenschaften, Traum und faustischer Sehnsucht, haben all das noch immer, was unsere Vaeter befaehigte, mitten in dieser Welt eine schoenere aufzurichten, die kein Untergang ausloeschen, keine noch so furchtbare Zerstoerungsmaschine in Trümmer legen kann. Aus dieser liebevollen und süßen Sphäre hat ein jeder von uns die Gewissheit, dass es ein ewiges Deutschland gibt, für das zu stehen und für das zu sterben nicht umsonst sein kann. [...]
> Der Krieg selbst, welcher den Griechen als der Vater aller Dinge galt, formt mit seiner Bilderhand die weichen Seelen, aermliches Alltagsglück geht tausendfach zu Grunde, aber je schlimmer das irdische Dasein seine Katastrophen haeuft, je wahrer und reiner wird die Himmelswelt im Innern des Menschen und die Kunst erhebt ihre Flügel.[14]

Aus dem Impressum und der hinteren Umschlagseite geht hervor, dass die Seiten aus der Frontzeitung *Luftflotte West* stammen.[15] Sie war eine von etwa 40 Zeitungen dieser Art, die zwischen 1939 und 1944 massenhaft gedruckt und an die jeweiligen Truppen verteilt worden sind. Ihr erklärtes Ziel war es, die Soldaten nicht nur zu unterhalten, sondern auch in ihrer politischen Meinung und ideologischen Einstellung zu beeinflussen. Bei *Luftflotte West* handelt es sich um ein professionell aufgemachtes illustriertes Magazin im Umfang von 12 oder 16 Seiten. Das Impressum lautet:

> Unsere Umschlagseiten zeigen Teilaufnahmen vom Engelpfeiler des Strassburger Münsters, Foto: Frau Schneider-Lenquel [sic] – Aufnahmen auf Seite 17, 18, 19 und 20: Erna Lendvai-Dircksen, Schneider-Lenquel [sic], Archiv.
> Herausgeber: Einheit L 20736, Lg. P.A.Paris, Hauptschriftleiter: Oberst Chomton, Stellvertretender Hauptschriftleiter: Fw. Dienstbach, L 20736, Paris. Einsendungen sind zu richten an die Schriftleitung der Frontzeitung »Luftflotte West«, L 20736, Lg. P.A.Paris. Die Luftflotte West erscheint einmal wöchentlich, DZ 209.[16]

Der Artikel in der Frontzeitung *Luftflotte West* ist pure völkische Propaganda. Die simple Argumentation der zusammengestellten Aufnahmen besteht in einem ›rassenbiologisch‹ fundierten Kurzschluss: Die vermeintlich real lebenden Menschen, die in stiller Größe und tiefer Ernsthaftigkeit posieren, führen sich in direkter Linie auf die künstlerisch gestalteten Figuren aus dem Mittelalter zurück, sodass sich über die Jahrhunderte hinweg ›das deutsche Wesen‹ offenbart. Den begleitenden Text hingegen kann man bestenfalls als absolut weltfremd und zeitenthoben bewerten oder – und so musste er auf das Ehepaar Lengyel gewirkt haben – als blanken Zynismus. Alles, was Ilse Schneider-Lengyel je an Emphase in die Kunst gelegt hat, wird vor allem in den letzten Sätzen des Artikels von Wolf von Niebelschütz pervertiert. Diese Zeilen und zudem eine Fotografie von Ilse Schneider-Lengyel, die von einem Ausspruch Adolf Hitlers assistiert wird – im besetzten Paris und in täglicher Bedrohung wahrgenommen: widersprüchlicher, ja widersinniger kann eine historische Situation nicht zum Ausdruck kommen.

Was also hat Ilse Schneider-Lengyel bewogen, sich mit ihren Fotografien daran zu beteiligen? Warum ist sie dem nationalsozialistischen Deutschland, das sie zur Flucht gezwungen hatte, so weit entgegengekommen? War es nur eine Gefälligkeit, ein Zugeständnis in schwieriger Zeit, für das es vielleicht sogar ein dringend benötigtes Honorar gab? Oder lockte sie die Aussicht, zusammen mit einer damals berühmten Fotografin veröffentlicht zu werden, um auf sich aufmerksam zu machen und neue Aufträge zu erhalten? Oder stand sie vielleicht in persönlichem Kontakt mit Wolf von Niebelschütz, der regelmäßig nach Paris kam, um die Druckereien zu beaufsichtigen, und wurde von ihm um einige Fotografien gebeten?[17] Und schließlich: Warum hat sie den Artikel in ihrem Archiv aufbewahrt? All diese Fragen müssen offenbleiben.

Die Kunst – ein sicherer Ort?

Inwieweit die Kunst eine gewisse Sicherheit bot, darüber lassen die Materialien des Nachlasses für die Jahre der Okkupation nur Mutmaßungen zu. László Lengyel hatte in den 1930er Jahren noch seinem Bruder zugearbeitet und einige Bugholzmöbel entworfen. Nun, nach Ausbleiben aller Aufträge, wandte er sich wieder intensiv der Malerei zu. Der Grundzug der abstrakten Malerei, das bewusste Absehen von der realen Erscheinungsweise der Welt und ihre Neugestaltung durch formale Elemente wie Spannung, Rhythmus oder die Bearbeitung des Farbmaterials selbst, mag im Angesicht einer so erdrückenden Realität wie in diesen Jahren entlastend gewirkt haben. Dennoch malte László Lengyel nicht für sich allein. Er stand mit anderen Malern im Austausch, auch wenn sie nicht an die Öffentlichkeit treten durften.

Ilse Schneider-Lengyel wandte sich indes in den Jahren des Krieges und der Okkupation einer für sie ganz neuen Kunstform zu: der Lyrik. Im Nachlass hat sich eine Vielzahl von Gedichten erhalten. Auffällig daran ist, dass sie von der Autorin bereits von Beginn an sauber abgetippt, mit einem Deckblatt versehen, geordnet und zu abgeschlossenen Sammlungen zusammengestellt worden sind. Darin drückt sich ein starker Wille zur künstlerischen Form aus. Denn wie für die Fotografie gilt Ähnliches auch für die Lyrik: Erst ausgewählt, zu einer Folge montiert und in Sequenzen und Kapitel eingeteilt, wodurch ein Netz an Beziehungen untereinander gestiftet wird, finden Gedichte zu ihrer Form als eigenständige Publikation.

Zunächst scheint das Auswahlkriterium allein der zeitliche Entstehungskontext gewesen zu sein. »Gedichte, München und Bannwaldsee 1942« steht auf dem Deckblatt der frühesten Sammlung. Es folgen »Poesie, Paris 1943« und »Poesie, Bannwaldsee 1944« sowie »Gedichte aus den Jahren 1944/45«. Unter den frühen Gedichten sticht jedoch eine Sammlung hervor. Für diese hat Ilse Schneider-Lengyel eigens ein abstrakt gehaltenes Titelblatt gemalt und gestaltet, das an die Zeitschriften *Minotaure* und *Verve* erinnert. Darauf ist zu lesen: *Capriole. Phantastische Verse. Ein surrealistisches Brevier.*

Allein die schiere Anzahl der Gedichte, aber auch ihre sorgfältige Präsentation zeugen von einer enormen Produktivität in diesen Jahren. Im Schreiben von Gedichten scheint Ilse Schneider-Lengyel eine Möglichkeit gefunden zu haben, ihre Empfindungen und Gedanken auszudrücken und zugleich der zum Stillstand gekommenen Arbeit als Fotografin einen anderen künstlerischen Akt entgegenzusetzen.

Trotzdem kann die äußere Gestaltung nicht darüber hinwegtäuschen, dass sich Ilse Schneider-Lengyel mit den Gedichten ein neues Terrain erobert. Viele Gedichte tragen den Charakter von ersten Versuchen: Sie probieren Genres und Stilarten aus, experimentieren mit der Musikalität und dem Rhythmus der Sprache und wirken doch oft lyrisch ungelenk und unausgereift. Manche Verse können sich nicht entfalten, weil sie von banalen Wörtern oder hohlen Wendungen konterkariert, andere, weil sie von altertümlichen Ausdrücken oder einem schweren Pathos erdrückt werden. Bei anderen Versen wiederum wechselt plötzlich, ohne Grund, der Rhythmus oder bricht sich an leeren Verben, unmotivierten Tempussprüngen und ungeschickten Wortwiederholungen. Reime werden inkonsequent verwendet. Sie wirken, als hätten sie sich zufällig ergeben – auch wenn sich manchmal ein interessantes Spiel der Binnenreime ergibt.

Von Anfang an entfalten die Gedichte Ilse Schneider-Lengyels sowohl thematisch als auch formal eine große Bandbreite, als wollte sie sich nicht auf eine Tonlage, einen Stil festlegen. Manche Gedichte halten als Naturlyrik die Landschaft um den Bannwaldsee wie Genrebilder in der Malerei fest. Andere stellen eine Art Zeitmitschrift dar und sind jeweils mit einem Datum versehen. Sie berühren durch ihre Schlichtheit. Ein Beispiel hierfür ist das Gedicht *Sechs Jahre*:

Allmählich
bleichen meine Haare
mein Auge schimmert
nicht mehr hell /
nur meine Seele wagt
noch hoffend
auf das Ende … und leblos – endlos
verliert sich
Nacht um Tag

3. Oktober 1944[18]

Andere Gedichte, die sich politisch verstehen, aber die Ereignisse, auf die sie sich beziehen, nur unscharf hervortreten lassen, finden sich in dem Zyklus *Tyrannenchöre*, als dessen Autor sie das Pseudonym Markus Johannes Heide setzt. Eines der Gedichte trägt den Titel *Des Tyrannen Tod*:

Für uns erscheint
die Welt müsst' sich
aus ihrer Achse heben,
mit lautem Knall
die grauenvollen Täter
jetzt zermalmen

Und was geschah?
Nur e i n e n Tod
starb jener,
der uns am Strang
gezogen – Tausend
und zwölf Jahre lang

Nun schweigt das Land.
Wir feiern dennoch
des Tyrannen Tod.

27. April 1945[19]

Wieder andere Gedichte greifen eine Vielzahl christlicher Motive auf, vor allem aus dem Katholizismus. Doch diese Motive werden gegen sich selbst gewendet. Immer wieder werden Bilder religiöser Macht – vor allem in der Figur Gottes, aber auch mancher Heiliger – aufgerufen, um sie im Angesicht des Grauens und der Sinnlosigkeit des Krieges ihrer Ohnmacht zu überführen. Diese Denkfigur, die sich in der frühen Lyrik von Ilse Schneider-Lengyel bereits abzeichnet, wird sie in späteren Arbeiten auch in ihrer Prosa immer wieder aufgreifen. In dem Gedicht *Lazarus*, das in Paris im Jahr 1943 entstanden ist, sind die Verse, die auf Frankreich (»Grüß den Marschall!) und die Situation des Krieges (»Die Hölle und den schnellen Tod«) anspielen, leicht zu überlesen.

Lazarus
Der Tag ging schnell vorbei
Du schweigst
und Würmer kriechen
auf Deine blendend
weiße Hand.

So viele Altäre sind
nicht da, dass du uns
alle opfern könn'st.

Horch', die Propheten
prügeln sich
Da wär's vielleicht vorbei
Wo deine Tränen?
dein Gesicht?
Das Volk ist schuldig
Du hälst es frei!
Grüss' doch Gott!
Grüss' doch die Bilder,
die wir meinen!
Grüss' den Marschall,
die Hölle und den schnellen Tod!

Wink mit dem Finger
wir sind so besorgt!
Lazarus, es brennt!
Lass' nicht vernichten sich
die Satansknaben.
Streu' ihren Samen,
Dass er sich verlache.
Schlag' endlich zu,
stoß' aus die Schande.
Verhüte jenen liederlichen
Geist – die Schuld – Ver-
Nichtung des Lebendigen.
Erkenne: Wir sind des Tötens
satt – und dann die Ewigkeit – Lazarus!
Du schweigst.[20]

Durch die Hinweise auf ihre Entstehungszeit werfen die frühen Gedichtsammlungen neue Fragen auf. Sie lassen vermuten, dass sich Ilse Schneider-Lengyel sowohl 1942 als auch 1944 für längere Zeit, jeweils im Sommer, in Deutschland aufhielt – vor allem auf dem elterlichen Grundstück am Bannwaldsee im Allgäu. Warum? Benötigten die Eltern vielleicht Beistand und Pflege? Beide waren zu diesem Zeitpunkt schon über 70 Jahre alt und werden kurz nach dem Krieg – 1946 der Vater, 1948 die Mutter – sterben. Oder sehnte sich

Ilse Schneider-Lengyel nach einer Idylle abseits des Krieges? War sie alleine in Deutschland und ließ ihren Ehemann in Paris zurück? Oder konnte auch László Lengyel die Grenze passieren und begleitete sie an den Bannwaldsee? Die Gedichte geben darauf keine verlässlichen Antworten.

Die Winter jedoch verbrachte Ilse Schneider-Lengyel in Paris. Das geht aus einem Feuilleton hervor, das sie im Frühjahr 1947 über den französischen Lyriker und Philosophen Paul Valéry geschrieben hat. Der Text setzt mit einer persönlichen Erfahrung ein:

> Gerade diejenigen, die zu seinen Hörern zählten, erinnern sich dankbar seiner Vorlesungen, die er in der École du Louvre in Paris über die »reine Literatur« hielt. Jedes Kolleg war für uns Jünger der Lyrik eine bedeutende Stunde. Wir haben es nie vergessen, dass er, der Hochbejahrte, in jenen Wintern, als Frankreich vielleicht die bitterste Epoche seiner Geschichte durchmachte, immer wieder in den bis zum letzten Mann gefüllten, eiskalten Hörsaal kam, uns die Gestaltungslehre der Poesie zu vermitteln, bis Krankheit ihn verhinderte. Öfter und öfter ging man vergeblich. Der Meister war nicht gekommen und der Heimweg wurde enttäuscht angetreten.[21]

Die persönliche Erinnerung fügt sich zu der Ernsthaftigkeit, mit der Ilse Schneider-Lengyel in diesen Jahren die Lyrik betrieb. Unter schwierigen Bedingungen hörte sie noch einmal Vorlesungen – bei dem bereits über 70-jährigen Paul Valéry, der sich jeder Form der Kollaboration mit den deutschen Besatzern verweigerte. In ihm begegnete Ilse Schneider-Lengyel einem Wegbereiter der Kunst der Avantgarden, dessen Anfänge ins Umfeld des Symbolismus und vor allem Stéphane Mallarmés zurückreichten und der bereits in den 1920er Jahren mit seinem Konzept einer *poésie pure* die lyrische Sprache auf sich selbst zurückzuführen versuchte. Daran wird er in seinen winterlichen Vorlesungen erinnert haben. Noch einmal wird er dabei auch seine tiefe Wertschätzung der Sprache ausgedrückt haben. Denn sie galt Valéry – legt man seine Notizen zu einem Vortrag über die *poésie pure* aus dem Jahr 1928 zugrunde – als »das älteste, ehrwürdigste, und doch das komplexeste und im Gebrauch schwierigste unter diesen Mitteln oder Medien, eine poetische Welt zu produzieren, sie zu reproduzieren und zu bereichern«.[22] Schwierig deshalb, weil die Sprache zunächst ein Element des Alltags ist, von jedem gebraucht, um im alltäglichen Chaos das Notwendige zu regeln – und mithin »unsinnlich«. Lyrische und »sinnliche« Sprache indes entsteht »*aus dem Bemühen eines isolierten Menschen*, mit einem Material vulgärer Herkunft eine künstliche, ideale Ordnung zu schaffen« [Kursivierung im Original].[23] Ilse Schneider-Lengyel wird sich das zu Herzen genommen haben.

Luftsprünge der Lyrik

Am 25. August 1944 wurde Paris durch den Einmarsch der Alliierten von der deutschen Okkupation befreit. Ilse Schneider-Lengyel erlebte diesen Tag vermutlich noch am Bannwaldsee. Aber irgendwann danach musste sie, eventuell begleitet von ihrem Mann, nach Paris zurückgekehrt sein. Obwohl die materielle Lage weiter angespannt blieb – auch jetzt noch gehörten Lebensmittelmarken und rationierte Lebensmittel zum Alltag –, atmete das Pariser Kulturleben auf. Endlich war die Zeit der Zensur durch die deutsche Militärregierung vorbei. Das intellektuelle Herz der Stadt schlug wieder links. Das *rive gauche* – mit seinem Vierteln Saint-Germain-des-Prés und dem Quartier Latin – erblühte erneut zum pulsierenden Zentrum der Stadt. Die dortigen Cafés und Clubs – das *Café Flore*, in dem Jean-Paul Sartre und Simone de Beauvoir saßen und schrieben, oder der *Club Maintenant* – zogen viele Menschen an, die, ohne Angst vor der Willkür der verhassten Besatzer, neue Gedanken aufnehmen und neue Stimmen hören wollten. Journale und Zeitschriften wurden gegründet, und Künstlergruppen fanden neu zusammen; es gab öffentliche Vorträge und Diskussionen, Ausstellungen, Filmabende und Lesungen.

László und Ilse Schneider-Lengyel nahmen an diesem intellektuellen Leben intensiv teil. László stürzte sich weiter in die Malerei, während Ilse ihre neu gefundene Rolle als Schriftstellerin erweiterte: Neben Gedichten und kurzen Prosastücken fing sie an, Feuilletons über das französische Kulturleben zu schreiben.

Unmittelbar nach dem Ende der Okkupation ist es jedoch noch ihre Lyrik, die den *esprit* der neuen Zeit in sich aufnimmt. Es scheint, als würde Ilse Schneider-Lengyel bewusst an das kulturelle Leben der Vorkriegszeit anschließen wollen, das maßgeblich vom Surrealismus geprägt gewesen ist. In dieser Zeit entsteht die Gedichtsammlung *Capriole*, die sie im Untertitel *Ein surrealistisches Brevier* nennt und mit der Gattungsbezeichnung *Phantastische Verse* versieht. Auf den ersten Blick wirken die rund 70 Gedichte – entsprechend dem zugrunde liegenden italienischen Wort *capriola*: Luftsprung – leicht und spielerisch. Sie haben jedes Pathos und jede düstere Schwere abgestreift und sind dennoch mehr als »launige Einfälle«, wie eine weitere Bedeutungsschicht des Titelworts lautet. Das Gedicht *Puppen*, um ein erstes Beispiel herauszugreifen, zeugt von der großen Faszination, die Puppen aller Art auf die Autorin ausgeübt haben, und schließt doch zugleich an die surrealistische Praxis der *objets trouvés* an, der zufällig und mit Vorliebe auf Flohmärkten gefundenen Objekte, von denen ein Funke überspringt.

> Puppen lächeln
> in stummer Würde
> nicht Unruhe versengt
> ihr Dasein wie uns.
>
> Reglos raten sie
> um unsere Bewegung
> widerspruchslos
> verharren, sind.
>
> Ersparen das Wort
> so Abbilder von uns
> spielende Geschöpfe
> ohne Harm, ohne Neid
>
> Unsinnliche Wesen
> aus Glas oder Holz
> ekstatisch verzückte
> so seltsam scheu ihre Pupillen[24]

Ein anderes Gedicht aus der Sammlung trägt den Titel *Meine Orang Utans*. Darin nimmt sie die in Südostasien heimische Menschenaffenart als Ausdruck einer Angstlust. Die Affen mit dem hellbraunen zotteligen Fell umstellen das »ich« im Gedicht einerseits, andererseits treten sie auch als Zeichen der Gnade auf, da sie nur wenigen Auserwählten erscheinen – als gäbe es einen geheimen Bund unter dem Totem des Orang Utans. Von daher bekennt sich das Gedicht auf ganz eigenständige Weise zum Surrealismus:

> Mein Gehirn ist nicht so selbstverständlich – es hat seine lächerlichen und seine überdrüssigen Stunden – erlahmt zuweilen –

dann hat es Vorstellungen, die sich nicht decken – bricht aus und horcht wie jetzt …

Meine Orang Utans sind wieder da
Meine Orang Utans sind wieder da!
Ich sehe sie ganz nahe
Sie rümpfen die Nase
weil ich mich angesteckt habe
mit einer Krankheit
sie verstehen mich nicht.
Grinsen, haschen nach mir
sie wissen nicht genau, was mir fehlt.
Aber es ist eine furchtbare
eine tödliche
niederschmetternde
einmalige Krankheit,
ja, einmalig.
Sie kann darum nicht gefunden werden
durch niemand!
Nur ich selbst könnte …
Da fletschen meine Orang Utans
die Zähne. Nur ich selbst
könnte ihrer Herr werden,
sie ausrotten mit Stumpf und Stiel
dann würde ich aber
meine Orang Utans nicht mehr sehen
das sollte heißen,
ohne sie zu leben!
Aber das, ich kann es nicht.
Sie sind meine Schrecken,
meine Gefahren
sie füttere ich, sie hege ich
angesteckt von Soundsovielen,
die meine Orang Utans auch kannten …

Da stehen sie schon wieder
vor meinem Bad! Zanken sich
werfen nach mir – –
ich sehe meine Orang Utans ganz nahe[25]

Kapitel 7

Pariser Feuilletons

1945-1947

> Die abstrakte Malerei wird nur dem Verständnis einer Elite zugänglich sein und das auch nur nach einer gemeinsamen, auf einen neuen Humanismus gegründeten Entwicklung. Die Zahl der Malereifanatiker wird abnehmen. Wird es aber nicht besser sein, auf die dickblütige Gesellschaft zu verzichten, die im Lächeln der Mona Lisa den höchsten Grad künstlerischer Schöpfung erblickt?
>
> Wilhelm Uhde
> *Neue Umschau Heft 2* (1946)

Auf der Suche nach der verlorenen Zukunft

In den letzten Monaten des Jahres 1945 machte in Paris ein Vortrag von sich reden. Am 29. Oktober, einem Montag, sprach Jean-Paul Sartre im *Club Maintenent* über das Thema *Der Existentialismus ist ein Humanismus.* Der Saal platzte aus allen Nähten, die Kasse kapitulierte, ein Geschiebe und Gedränge – 200, vielleicht sogar 300 Zuhörer sollen sich eingefunden haben.[1] Gut möglich, dass auch Ilse und László unter ihnen waren. Die Zeitungen berichteten über Wochen und diskutierten die Thesen Sartres. Für ihn war es der Durchbruch – er war von nun an der neue intellektuelle Star in Paris. Ab Oktober erschien auch eine neue Zeitschrift, seine Zeitschrift: *Les Temps Modernes.* Den Titel hatte er dem Film *Modern Times* von Charlie Chaplin entlehnt. Im eröffnenden Artikel der ersten Ausgabe erklärte Sartre:

> Alle Schriftsteller bürgerlicher Herkunft haben die Versuchung der Unverantwortlichkeit gekannt: seit einem Jahrhundert gehört sie zur Tradition der schriftstellerischen Karriere. [...] Die Okkupation hat uns unsere Verantwortung gelehrt. Da wir durch unsere bloße Existenz auf unsere Zeit einwirken, beschließen wir, dass diese Einwirkung gewollt sein wird. [...] Der Schriftsteller ist in seiner Epoche *situiert*: jedes seiner Worte findet einen Widerhall.

> Auch sein Schweigen. [...] Weit davon entfernt, Relativisten zu sein, erklären wir laut und deutlich, daß der Mensch ein Absolutes ist. Aber er ist es zu seiner Zeit, in seiner Umgebung und auf seiner Erde. Was absolut ist, was tausend Jahre Geschichte nicht zerstören können, ist diese unersetzbare, unvergleichliche Entscheidung, die er gerade in diesem Augenblick in Bezug auf diese Umstände trifft.[2]

Das waren neue Töne, gesprochen und geschrieben aus der Erfahrung der Kriegsjahre heraus. Sie verpflichteten zu einer emphatischen Zeitgenossenschaft und bargen ein Versprechen auf die Zukunft. Noch einmal Sartre in seinem programmatischen Artikel:

> Allein die Zukunft unserer Epoche soll Gegenstand unserer Bemühungen sein; eine begrenzte Zukunft, die sich kaum davon abhebt – denn eine Epoche ist wie ein Mensch zuallererst eine Zukunft. Sie besteht aus seinen laufenden Arbeiten, seinen Unternehmungen, seinen kurz- und langfristigen Plänen, seinen Revolten, seinen Kämpfen, seinen Hoffnungen: Wann wird der Krieg enden? Wann wird man das Land wieder aufbauen? Wie wird man die internationalen Beziehungen gestalten? Welche sozialen Reformen wird es geben? Werden die Kräfte der Reaktion siegen? Wird es eine Revolution geben und wie wird sie aussehen? Diese Zukunft machen wir zu unserer Zukunft, eine andere wollen wir nicht haben.[3]

Zu derselben Zeit, im Oktober 1945, hielt sich André Breton noch im Südwesten der USA auf, in Nevada, Arizona und New Mexico, um in einigen Dörfern und Indianerreservaten die Kultur der Hopi und Zuni zu studieren. Anschließend, im November, reiste er für einige Monate weiter nach Haiti und Martinique. Während dieser Zeit erhielt er die Möglichkeit, an einigen Trance-Zeremonien des haitianischen Vaudou teilzunehmen und das Phänomen der Besessenheit aus nächster Nähe kennenzulernen. Dabei wurde ihm auch der synkretistische Charakter dieser Religion bekannt, in die afrikanische Elemente, aber auch Praktiken des europäischen Okkultismus eingegangen sind.[4] Diese ethnographischen Erfahrungen ließen ihn die Aktualität des Surrealismus sehr unmittelbar erfahren und bestärkten ihn nach den Zweifeln der Exiljahre darin, an seinen Ideen und Impulsen festzuhalten, ja, sie sogar noch mehr ethnologisch auszurichten. Im Mai 1946 kehrte er nach Paris zurück.

In den folgenden Monaten setzte André Breton sein Organisationstalent ein, um eine neue Gruppe von Surrealisten aufzubauen.

Das war kein leichtes Unterfangen, lag der moralische Sieg doch in den Händen der *Résistance*, in der wiederum die Kommunistische Partei Frankreichs eine führende Rolle gespielt hatte. Von daher beanspruchte sie jetzt auch, die Nachkriegszeit zu gestalten. Zwar hatte Breton schon früh den Surrealismus im linken politischen Spektrum situiert und ihn als revolutionäre Kraft ausgerufen, hatte jedoch bereits vor Ausbruch des Zweiten Weltkriegs mit der KPF gebrochen, weil er auf der absoluten Freiheit des Künstlers bestand. Diese Auseinandersetzung begann sich nun zu wiederholen.

Dennoch gelang es ihm, einige Weggefährten von einst wieder zu versammeln, unter ihnen Victor Brauner, Marcel Jean, Hans Bellmer und Pierre Mabille. Zudem schloss sich eine Reihe jüngerer Autoren, die zu André Breton aufblickten, der Gruppe an. Dazu gehörten Alain Jouffroy, Yves Bonnfoy und Gérard Legrand. Aber auch die Philosophin und Soziologin Nora Mitrani oder der mexikanische Schriftsteller Octavio Paz gesellten sich zu ihnen.[5]

In einem Interview, das in der Zeitschrift *Le Littéraire* am 5. Oktober 1946 erschien, legte Breton den neuen Kurs des Surrealismus fest. Er verwies darin auf seine eigene Sammlung ethnographischer Objekte, die durch die jüngsten Reisen wieder angewachsen war, und äußerte:

> Diese Hopi-Figur stellt die Göttin der Maispflanzen dar: In der gezackten Umrahmung des Kopfes entdecken Sie die Wolken über dem Gebirge; in diesem kleinen Schachbrett mitten auf der Stirn den Maiskolben; um den Mund herum den Regenbogen; in den vertikalen Streifen des Gewandes den Regen, der im Tal niedergeht. Ist dies nicht etwa die Poesie, so wie wir sie weiterhin verstehen? Der europäische Künstler des 20. Jahrhunderts hat einzig die Chance, dem Versiegen der Quellen der Inspiration infolge von Rationalismus und Utilitarismus vorzubeugen, indem er an die sogenannte primitive Sichtweise anknüpft, eine Synthese von sinnlicher Wahrnehmung und geistiger Vorstellungskraft.[6]

Als Breton im Frühjahr 1946 nach Paris zurückgekehrt war, hatte sich auch die 1937 aufgelöste Malergruppe *Abstraction Création* neu formiert. Sie gab sich nun den Namen *Salon des Réalités Nouvelles*. Unter dem Vorsitz von Fredo Sidès trat sie zusammen, um weiterhin für die verschiedenen Formen der abstrakten Kunst einzutreten. Die neue Gruppe brachte sogleich eine Ausstellung auf den Weg, die vom 19. Juli bis 18. August 1946 im *Palais des Beaux-Arts* gezeigt wurde. Dem Organisationskomitee gehörte auch Nelly van Doesburg, die Frau des verstorbenen Gründervaters Theo van Doesburg, als Schriftführerin an. Ziel war es, an die eigene Tradition seit den frühen 1930er Jahren zu erinnern und daran wieder anzuknüpfen. Deshalb wurden auch viele Werke inzwischen verstorbener Künstler wie Robert Delaunay, Wassily Kandinsky, Piet Mondrian oder eben Theo van Doesburg ausgestellt. Daneben waren auch Arbeiten der aktuellen Mitglieder der Gruppe zu sehen, u.a. von Auguste Herbin, César Domela, Jean Dewasne, Sonia Delaunay und, nicht zuletzt, László Lengyel.

In diesem intellektuellen und künstlerischen Kräftefeld – zwischen der Gruppe der Abstrakten mit ihrem Aufschwung der Formen, Jean-Paul Sartres populärem Existentialismus und seiner *littérature engagée* und schließlich André Bretons Wiederbelebungsversuchen des Surrealismus – bewegten sich Ilse und ihr Mann in diesen Jahren. In vielen Texten, die damals in einigen deutschen Zeitungen und Zeitschriften erschienen sind – allen voran dem Feuilleton der *Süddeutschen Zeitung* –, finden sich Spuren davon. Oftmals enthalten sie, für journalistische Texte ungewöhnlich, kleine erzählende Passagen, in denen die Akteure aus nächster Nähe und aus persönlichem Erleben geschildert werden.

Schreiben für Zeitungen und Zeitschriften

Auch in Deutschland hatte sich nach dem Kriegsende in den verschiedenen Besatzungszonen ein reges, wenn auch stets durch reglementierte Papierkontingente begrenztes publizistisches Leben entfaltet, das von den Siegermächten im Sinne ihrer *reeducation*-Politik gefördert wurde. Neben neuen oder unter neuem Namen wiedergegründeten Zeitungen drückte es sich in einer Vielzahl von kulturellen Zeitschriften und literarischen Journalen aus, darunter *Die amerikanische Rundschau*, *Aufbau*, *Die Fähre*, *Das goldene Tor*, *Lancelot – der Bote aus Frankreich*, *Merkur*, *Neue Welt*, *Die Umschau*, *Der Zwiebelfisch*. Da Ilse Schneider-Lengyel weiterhin zwischen Paris und München pendelte, lag es für sie durchaus nahe, nach Möglichkeiten der Mitarbeit an jenen neuen Organen zu suchen; zumal diese es sich zur Aufgabe gemacht hatten, die deutschen Leser an die aktuelle Kunst und Literatur der Siegermächte heranzuführen.

Irgendwann gegen Ende des Jahres 1946 musste Ilse Schneider-Lengyel den Weg in die Redaktion der *Süddeutschen Zeitung* gefunden haben, die damals drei Mal in der Woche erschien. Die Redaktionsräume waren immer noch provisorisch. Vielleicht hatte Wilhelm Hausenstein den Kontakt vermittelt. Als ehemaliger Redakteur der *Neuesten Münchner Nachrichten*, aus dem die *Süddeutsche Zeitung* hervorgegangen ist, war er dem neuen Blatt eng verbunden; von ihm stammte sogar der Vorschlag für den neuen Namen der Zeitung. Jedenfalls ist im Nachlass eine Art Journalistenausweis zu finden:

> 15. Januar 1947
>
> Frau Ilse Schneider-Lengyel ist ständige Mitarbeiterin des Kulturreferates der *Süddeutschen Zeitung* und ist besonders mit Aufgaben der Reportage und Berichterstattung aus dem Kulturleben betraut. Wir bitten, Frau Schneider-Lengyel jegliche Unterstützung zu gewähren, die sie zur Ausübung ihrer publizistischen Tätigkeit braucht.
>
> Süddeutsche Zeitung
> Schriftleitung[7]

In der Ausgabe vom 18. Januar 1947 erschien bereits der erste Artikel von Ilse Schneider-Lengyel im Feuilleton der *Süddeutschen Zeitung* mit dem Titel *Ein Gespräch mit Chagall*. Weitere Artikel folgten in den Monaten Februar, April und Mai.

Eine andere Möglichkeit eröffnete sich für Ilse Schneider-Lengyel durch die Zeitschrift *Prisma*, ein großformatiges und reich illustriertes Magazin für Kunst und Kultur, das seit dem Herbst 1946 im Münchner Verlag Kurt Desch herauskam. Hier veröffentlichte sie im April das Porträt *Alexander Calder, der Ingenieur-Bildhauer* und im August einen umfassenden Beitrag unter dem Titel *Vom Impressionismus zum Surrealismus*.

Eine dritte Zeitschrift schließlich, zu der sich bald ein engerer Kontakt herstellte, war *Der Ruf – Unabhängige Blätter der jungen Generation*. Sie wurde von Alfred Andersch und Hans Werner Richter herausgegeben. Andersch stammte aus München und war Anfang der 1930er Jahre Leiter des Kommunistischen Jugendverbands Südbayern gewesen. Während des Krieges desertierte er und durchlief in verschiedenen Kriegsgefangenenlagern der USA ein Umerziehungsprogramm, in dessen Verlauf er bereits an einer Lagerzeitung mit dem Titel *Der Ruf* mitarbeitete. Nach dem Krieg kam er zur *Neuen Zeitung* und wurde Assistent des Feuilletonchefs Erich Kästner. Anderschs Tätigkeit für den *Ruf* erfolgte außerhalb seiner Hauptbeschäftigung – also meist in den Abendstunden.

Hans Werner Richter hingegen war an der Ostsee aufgewachsen, im Seebad Bansin. Er hatte eine Buchhändlerlehre absolviert und war anschließend nach Berlin gegangen. Jahrgang 1908 und damit sechs Jahre älter als Andersch, war er 1930 in die KPD eingetreten, wurde aber bereits zwei Jahre später als »trotzkistischer Abweichler« wieder ausgeschlossen. Auch er geriet während des Krieges in amerikanische Gefangenschaft; auch er arbeitete an einer Lagerzeitung mit. Nun war er der zweite Herausgeber des *Rufs*, übernahm aber einen Großteil der redaktionellen Arbeit.

Der Ruf erschien im vierzehntägigen Rhythmus seit August 1946 in der Nymphenburger Verlagshandlung München. Das Blatt warf mit Reportagen und Leitartikeln einen kritischen Blick auf die Gegenwart, berichtete aber auch über Theater und bildende Kunst und veröffentlichte unter der Rubrik *Studio* Gedichte und Kurzgeschichten. Es verstand sich als Sprachrohr der »jungen Generation«, jener also, die 1933 noch zu jung waren, um nun politisch für den Nationalsozialismus verantwortlich gemacht werden zu können, und die dennoch zum Kriegsdienst eingezogen worden waren. In ihr sahen die beiden Redakteure der Zeitung, wie sie in der ersten Ausgabe schrieben, die Träger eines »europäischen Wiedererwachens« – und sie glaubten zu erkennen, dass diese »junge Generation« aus dem Schweigen, in das sie gefallen sei, herausfinden würde. Am Ende des Leitartikels der zweiten Ausgabe mit dem Titel *Warum schweigt die junge Generation?* heißt es:

> Manchmal merkt man wieder, daß die Jugend nicht tot ist. An kleinen Anzeichen merkt man es: Man hört ein hoffnungsvolles starkes Lachen, man ist Zeuge einer Unterhaltung, durch die ein Trotz klingt, man fühlt, wie der geistige Hunger, der unbesiegbare Drang nach Erkenntnis, das Primäre zu werden beginnt.

Ähnliches musste Hans Werner Richter auch empfunden haben, als ihn im Februar 1947 – an einem kalten Wintertag – Ilse Schneider-Lengyel in seiner Redaktionsstube aufgesucht hat, obwohl sie, so wenig wie er selbst, kaum mehr dem Profil der »jungen Generation« entsprach. Aber die Artikel und die Ideen, die sie ihm unterbreitete, gefielen ihm – und dazu ihr burschikoser Elan. Ein Brief, den Hans Werner Richter am 24. Februar 1947 an Ilse Schneider-Lengyel geschrieben hat, gibt Auskunft darüber, wie und unter welchen Umständen die erste Begegnung stattgefunden hat:

Liebe Frau Schneider-Lengyel!

Ihre Tabakdose liegt bei mir auf dem Schreibtisch. Sie wird dort liegen bleiben, bis zu Ihrem nächsten Besuch. Ich teile Ihnen dies nur kurz mit, damit Sie nicht vergeblich danach suchen. Mir liegt sehr daran, dass wir uns in dieser Woche noch sehen, da ich die Bilder zu Ihrem Artikel gebrauche. Der Artikel erscheint in der Nummer zum 1. April. Ich habe ihn nochmals gelesen und er gefällt mir ausgezeichnet. Ihren Mondjournalisten habe ich mir nun näher angesehen. Warum haben Sie mir nicht gesagt, dass Sie doch eine deutsche »Dichterin« sind. Der Mondjournalist wird also ebenfalls im Ruf erscheinen. […] Ausserdem beabsichtige ich, etwas später eine kleine Auswahl von Ihren Gedichten zu bringen. Sind Sie zufrieden?
Nach dieser Einleitung, wie wäre es, wenn Sie eine ständige Mitarbeiterin des Ruf würden? Dem Rufkreis fehlen noch ein paar gut schreibende Frauen, die keine sein wollen.
[…]
Die Idee der Kunstausstellung wird wahrscheinlich im Mai, spätestens im Juni realisierbar sein. Der Plan hat innerhalb der Redaktion grosse Begeisterung hervorgerufen. Nun müssen wir es also wahr machen. Zu diesem Zweck wird es notwendig sein, dass wir uns vor ihrer Reise nach Paris in einem kleineren Kreise, einschliesslich der Maler, einmal zusammensetzen und die praktische Durchführung besprechen. Wann wird das möglich sein? Der Ruf übernimmt also die Protektion der Ausstellung. Das verpflichtet uns, daraus eine kleine Sensation zu machen. Ob wir das fertig bringen?

Mit besten Grüssen bin ich
Ihr Hans Richter

Ich hoffe, dass bei Ihrem nächsten Besuch mein Ofen sich etwas anständiger beträgt und Sie es nicht so kalt und wir es etwas gemütlicher haben.[8]

Abstrakte Kunst

Die Idee einer Ausstellung galt sicherlich der abstrakten Kunst, denn einer der Texte, die Ilse Schneider-Lengyel in die Redaktion mitgebracht hatte, war ein glühendes Bekenntnis zu dieser Kunstform.

Er erschien unter dem Titel *Heilige Kunst* im *Ruf* Nr. 16/2. Jg. am 1. April 1947, zusammen mit dem Foto eines abstrakten Gemäldes von László Lengyel. Inspiriert war die Idee einer Ausstellung vermutlich durch den ersten *Salon des Réalités Nouvelles* im Jahr zuvor – und vielleicht beabsichtigte Ilse Schneider-Lengyel, einzelne der dort ausgestellten Künstler nach München einzuladen.

Über diesen Salon hatte sie bereits einen Text für die *Süddeutsche Zeitung* geschrieben (siehe das Zwischenspiel am Ende des Kapitels). Atmosphärisch dicht gibt er einen unmittelbaren Einblick in die Diskussionen, die in der Malergruppe um die Ideen der abstrakten Kunst geführt worden sind, und endet mit einem vehementen Plädoyer für diese Richtung der Malerei.

Erst im Verlauf des Textes schälen sich die Namen heraus, die sich hinter den Diskutanten verbergen. So ist in dem Maler, der anfangs nur der »Schwarzhaarige« genannt wird, der Holländer César Domela zu erkennen, der sich als junger Künstler noch der Gruppe *De Stijl* um Theo van Doesburg angeschlossen hatte. Hinter dem »breitschultrigen Bretonen« hingegen steckt Auguste Herbin, der bereits die Künstlergruppe *Abstraction-Création* mitbegründet hatte, zu der wiederum auch César Domela zählte. Später kommen dann noch die Namen Jean Dewasne, der erst in den Jahren der Okkupation zur Abstraktion gefunden hatte, hinzu, sowie die Ungarn László Lengyel und Henri Nouveau, der im siebenbürgischen Kronstadt als Heinrich Neugeboren aufgewachsen ist, sich dann vor allem der Musik zuwandte und in seiner Malerei zwischen Surrealismus und Abstraktion schwankte.

Manche der von den Malern geäußerten Gedanken decken sich zudem mit Positionen, die Ilse Schneider-Lengyel bereits früher vertreten hat. So fragt sich die Autorin, die eigenen biographischen Lebenslinien zurückverfolgend: »Wie kommt es, dass nach den Anfängen eines Dessauer Bauhauskreises um Kandinsky, Mondrian, Delaunay vor beinahe dreissig Jahren eine neue große Bewegung entsteht, die dort anknüpft?«[9]

Auch in dem Text *Heilige Kunst* plädiert die Autorin für die Malerei der Abstraktion. Diesmal jedoch gibt sie nicht nur die Innenperspektive der beteiligten Maler wieder, sondern ordnet ihr künstlerisches Tun in einen größeren Zeitzusammenhang. Darauf weist bereits der Titel hin. Für Ilse Schneider-Lengyel ist die abstrakte Kunst die »heilige Kunst« von heute, sie übernimmt es in den Nachkriegsjahren, »Führer[in] im Unerklärlichen des Alls zu sein« – so hatte sie es für die Kunst der Naturvölker in *Die Welt der Maske* formuliert. Nun schreibt sie:

> Die neue Konzeption des Universums (ihr steht die Wandlung des neuen Gottesbegriffs zur Seite) verlangt neue Konzentration auf allen schöpferischen Gebieten. Die Malerei erfaßt das Auge des Menschen und seine sinnliche Anschauungsweise äußerlich. Sie wirkt aber viel tiefer. Die Loslösung vom Realen, von der Figur hat begonnen. Der Wunsch, Ähnlichkeiten zu schaffen, naturgetreue Abbilder, es seien damit die Heiligendarstellungen der Gotik oder die Geschehnisse des täglichen, profanen Lebens gemeint, ist unter den jungen schöpferischen Kräften, die ihr Zeitalter in eine Zukunft hinein unbewußt erfassen, nicht mehr vorhanden. Eine Übertragung in die nicht-figurative Bewußtseinssphäre findet statt. Aus der Enge der drei Dimensionen steigt eine neue, noch unbekannte Welt ins Bild.[10]

Ilse Schneider-Lengyel ist es, ganz im Sinne Sartres, um die »Zukunft unserer Epoche«, die unmittelbare, gerade anbrechende Zukunft zu tun, die sich kaum abhebt von der Gegenwart. Geschickt baut sie dabei auch die Programmatik der Zeitschrift *Der Ruf* ein. Sie hebt, gleich zu Beginn, eine gesamteuropäische Perspektive hervor: »Europa wird und muss eine Auferstehung erleben, allen gegenteiligen Prophezeiungen zum Trotz.« Dies entspricht ganz dem von Alfred Andersch und Hans Werner Richter vertretenen »sozialistischen Humanismus« mit dem gewandelten Deutschland als Brückenkopf zwischen Ost- und Westeuropa. Die neuen Kunstformen, die abstrakte Malerei, die atonale Musik und der Automatismus des Surrealismus, erfüllen für Ilse Schneider-Lengyel zudem eine erzieherische Funktion. Sie sind, wie sie an einer Stelle augenzwinkernd schreibt, »ein Ruf an die Jugend«. Deshalb appelliert sie eindringlich:

> Ob geformte Dreiecke, Ellipsen oder Kreise, ob auslaufende Linien, Kurven oder Horizontalen entstehen, ob das Gegensatzspiel der Kräfte dominiert oder Farben, ob Spannungen aufgefangen oder dynamisch werden, ist nicht wichtig. Daß es aber gilt, diesen neuen Rhythmus zu erfassen und ihm entgegenkommen zu wollen, ist von erster Bedeutung.[11]

Die *Exposition d'œuvres de malades mentaux* im Hospital St. Anne, Paris

Anfang 1946, als André Breton noch nicht aus dem Exil zurückgekehrt war, wurde im Pariser Psychiatrischen Krankenhaus *Sainte Anne* eine Ausstellung gezeigt, die der Wiederbelebung des Surrealismus zuvorkam. Dort hatte man seit Anfang des Jahrhunderts begonnen, künstlerische Werke von Patienten zu sammeln und sich intensiv damit auseinanderzusetzen. Dr. Gaston Ferdière, der auch Kontakte zu den Surrealisten unterhielt und Antoine Artaud bei dessen Aufenthalt in *Sainte Anne* 1937 medizinisch behandelt hatte, leitete einen Arbeitskreis, in dem zum ersten Mal auch die Texte aus dem grundlegenden Buch des deutschen Kunsthistorikers und Psychiaters Hans Prinzhorn *Bildnerei der Geisteskranken* aus dem Jahr 1922 ins Französische übersetzt wurden.[12] Prinzhorn hatte sich in den Jahren 1919 und 1920 aus vielen Heilanstalten und Kliniken in Deutschland künstlerische Arbeiten von Patienten schicken lassen und sie in seinem Werk, das wie ein Kunstbuch aufgemacht war, zum ersten Mal als ästhetisch wertvolle Zeugnisse präsentiert.[13]

Gaston Ferdière war nun auch nach dem Krieg die treibende Kraft für eine erste Ausstellung in *Sainte Anne*, die unter dem Titel *Exposition d'œuvres de malades mentaux* 141 Objekte aus der eigenen Sammlung zeigte. An der Konzeption war auch der Maler Abraham Schwarz-Abryhls beteiligt, der sich früher selbst einmal in der Klinik als Patient aufgehalten hatte. Die Ausstellung wurde ein großer Erfolg. Zahlreiche Besucher kamen, und die Presse war begeistert. Sie würdigte die ästhetische Qualität der ausgestellten Arbeiten, denen keinerlei pathologische Züge anhafteten. *Le Figaro* behauptete sogar, dass einige Werke die Namen der Meister der modernen Malerei tragen könnten.[14]

Der emphatische Zuspruch lag vielleicht auch in einer Solidarität mit den Opfern der nationalsozialistischen Ideologie begründet: Dienten Werke psychisch labiler Künstler 1937 in der Ausstellung *Entartete Kunst* dazu, die avantgardistischen Bewegungen zu diskreditieren, wurden sie jetzt als ästhetisch ebenbürtig zur modernen Kunst angesehen.

Umso bemerkenswerter ist, wie nüchtern und differenziert, jedoch zugleich einfühlsam das Urteil Ilse Schneider-Lengyels über diese Ausstellung ausfällt. Es findet sich in einer Besprechung vom 14. Februar 1946 unter dem Titel *Ausstellung der Geisteskranken im Hospital St. Anne, Paris*:

> Die Planung war, den gesunden Menschen einen Blick tun zu lassen in die Arbeitsweise des umnachteten Geistes; stark der Widerhall. Nicht bloss Neugierde zog das zahlreich erschienene Publikum an. Eine Menschheit nach sechsjährigem Krieg durch psychische und physische Verdunkelung gegangen – von der Atombombe weiterhin in Unruhe gehalten – sucht in solcher Zeit auf alle Stimmen zu hören.[15]

André Breton, der selbst ein Medizinstudium aufgenommen, in einer psychiatrischen Anstalt hospitiert und sich intensiv mit den Arbeiten Sigmund Freuds befasst hatte, sah in der Kunst der Geisteskranken »ein Tor zur Freiheit« – so wird er es 1948 in einem Artikel nochmals bekräftigen. Er sah in ihren Arbeiten einen zeichnerischen und malerischen Ausdruck, der nicht von den rationalen Kriterien des Verstandes kontrolliert worden war. Ohne die Bilder unmittelbar als motivische Vorlage zu nehmen, stellten sie eine Art Ideal jenes »psychischen Automatismus« dar, dem sich die surrealistische Kunst anzunähern suchte. Geradezu euphorisch schrieb André Breton über die *Art des Fous*:

> Ich fürchte mich nicht, den nur auf den ersten Blick paradoxen Gedanken noch weiterzutreiben, daß nämlich die Kunst derer, die man in die Kategorie der Geisteskranken einreiht, eine Quelle der seelischen Gesundheit ist. [...] Durch einen überraschenden, dialektischen Effekt werden Abgeschlossenheit und Verzicht auf Nutzen und Erfolg trotz der persönlichen Gefühlsbeladenheit zu Zeugen völliger Ursprünglichkeit und Echtheit, die sonst überall fehlen und nach denen es uns von Tag zu Tag mehr verlangt.[16]

Dagegen wirken die Sätze von Ilse Schneider-Lengyel aus dem Jahr 1946 wie eine vorweggenommene Erwiderung. Ihr Ergebnis fällt zurückhaltend aus:

> Die einzigen Objekte, die sich einer surrealistischen Auffassung nähern, entstammen einem Maler, der die *Ecole des Beaux Arts* in Buenos Aires besuchte und seit seinem 18. Lebensjahr interniert, kurz vor seinem Tode in diesen Tagen, in einem letzten Versuch, den Schleier zu lüften, durchaus sympathische Bilder schuf.[17]

Die Ursache für diese nüchterne Betrachtung liegt in einer kategorischen Trennung. Gerade weil sich die Autorin emphatisch in die

›Geisteskranken‹ hineinversetzt, widersteht sie, ihren Zustand in irgendeiner Weise zu glorifizieren. Schöpferisches Handeln spricht sie ihnen kategorisch ab. Denn für sie kann Kunst nur im und aus dem Bewusstsein des Künstlers entstehen, das eine übergeordnete formende Kontrolle verlangt:

> Ausgeliefert jener mörderisch zersetzenden Kraft des Bewusstseins versucht sich die aus dem Gleichgewicht gebrachte Seele des Geisteskranken, von ihren logischen Bindungen befreit, zu äussern. Die unbekannten Kräfte des Saturns, die sich beim gesunden Künstler zur Schöpfung vollenden, werden hier, der Kontrolle des menschlichen Geistes entzogen, auflösend, verneinend; […]. Entgegen allen Feststellungen, die eine Analogie zwischen dem Archaischen im Künstler und den Irren herleiten wollen, enthüllt sich in dieser Ausstellung der flagrante Unterschied zwischen beiden. Wie der Mensch in seiner Würde das Leben als das ihm vorgeschriebene Dasein ausfüllt, so vermag dieser Aufbau mit einem Schlage zu verschwinden. Bilder und Erscheinungswelt wandeln sich in ihm. Er sieht sich einer Welt gegenüber, die er nicht mehr zu beherrschen imstande ist. Ein Kampf mit den dunklen Mächten entsteht.
> Das große Verdienst, der dieser Ausstellung in Paris zukommt, ist: DIESEN EWIGEN STREIT zugunsten des normal Schaffenden ausklingen zu lassen und einen Trennungsstrich zu ziehen; zu zeigen, dass das Unbewusst-Schöpferische des Gesunden unantastbar steht und sich deutlich abhebt (mag es neu und deshalb unverstanden oder noch so angegriffen sein) gegenüber den, sich weit von der Kunst befindenden, anerkennenswerten Arbeiten der Kranken; anerkennenswert vor allem darum, dass der menschliche Geist in tiefster Umnachtung noch zum Schaffen drängt.[18]

Die Situation des Surrealismus

Um dem Surrealismus neue Schlagkraft zu verleihen, plante André Breton eine neue Ausstellung, die an die alten Erfolge von 1938 in Paris und 1942 in London anknüpfen sollte. Auch dieses Mal arbeitete er, wie bei jenen beiden, mit Marcel Duchamp zusammen, um die Ausstellung zu entwerfen. Der Dritte im Bunde war der Architekt Frederick Kiesler, der den komplexen Aufbau realisieren sollte. Denn Breton verfolgte den Plan, die Ausstellung ganz unter seine neu eingenommene ethnologische Perspektive zu stellen und sie als eine Art Initiation zu inszenieren – in eine »neue Mythologie«.[19] Die Besucher sollten einem vorgegebenen Weg durch die Ausstellung folgen und dabei verschiedene Phasen der Einweihung durchlaufen, um zu erleben, dass auch und besonders jetzt nach den Jahren des Krieges die Grenzen der Welt nicht mit den Grenzen der Rationalität enden und noch eine viel weiter gefasste Welt zu entdecken ist. Als Ort konnte die noch junge Galerie Maeght gewonnen werden, und so eröffnete *Le Surréalisme en 1947* am 7. Juli 1947.

Auf diese Ausstellung geht Ilse Schneider-Lengyel in zwei ihrer Pariser Feuilletons ein, allerdings nicht so ausführlich wie bei der im Psychiatrischen Krankenhaus *Sainte Anne*. In dem Artikel für die Zeitschrift *Prisma*, in dem sie die Entwicklung vom Impressionismus zum Surrealismus nachzeichnet, dient sie ihr als Aufhänger, um die aktuellen Werke einiger der wichtigen Vertreter zu beschreiben:

> Eine grosse Einsamkeit beschlich einen wohl auf der repräsentativen Ausstellung des Surrealismus in Paris: Wo ein geöffneter Mund das Bild breit durchzog und über dem flachen Land hing (Man Ray); wo vielarmig eine Umarmung so sehr Umarmung wurde; ein Torso sich in Lüften hielt; Pflanzen wie gespenstische Gedanken das Bild erfüllten; wo die Luft, wie bei Salvador Dalí, so sehr Luft wurde, dass man glaubte, sich in ihr zu befinden; wo Köpfe auf Stangen hingen und der rote Körper des Wüstlings so von Engeln bespickt war, dass man ihn kaum fand (Victor Brauner); […] Und – wenn man die Visionen einer Hildegard von Bingen, dieser urdeutschen Mystikerin des frühen Mittelalters gelesen hat, fühlt man unter der Voraussetzung einer neuen Metaphysik, die Gottesvorstellung sich ins Ungemessene erweitern.[20]

Die »grosse Einsamkeit« meint vor dem Hintergrund der Visionen Hildegard von Bingens eine existentielle Leere im Sinne Sartres. Ihr stellt Ilse Schneider-Lengyel, wie auch schon in ihrem Artikel *Heilige Kunst*, die Hoffnung auf eine sich wandelnde Religion oder Metaphysik, die durch die neue Kunst errungen wird, zur Seite. Der Text endet mit dem schönen Satz:

> Sie alle [die geannten surrealistischen Künstler, PB] tragen ein Temperament in das Bild, das in Wachheit Träumer erdachten, die über den Strom des Bekannten hinaus vorstiessen in ein Unerklärbares, das uns angeht.[21]

In dem anderen Feuilleton steht ein Vortragsabend im Mittelpunkt, der zum Begleitprogramm der Ausstellung *Le Surréalisme en 1947* gehörte. In dessen Verlauf kam es zu einer heftigen Auseinandersetzung zwischen der surrealistischen und der abstrakten Malergruppe, die Ilse Schneider-Lengyel ähnlich erzählend wiedergibt wie in ihrem Text *Pariser Maler*. In der Einleitung geht sie auch auf das komplexe architektonische Arrangement der Ausstellung ein:

> Auf der surrealistischen Ausstellung der Maler, die immer als Ereignis, wenn nicht als Manifestation zu werten ist, floss das Taufwasser aus den schlangenartig angeordneten Rohren von der Decke und nur dem guten Beobachter gelang es, sich trocken zwischen den rieselnden Stellen durchzuwinden. Aus dem vorbereitenden Entrée näherte man sich dem surrealistischen Heiligtum, dem auf einem achteckigen Zellensystem aufgebauten Labyrinth. Es bestand aus zwölf Altären, die Analogie des Zodiakkreises enthaltend und nach den Tierkreiszeichen benannt. Jeder der Altäre war von einem Maler als Mysterium geschmückt, wie sinnlich aufreizend und antibürgerlich. Dem visuell Gerichteten der Abstrakten liessen die Räume das Bild des Surrealistisch-Gedanklichen zurück.[22]

Die Autorin zeigt sich gut informiert und gibt auf engem Raum das Konzept der Ausstellung wieder – mit der dunkel gehaltenen *Salle de Superstition*, in der sich das Labyrinth mit den Altären befindet und die Alltagswahrnehmung außer Kraft gesetzt werden soll, und der *Salle de Plui*, in der nach der Reinigung die Wiedergeburt erfolgt. Dennoch überrascht, dass Ilse Schneider-Lengyel nicht stärker auf das ethnologisch perspektivierte Konzept André Bretons eingeht. Wollte sie seinem Vorstoß in eine »neue Mythologie« doch nicht so weit folgen? Sie wäre nicht die Einzige gewesen.

Zwar erregte die Ausstellung nochmals Aufsehen und wurde gut besucht, was André Breton als Erfolg werten konnte. Doch seine Parteinahme für eine »neue Mythologie« wurde von vielen kritisch gesehen – zu frisch war noch die Erinnerung an jene völkische Mythologie der Nationalsozialisten, unter der die Franzosen vier lange Jahre zu leiden hatten. Deshalb ringt Ilse Schneider-Lengyel für sich selbst so sehr um eine Version des Surrealismus, die fest im Gedanklichen, im klaren Bewusstsein verankert ist. Für sie war, wie sie in *Heilige Kunst* geschrieben hatte, selbstverständlich, »dass nach einer langen Erschütterung und Zurückfallen der Kunst in die übelste

Pseudo-Romantik, ein klarer Geist sich in der Zukunft herausarbeiten wird, sei es in der Bildenden Kunst, in der Musik oder in der Literatur«.

Jean-Paul Sartre

Einige Monate vor der Eröffnung der Ausstellung *Le Surréalisme en 1947* begann Jean-Paul Sartre in *Les Temps Modernes* eine Folge von Essays zu publizieren, in denen er der Frage nachging, *qu'est-ce que la littérature* – was ist Literatur?[23] Eine Antwort konnte es für ihn nur vor dem Hintergrund seiner Philosophie geben, die in einer komplexen Dialektik von Allgemeinem und Individuellem, von Freiheit und Festlegung ihren Grund hat.

Im Mittelpunkt von Sartres Denken steht die Freiheit der Wahl, von der jeder jederzeit Gebrauch machen muss. Durch die Wahl, die jemand trifft, stellt er sich der Welt. Dadurch macht er eine allgemeine Situation, die durch unzählige Faktoren bestimmt ist, zu ›seiner‹ Situation, wodurch ihre Determiniertheit jedoch nicht aufgelöst, sondern lediglich erkennbar wird. Von daher ist für Sartre letztlich alles Handeln engagiert und seine Philosophie eine des Handelns, der Tat. Das gilt umso mehr für die Künstler, da sich in der ästhetischen Erfahrung eines Kunstwerks beispielhaft die Erfahrung von Freiheit vermittelt.

Aufgrund der herausgehobenen Stellung der Kunst und besonders der Literatur geht Sartre vor allem mit der jüngeren und jüngsten Literatur hart ins Gericht. Er teilt sie in drei Gruppen: in die »Versöhnten«, das sind die bürgerlichen Autoren, in die »Extremen«, das sind die Surrealisten, und in die »Radikalen«, das sind die sozialistischen Autoren, die der KPF nahestehen. Sie alle bewegten sich nicht auf der Höhe der Zeit, so sein Vorwurf. Sie alle unterlägen noch einer Vorstellung, die er als »Konsumtionsliteratur« bezeichnet – eine Literatur, die Handeln nicht befördert, sondern erstickt. Die jüngste Version dieser Literatur lieferten die Surrealisten. Sie verfestigten, so sein Vorwurf, die bloße Negation des Bestehenden; ihre ›Revolutionen‹ liefen ins Leere, da sie ohne konkretes gesellschaftliches Ziel blieben. Sartre schreibt in *Was ist Literatur?*:

> Die Funktion eines Schriftstellers besteht darin, die Dinge beim Namen zu nennen. Wenn die Wörter krank sind, dann ist es an uns, sie zu heilen. Statt dessen leben viele von dieser Krankheit.

> Die moderne Literatur ist in vielen Fällen ein Krebsgeschwür der Wörter. [...] Ich weiß: mancher Autor hat die Wörter zerstören wollen, so wie die Surrealisten Subjekt und Objekt gemeinsam zerstören wollten: das war der äußerste Punkt der Konsumtionsliteratur. Aber heute muß man, wie ich gezeigt habe, konstruktiv sein. [...] Unsere erste Aufgabe als Schriftsteller besteht also darin, die Sprache in ihrer Würde wiederherzustellen. Schließlich denken wir mit Wörtern. Wir müßten sehr dünkelhaft sein, um zu glauben, daß wir unaussprechliche Schönheiten bergen, die die Sprache auszudrücken nicht würdig ist. Und dann mißtraue ich dem Unkommunizierbaren, das ist die Quelle jeder Gewalt. Wenn die Gewißheiten, deren wir uns erfreuen, uns unmöglich mitteilbar erscheinen, dann bleibt nur noch zu schlagen, zu verbrennen oder aufzuhängen. Nein: wir taugen nicht mehr als unser Leben, und nach unserem Leben muß man uns beurteilen, unser Denken taugt nicht mehr als unsere Sprache, und man muß es danach beurteilen, wie es sie benutzt.[24]

Auch mit der Position Jean-Paul Sartres setzt sich Ilse Schneider-Lengyel in ihren Pariser Feuilletons auseinander. Interessanterweise nimmt sie ihn aber weniger als Opponenten des Surrealismus wahr denn vielmehr als Weggefährten, der dem Surrealismus eine Philosophie liefert. In ihrem Text *Jean Paul Sartre – Der Surrealismus und die Antisartristen* findet sie für die von ihr wahrgenommene Annäherung die pointierte Formulierung: »Der Surrealismus hat sich sartriert.«[25] Im Weiteren dieses anspielungsreichen Textes skizziert die Autorin in knappen Umrissen Sartres Philosophie:

> Paul Sartre glorifiziert die Sprache, das Wort. Es ist seine Münze, das Gold, mit dem er, in seiner Botschaft Wagnis – Abenteuer, einer zermürbten Welt die Existentialphilosophie vorstellt. Auf der Schwelle großer Umbrüche geschehen gewaltige Kraftäußerungen, welche den Menschen weiterbringen, auch zuweilen in das Leere stoßen. [...] Wir stehen in diesem Heute und gerade darum prüfen wir. Weil wir mit Skepsis geladen sind, überlegen wir. Weil wir verzweifelt sind, wollen wir einen neuen Glauben.[26]

Sartre ist für Ilse Schneider-Lengyel, wie die Surrealisten, auf der Suche »nach einer reineren und gewisseren Wirklichkeit, indem er die verödeten Wahrheiten totschlägt«. Wie an den Surrealismus und an die abstrakte Kunst legt sie das Maßband der Metaphysik:

> Entgegen dem christlichen Glauben, der die Ewigkeit annimmt, ist hier Kernpunkt die Metaphysik des Seins oder Nichtseins, ein sich Verweigern der Transzendenz gegenüber. Gott steht nicht mehr außerhalb. Die Gottesidee realisiert sich im Menschen selbst. Eine Schrumpfung der alten metaphysischen Einheit ist bewirkt, verführerisch für den homo sapiens.[27]

Doch die Autorin sieht darin auch eine Gefahr – die Gefahr der Einkapselung im Individuellen. Die neue Metaphysik kennt nur noch ein »Ich« – nicht länger ein »Du«. Das neue Glaubensbekenntnis, das aus dem Existentialismus folgt, lautet für sie: Jeder für sich – und Gott gegen alle. Dem stellt sie den »Menschen der Zukunft« entgegen, für den »das Leben oder die echte Wahrheit dort beginnt, wo ein Korn des Gebens in den Becher fällt«. Mit dieser Formulierung wehrt sie sich gegen den Verlust echter, geteilter Liebe und beharrt auf dem Glück der Selbstlosigkeit und der Möglichkeit, in der existentiellen Lehre einem »Du« zu begegnen. So schreibt sie in einem rätselhaften Bild über den »Menschen der Zukunft«, als Mahnung gegen den Existentialismus und gegen Sartres Worteloquenz gerichtet:

> Sein Ecce strahlt aus den Künsten. Sein Mund bleibt geschlossen; er beugt sich vor dem Wort, ehe sein Unterbewußtsein es neu gestaltet. Er wirkt. An ihm ist es, das »Für den anderen« an Stelle des »Für sich« zu setzen.[28]

Rückschlag und neue Perspektive

Ilse Schneider-Lengyels Zeitbild über Jean-Paul Sartre ist, zusammen mit dem Nachruf auf Paul Valéry, in der ersten und einzigen Ausgabe der Zeitschrift *Der Skorpion* erschienen. Sie war eines der Projekte, die Hans Werner Richter nach den Ereignissen im April 1947 verfolgte. Der amerikanischen Kontrollbehörde waren die Artikel, die im *Ruf* erschienen, zu kritisch, zu unbequem geworden. Deshalb entließen sie schließlich Alfred Andersch und Hans Werner Richter aus der Redaktion mit dem Vorwurf, die Zeitschrift sei »nihilistisch«. Daraufhin wollte Richter den Kreis von Autoren, die sich um den *Ruf* gesammelt hatten, weiter zusammenhalten und ihm ein neues Publikationsorgan verschaffen.

Ilse Schneider-Lengyel muss diese Entwicklung zunächst als Rückschlag empfunden haben. Ihre Mitarbeit am *Ruf* hatte gerade erst begonnen – mit der Veröffentlichung ihrer Erzählung *Der Mondjournalist* in der Nummer 15 und dem Essay *Heilige Kunst* in Nummer 16. Nun war sie schon wieder beendet. Die 16. Ausgabe vom 1. April 1947 war die letzte, die Andersch und Richter redaktionell betreuten. Aber Richter weihte sie frühzeitig in seine neuen Pläne ein und beteiligte sie an den Vorbereitungen der neuen Zeitschrift. Da er um Beiträge warb, sandte sie ihm ihren Gedichtzyklus *Sorge um Gott* zu; außerdem stellte sie einen Artikel ihres Mannes László aus Paris in Aussicht.[29]

Doch Ilse Schneider-Lengyel durfte sich über ihre Mitarbeit hinaus in einer besonderen Rolle erkennen. Hans Werner Richter beabsichtigte, die Zeitschrift sowohl in der amerikanischen als auch in der französischen Besatzungszone erscheinen zu lassen, um die Auflage zu steigern. Die Papierkontingente waren in diesem Jahr besonders knapp und die Verlage auf die eigenen Vorräte angewiesen. Viele Zeitungen und Zeitschriften konnten nur in einem geringeren Umfang oder in größeren Zeitabständen erscheinen. In einem Brief vom 4. Juli 1947 erläuterte Hans Werner Richter Ilse Schneider-Lengyel sein Anliegen:

> An einem solchen Plan müssen die Franzosen insofern Interesse haben, als es unser Bestreben ist, durch sie [die geplante Zeitschrift, PB] einen Kontakt mit der jungen Schriftsteller-Generation Frankreichs herzustellen und ihre Arbeiten zugleich mit den Arbeiten junger deutscher Autoren in Deutschland bekannt zu machen. [...] Können Sie nun, liebe Frau Schneider-Lengyel, uns mit Ihren Beziehungen in Baden-Baden behilflich sein? Sie wissen, es kommt in der heutigen Zeit so viel darauf an, dass ein solches Unternehmen von den verschiedensten Seiten gefördert und gestützt wird. Man müsste die Franzosen darauf aufmerksam machen, dass eine solche indirekte Förderung der französisch-deutschen Kulturbeziehungen ja so viel wirksamer ist, als die direkte und unmittelbare Kulturpropaganda, die heute überall betrieben wird.[30]

Hans Werner Richter bezog Ilse Schneider-Lengyel also nicht nur in Aufgaben der Organisation mit ein. Er stellte ihr auch in Aussicht, in Zukunft entscheidend an der Vermittlung der aktuellen französischen Kultur nach Deutschland beteiligt zu sein. Wo, wenn nicht hier, in diesem Kreis »politisch engagierte[r] Publizisten mit literarischen Ambitionen«,[31] konnte sie, trotz des Rückschlags, fortsetzen, was im Lauf dieses Jahres für sie begonnen hatte?

Zwischenspiel

Das folgende Manuskript aus dem Nachlass wurde in gekürzter Form – beginnend mit: »Ein euer Salon öffnet seine Tore« – am 20. Juni 1946 in der *Süddeutschen Zeitung* unter dem Titel *Pariser Gespräche* abgedruckt. Hier ist der Text in voller Länge wiedergegeben.

Pariser Maler im Gespräch

Eine kleine Malergesellschaft in erregter Diskussion. Rauchwolken steigen zur Decke, hüllen die gutgeschnittenen Gesichter ein. Durch das Atelierfenster schimmert Montparnasse im Abendlicht.

Ein schwarzhaariger, ellenlanger Künstler, hinter dem Qualm seiner Pfeife, wirft ein: »Bei uns kommt es einzig und allein darauf an, einen malerischen Effekt zu erzielen, mit ihm steht und fällt das Bild, das ein Fest, eine sinnliche Freude für das Auge sein muss.« »Sehr wohl«, antwortet ihm ein breitschultriger Bretone, »ich möchte aber wissen, was Du malerischen Effekt nennst? Denn dieser kann billig oder wertvoll genannt werden. Ausserdem muss er neu sein. Mit alten Effekten sind wir überreichlich versorgt; die Museen sind damit überfüllt.«

»Vergiss den Geist nicht«, kommt langsam eine Stimme durch die Rauchwolken. »Die malerische Konzeption muss vom Geist getragen sein, ohne ihn bleibt das Werk im Mittelmässigen stecken.« – »Ausgeschlossen«, erwidert der Schwarzhaarige, »das Bild muss von einem Empfinden, einem Gefühl inspiriert sein. Der Gedanke bringt den Maler von der eigentlichen Malerei ab und den Betrachter gleichsam.« »Siehst Du« antwortet der Bretone, »das Gefühl führt auf dem geraden Weg zur Dekadenz.« »Noch weiter«, ruft ein Spanier, »zur Degeneration.« »Nicht doch«, kommt schnell die Antwort, »die Deformation, das Unförmige ist Dekadenz. Picasso schrickt nicht vor den heiligsten Konventionen zurück, er fordert unsere Gefühle heraus, für das, was wir als schön empfinden.« »Weisst Du eigentlich, was Dekadenz ist«, frägt lächelnd der Bretone. »Ja« wirft sich der Ellenlange in die Bresche, »Verfall, Verschlechterung, Entartung«, kommt die Erwiderung, »nur muss Verfall richtig verstanden werden. Wenn eine Anschauung ihren Höhepunkt in der Kunst erreicht hat und alle schöpferischen Kräfte stagnieren, tritt Ermüdung ein, Abschwächung; fehlende Stärke wird durch technische Vollkommenheit ersetzt. Die Folge ist Leere in Form und Farbe, worüber grösste Virtuosität nicht hinwegzutäuschen vermag, die ihrerseits in der darauffolgenden Blutlosigkeit schliesslich abbröckelt, bis nicht ein neues Welterlebnis, neue Kräfte, das Alte beiseite drängen. Das ist der Kreislauf.«

»Ich lasse mir aber kein neues Welterleben aufzwingen, das vom Hässlichen erfüllt ist. Ich will schöne, kräftige Menschen sehen, gerade Häuser, grüne Wiesen, einen herrlichen Sonnenuntergang. Ich will die Freude am Dasein wiedergeben.« »Lieber Freund«, unterbricht der Bretone, »Niemand hindert Dich mit Photo- und Kinokamera auf Farbfilm geladen, das aufzunehmen, was Dir und Deinen Freuden Freude macht. Malerei soll aber nicht Naturnachahmung sein, sondern Neues schaffen.«

»Picassos Natur ist aber Entartung«, wirft der andere erregt ein. »Ich lehne mich auf.« »Nicht doch! Es gibt in der Malerei keine Missgeburt. Sie ist Natur oder nicht. Sie hat nicht ausschliesslich ›schön‹, sondern wahr zu sein und sie wirkt, wenn ihre Elemente sinnvoll gestaltet sind, bildnotwendig, bildkonstruktiv, bildwahr. Was dargestellt wird, hat insoweit Bedeutung, als es die funktionelle Rolle des Bildaufbaus übernimmt. Was darüber hinausgeht, ist Zugabe, Neujahrskalender, gekaufte Ware. Es ist schade, dass die meisten Kunstbetrachter und sogar viele Schaffende sich an dem Neujahrskalender erfreuen, z.B. der Schönheit einer dargestellten Frau. Demnach wäre der grösste Maler jener, der die schönste Frau als Modell gewählt. Aber Nachahmung ist kein Schöpferisches und sei sie vom feinsten Empfinden interpretiert; sie kann Illustration werden, Begleitung, aber nie Schöpfung. Wozu soll mir Deine Nachschöpfung der Natur dienen? Ist die Natur selbst nicht einzig und unübertroffen in ihrer Vollkommenheit. Ist die Erde nicht voll Schönheit?

Lass diese Erde vom Bauern, Physiker oder Geologen, vom Bodenspekulanten oder Erholungsbedürftigen, vom Primitiven, vom Kinde oder vom Greis, vom Maler oder Ingenieur betrachten und Du wirst sehen, wie Verschiedenes sie unter Erde verstehen. Die Betrachtungsweise des wirklich großen Malers aber ist das Eindringen in ihr Wesen durch die sichtbare Form. Es gibt keine absolute Wahrheit. D.h. jede Epoche sucht ihre eigenen Gesetze, gültig für ihre Zeit und nicht für die darauffolgende. Und Picassos Wahrheit ist das ›Alles ist möglich‹. Das ist nicht Entartung, sondern eine sehr ernste Wahrheit. Es möge einer vorangegangenen Auffassung absurd erscheinen, die nur das gewohnte abkonterfeite Bild wiedererkennen will; Abklatsch der Natur. Das Bild aber hat seine eigenen Gesetze und dort ist alles möglich, vorausgesetzt, dass ….«

»Was vorausgesetzt?« »Vorausgesetzt, dass sich eine Bildwahrheit gestaltet, eine Bildlogik entsteht, dass sich das Bildgeschehen, das Drama mit äusserster Präzision abspielt. Wer auf diese Weise zum Bilde kommt, das Bilddrama erfasst und in das dargebotene Schauspiel eingeht, sich von Formen, Farben und Linien führen lässt, wird das Neue erleben können. Eine Wahrheit wie die Rose, die Eiche, Wolke, Berg oder Mensch. Wer aber von neuer Kunst erwartet, sie solle so sein, wie die alte, der lasse sich beiseite und stelle sich abseits. Junge Kunst wird sich ohne ihn erfüllen.«

Ein neuer Salon öffnet seine Tore in Paris. Der Salon »des réalités nouvelles«. Mit vier Untertiteln wie Abstrakte Kunst – Nicht Figurative – Konkrete Kunst – Konstruktivismus. In dem Katalog stehen 90 Namen. An den Wänden hängen vierhundert Bilder. Das Publikum besteht zum grossen Teil aus Eingeweihten. Die Feinde (man muss sie wirklich so nennen) sind eingeschüchtert, in Minderzahl – und: gegen Bilder, die nichts darstellen, kann man weniger gut vorgehen, als gegen die Surrealisten, die die Natur, wie behauptet wird, deformieren. Gegen Picassos Ausstellung wurde von Seiten ein Anschlag gebracht, hier sieht man wohl verlegene, verdutzte Gesichter, der Gegenangriff ist aber noch nicht vorbereitet. Die Waffen noch nicht geschliffen, der Ausstellungserfolg ist ein aussergewöhnlicher, grosser. Die Feindkritiker resignieren, sie sind in der Verteidigungsstellung, spielen Pater familias, wollen die Jugend vor unbesonnenen Streichen zurückhalten.

Es ist amüsant. Wie kommt es, dass nach den Anfängen eines Dessauer Bauhauskreises mit Kandinsky, Mondrian, Delaunay, vor beinahe dreissig Jahren, eine grosse Bewegung neu entsteht, die dort anknüpft?

Wir treffen sie, in leidenschaftliches Gespräch vermittelt, die besten Köpfe der ausstellenden Maler, die Franzosen mit Herbin und Dewasne, Schneider, den Elsässer, Domela, den Holländer, Lengyel und Nouveau, die Ungarn, Sidès, den Vizepräsidenten der Gesellschaft und ihr Gründer. Frau Theo van Doesberg, die Seele der Ausstellungsorganisation, uns gut bekannt vom Bauhaus.

Ein Ungläubiger wagt sich in die lichten Katakomben. Die vier Untertitel erregen seine Aufmerksamkeit. Wie kann ein Bild, das Nichts darstellt, konkret und abstrakt sein? Die Antwort setzt gleichzeitig von zwei Seiten ein.

Die Leibhaftigkeit des Erlebnisses zu nehmen und sie durch rein malerische Mittel zu ersetzen, ist Abstraktion. Auf alle nachahmenden Methoden verzichten, Bildwirkung nur mit dem Handwerkzeug und den gegebenen Mitteln von Linie, Fläche und Farbe erreichen, ist konkret.

Die grüne und blaue Fläche, sie genügen sich durch ihren tatsächlichen Schönheitswert ohne die Vorstellung des Aussergewöhnlichen – grüne Wiesen, blauer Himmel. Um die beiden Ausdrücke konkret und abstrakt zu trennen, um die ein heftiger Kampf der Kunstkritik entstand, wurde schliesslich der Begriff der ›Art non figuratif‹ gegenstandslose Kunst eingeführt, während Konstruktivismus der Ausdruck derer ist, die ihre Bilder bauen, gleichsam Gerüst und Konstruktion.«

»Aber glauben Sie«, eine neue Frage, »dass gegenstandslose Malerei sich nicht in Wiederholung erschöpft? Glauben Sie, dass sie ebenso imstande ist, Wertvolles auszudrücken wie durch die Darstellung des Menschen?«

Die kleine Gruppe brach in heiteres Gelächter aus. Zu vertraut waren ihr die Befürchtungen jener, denen die Zukunft so sehr am Herzen zu liegen schien. »Mein lieber Freund«, antwortete die gesamte Malergruppe, »was die Ermüdung anbelangt, überlassen Sie uns die Zukunft. Wir stehen voll in Arbeit. Kaum wissen wir unseren Ideen Herr zu werden. Wir würden 24 Stunden des Tages malen, wenn uns diese Zeit gehörte. Gegenstandslos: meinen Sie wirklich, dass unsere Kunst nichts bedeutet, haben Sie einmal eine moderne Museumsausstellung beobachtet, wie es ein Musée de l'homme in Paris, ein Rheinisches Museum in Köln gezeigt hat. Ihre Gegenstände waren objektiviert worden im Rahmen. Der Rahmen barg die Form und nur die Form, der Gegenstand verschwand. Der Gesamteindruck, die Rhythmik des Ineinanderspiels blieb haften.

Kaffeekanne und Gitarre sind als Gegenstände aus dem Bereich des abstrakten Malers verschwunden. Sein Erlebnis besteht in Form und Farbe. Ist unser Weltbild nicht gigantischer geworden und zugleich einfacher durch das viele Neue Unverständliche, das wir in uns aufgenommen. Hat uns das Universum nicht Dinge gelehrt, die wir nur im Unterbewusstsein empfanden. Ist die neue Stellung des Menschen zwischen dem unendlich Kleinen und dem ungeheuer Grossen so eindeutig klar und problemlos.

Wir wissen um die mannigfaltigen Beziehungen, deren Anschauungen uns noch fehlen. Wir ringen um sie. Beziehungen, die unsichtbar und trotzdem konkret sind, da wir sie vernehmen. Das Weltall verlangt nach neuer Anschaulichkeit. Es muss geschaffen werden, fühlbar und tastbar gemacht werden, wie die Wissenschaften neue Theorien mit Einstein und Lise Meitner und anderen aufstellen, so steht die Kunst vor neuem Ausdruck. Das Nebeneinandergreifen der Kräfte statischer und dynamischer Neuerlebnisse von leicht und schwer, oben und unten, hart und weich, fasst im Ausdruck Gewicht und Grenze, den neuen Raum zusammen. Kosmische Erdstrahlen umfluten uns, sympathische, feindliche und neutrale. Ungeahnte neue Schnelligkeiten und Gegenbewegungen. Neue Akkorde und Disharmonien auf der Erde im Wasser und in den Lüften. Aus all diesen Naturerlebnissen nimmt der Musiker, Bildhauer, Maler, der Baumeister und Dichter, das, was seiner Kunst als Ausdruck dient. Die Grenzen der Kunst öffnen sich angesichts solcher Neuerlebnisse. Zwischen grosse Erfüllungen schieben sich Irrtümer – Sie werden bereinigt, sie beurteilen sich selbst und unsere Zeit ringt weiter. Es ist Platz für ungeahnte Einfälle. Jede Idee wird von unzähligen Malern mit anderen Augen gesehen, mit anderem Herzen und anderer Hand.

Ist diese Kunst so sehr gegenstandslos?«

Kapitel 8

In der Gruppe 47

1947-1950

> Weiss Gott: wenn wir eine Zukunft haben, wir Deutschen, wir Europäer, wir Menschen – weiss Gott, wie bescheiden unsere Aufgabe ist, die Aufgabe derer, die jetzt leben. Wahrscheinlich sammeln wir nur Material, Steinchen, Fragmente; Tatsachensteinchen, Seelen-Fragmente: Material. Wir stehen am Fliessband, Arbeiter, legen unsere »Teile« darauf, und oben – schon in einer anderen Zeit – steht der, der zusammensetzt, auswählt, verändert, zusammensetzt. Von dem reden dann die Nächsten.
> So, glaube ich, kommen wir weiter.
>
> Walter Hilsbecher
> *Brief an Hans Werner Richter* (21. September 1947)

Projekt *Skorpion*

Bis August 1947 hatte Hans Werner Richter das Projekt des *Skorpions* weit vorangetrieben. Ihm lägen jetzt, wie er in einem Brief vom 26. August an den Hörfunkautor Arthur Müller schrieb, Manuskripte für drei Ausgaben vor.[1] Allein die Frage des Papiers war immer noch ungeklärt – und sollte es noch lange bleiben. Deshalb verhandelte Richter gleichzeitig mit mehreren Seiten. Lange Zeit favorisierte er den Stahlberg Verlag mit Sitz in Karlsruhe, dessen Leiterin Ingeborg Stahlberg das Zeitschriftenprojekt mit großem Idealismus verfolgte. Auch sie wollte junge Autoren fördern und bot ihnen in ihrem Verlag ein Forum: die Reihe *Ruf der Jugend.*

Ende Juli hatte sie sogar zu einem eigens nach der Reihe benannten *Ruf der Jugend*-Treffen in Altenbeuren eingeladen – unter anderen auch Hans Werner Richter und Ilse Schneider-Lengyel. Zudem nahmen eine Reihe jüngerer Autoren an dem Treffen teil, die auch Hans Werner Richter für den *Skorpion* vorgesehen hatte, darunter Wolfgang Bächler, Heinz Friedrich und Walter Hilsbecher.

Den Festvortrag hielt der renommierte Lyriker Rudolf Alexander Schröder, ein Vertreter des ›hohen Tons‹ und der Innerlichkeit. Für die Literatur, die er vertrat, hatte Gustav René Hocke in der Zeitschrift *Der Ruf* die abschätzige Bezeichnung der »deutschen Kalligraphie« gefunden, die Richter seitdem selbst gerne verwendete. Von daher hatte er für den Vortrag mit dem Titel *Der Beruf des Dichters in der Zeit*, in dem Schröder von dessen »Trostamt« und von der »Rettung aus dem Vergänglichen ins Bleibende« sprach, wenig übrig. Der Rahmen der gesamten Veranstaltung jedoch sagte ihm sehr zu, und er genoss die Gespräche über literarische Texte und über die Rolle der Literatur für die Gegenwart. Da ergriff Ilse Schneider-Lengyel die Initiative und schlug vor, sich sehr bald erneut in ihrem Haus am Bannwaldsee zu treffen. Hans Werner Richter nahm die Einladung begeistert auf und gab sie an jene weiter, die an der geplanten Zeitschrift *Skorpion* bereits mitarbeiteten. An Freia von Wühlisch schrieb er am 27. August 1947:

> Das kleine Autorentreffen der wesentlichsten Mitarbeiter der Zeitschrift, das ich Ihnen bereits in meinem vorhergehenden Brief ankündigte, findet nun endgültig am 6. und 7. September in Bannwaldsee bei Füssen im Hause von Frau Schneider-Lengyel statt.[2]

Das Treffen am Bannwaldsee

Das Treffen am 6. und 7. September 1947 am Bannwaldsee im Haus von Ilse Schneider-Lengyel ist inzwischen in die Geschichte der deutschen Literatur eingegangen. Im Rückblick erwies es sich als das Gründungstreffen der Gruppe 47, deren Bedeutung in den nachfolgenden Jahren rasch gestiegen ist und am Ende fast 20 Jahre lang die Nachkriegsliteratur maßgeblich beeinflusst hat. Allein dadurch ist auch der Name Ilse Schneider-Lengyels zumindest am Rande des kulturellen Gedächtnisses gegenwärtig geblieben. Ohne dieses Treffen wäre er vermutlich längst vergessen.

Aufgrund seiner Bedeutung jedoch ist die Quellenlage zu diesem Treffen recht komplex, und es lohnt sich, die einzelnen Quellen sehr genau auf ihre Stimmigkeit zu prüfen. Bisher wurde dabei meist ein einfacher Weg eingeschlagen: Man bezog sich auf das, was der Gründer und Leiter der Gruppe, Hans Werner Richter selbst, dazu geäußert bzw. im *Almanach der Gruppe 47*, erschienen zu deren 15-jährigem Bestehen,[3] an Material bereitgestellt hat. Außer Acht blieb jedoch, dass Richter etwa ab 1962 das Ende der Gruppe ahnte und deshalb zunehmend darauf bedacht war, eine Geschichtsschreibung im eigenen Sinne zu betreiben. Er wollte mit seiner Autorität vorgeben, wie die Geschichte der Gruppe 47 verlaufen und wie sie von zukünftigen Literaturhistorikern zu schreiben sei. Sein Gespür für die medialen Verflechtungen der Literatur und die Wichtigkeit des Radios und Fernsehens ließ ihn diese Selbsthistorisierung auf den unterschiedlichsten Kanälen verfolgen. Die Gruppe 47 jedoch war immer mehr, war immer kontroverser und vielschichtiger als die Vorlieben, Meinungen und Urteile Hans Werner Richters.

Das zeigt die wohl wichtigste Quelle für eine Rekonstruktion des ersten Treffens am Bannwaldsee – die ausführlichen Tagebuchaufzeichnungen der Freia von Wühlisch.[4] Sie hatte von 1940 bis 1945 an der Universität Heidelberg Zeitungswissenschaften studiert und mit einer Promotion abgeschlossen. Seit dem Ende des Krieges arbeitete sie bei der amerikanischen Behörde *Theatre and Music Control.* Die Aufzeichnungen sind während und unmittelbar nach dem Treffen niedergeschrieben worden. Sie versuchen, den Verlauf der beiden Tage zu dokumentieren, geben aber auch atmosphärische Eindrücke wieder. Nicht zuletzt sind es die Aufzeichnungen einer Frau, die aus der Nähe und spontanen Solidarität zu den anderen Frauen geschrieben sind und somit einen weiblichen Blick auf die Ereignisse werfen.

Freia von Wühlisch schildert, wie gegen Mittag des 6. Septembers 1947, eines Samstags, die geladenen Autoren und Publizisten, teils von ihren Frauen begleitet, nach einer beschwerlichen Anreise von München bei Ilse Schneider-Lengyel eintrafen:

> Und dann lag unverhofft der Bannwaldsee vor uns, weit und ruhig, wie ein Auge in der Landschaft schlummernd, und am Rande ein kleines, weißes Haus. Frau Schneider-Lengyel kam uns mit großer Herzlichkeit entgegen. Die Gepäckstücke wurden erst einmal vorm Hause aufgetürmt. Wir strebten gleich zum See, um uns zu säubern. […] Später braute ich mit Frau Schneider Kaffee. Wir schnitten Brot auf. Sie holte ein großes Glas selbst eingemachter Marmelade. Das Häuschen hat sie von ihrem Vater geerbt. Es ist sehr geschmackvoll eingerichtet, mit einer sagenhaften Bibliothek (meine Bücher verbrannten alle in Berlin), an den Wänden die Bilder ihres Maler-Ehemannes. Ein Mädchen aus dem nächsten Dorf hilft ihr im Hause und hütet es, wenn sie in Paris bei ihm ist.[5]

Am Nachmittag wurde zuerst der Stand des *Skorpions* erörtert. Hans Werner Richter berichtete über seine Verhandlungen mit verschiedenen Verlagen, die ins Stocken geraten waren. Ingeborg Stahlberg hatte mit großem Bedauern Ende August ihr Angebot wegen fehlender Papierkontingente zurückgezogen. So blieb für den Augenblick nur noch der Rowohlt Verlag, den Richter immer als Alternative betrachtet hatte, obwohl er in dieser Konstellation fürchtete, die Kontrolle über die Zeitschrift zu verlieren. Neue Optionen eröffneten sich nicht; so verlief das Gespräch am Nachmittag ohne Ergebnis. Freia von Wühlisch ging der Gastgeberin danach erneut zur Hand:

> Dann standen wir auf, unterhielten uns, stöberten in den Büchern, einige ergingen sich im Garten. Frau Schneider bat mich, die Lebensmittelmarken einzusammeln und die Quartiere zu verteilen.[6] Ich wies die beiden Verhungerten, Schnurre und Wischnewsky, bei Dr. Haars, Freunden von Frau Schneider, in der Nähe wohnend, ein; Kolbenhoffs, Minssen, Holtmann, Guggenheimer und Nino in den »Löwen« nach Buchen. Richters, Bächler und ich durften im Häusle schlafen. Für den Abend war die erste Lesung angesetzt. [...] Zwischendurch aßen wir zu Abend – Krebse und belegte Brötchen; dazu Tee. Die Tafel bunt und festlich. Uns gingen die Augen über.[7]

Die abendlichen Lesungen eröffnete der Berliner Schriftsteller Wolfdietrich Schnurre mit seiner Erzählung *Das Begräbnis.* »Danach gab es«, wie Freia von Wühlisch festhält, »ein langes Schweigen und keine Kritik«.[8] Sie setzte erst bei der zweiten Erzählung des Abends ein, die Nicolaus Sombart, in den Tagebuchzeichnungen Nino genannt, vorlas. Freia von Wühlisch kannte ihn bereits aus ihrer Studienzeit und arbeitete nun mit ihm in der amerikanischen *Theatre and Music Control* zusammen. In den Tagebuchaufzeichnungen heißt es dazu:

> Kolbenhoff sprang auf und rief: »Der Tabe [der Progatonist aus Sombarts Erzählung, PB] hat kein Recht zu leben!« Die Gegensätze: Kolbenhoff ursprünglich und wesentlich, dagegen Nino mit dem ganzen Bildungsballast seiner Klasse überbelastet und alles intellektualisierend. Eine aufregende Diskussion entfachte sich. Und darüber wurde es zwei Uhr nachts. Hans meinte, man müsse auch mal schlafen.[9]

Am Sonntag, den 7. September, fand sich die Gruppe erneut gegen Mittag im Haus von Ilse Schneider-Lengyel ein. Um das Essen kümmerten sich wieder die Gastgeberin und Freia von Wühlisch, an diesem Tag unterstützt von Toni Richter. Aus dieser Nähe, die sich unter den Frauen ergab, heißt es in den Tagebuchaufzeichnungen:

> Nachts hatte es geregnet. Die Herbstzeitlosen glänzten trotz trüben Himmels. Toni, Frau Schneider und ich besprachen den Tagesverpflegungsplan. Frau Schneider, apart und fast zart, wirkt durch ihre Natürlichkeit, ihr völlig unaufdringliches Wesen, ihre Bescheidenheit. Eine Asphodele. Wir alle mögen sie sehr. [... Sie] war schon morgens mit dem Fischer auf den See gefahren und hatte Hechte gefangen, für den Mittagstisch.[10]

Am Nachmittag standen weitere Lesungen und eine literaturprogrammatische Diskussion an. Walter Kolbenhoff und Wolfdietrich Schnurre lasen Texte vor, die sie jeweils als Brief an den anderen adressierten. Hans Werner Richter hatte sie dazu im Vorfeld angeregt und eine Veröffentlichung im *Skorpion* vorgesehen. Die Auseinandersetzung drehte sich um verschiedene Spielarten des literarischen Realismus.

Kolbenhoff, wie Richter im Jahre 1908 geboren, zählte zu den Älteren in der Gruppe und war der Einzige, der bereits mehrere Bücher veröffentlicht hatte. Sein Schreiben war geprägt von der literarischen Reportage. Zwischen 1929 und 1933 hatte er, selbst Mitglied in der KPD, für die *Rote Fahne*, die Wochenzeitschrift der Partei, gearbeitet. Auch in seinem ersten Roman, *Untermenschen*, aus dem Jahr 1933 hatte er das Milieu der Arbeiter am Ende der 1920er Jahre erkundet. Aus dem dänischen Exil, Krieg und amerikanischer Gefangenschaft zurückgekehrt, arbeitete er wieder als Reporter für die *Neue Zeitung*; sein Chefredakteur, Hans Wallenberg, schätzte ihn für seine gute Beobachtungsgabe.[11]

Wie Sartre hob Kolbenhoff in der Auseinandersetzung die Freiheit des Schriftstellers in der Wahl seiner Themen und gleichzeitig dessen Verantwortung für die Menschen, für die er schreibt, hervor. Deshalb verpflichtete er die Literatur auf einen »blanken Realismus« – auf das Sichtbare, Beobachtbare, auf all das, was das Auge des Reporters erfassen konnte.[12]

Wolfdietrich Schnurre hingegen, der 1920 geboren war und mithin die »junge Generation« in idealtypischer Weise vertrat, wollte sich in seinem Schreiben nicht auf einen Reportage-Stil eingrenzen lassen, obwohl er in den Nachkriegsjahren zunächst als Redaktionsvolontär im Ullstein Verlag, dann als Theater- und Filmkritiker journalistisch gearbeitet hatte. Als Literat indessen reizte es ihn vor allem, das Innenleben der Menschen seiner Zeit, ihr Chaos, ihre seelischen Konflikte und ihre Zerrissenheit zu gestalten. Deshalb plädierte er dafür, hinter dem Realen die unsichtbaren Triebkräfte aufzudecken, die für ihn sowohl innerhalb der Psyche als auch außerhalb – in einem metaphysisch-religiösen Verständnis wirkten. Dafür reklamierte Schnurre einen Begriff, der aus der Neuen Sachlichkeit der 1930er Jahre stammte – den Begriff des »Magischen Realismus«.[13]

Wie die beiden Positionen von den anderen aufgenommen worden sind, geht aus den Aufzeichnungen von Freia von Wühlisch nicht hervor, die unterschiedlichen poetologischen Standpunkte boten allerdings reichlich Stoff zur Diskussion und wurden noch, wie die Autorin vermerkt, auf den Spaziergängen am späten Nachmittag besprochen. Danach gab es erneut »ein festlich angerichtetes Mahl im Kerzenschein – wer aus den Trümmern kommt, dem tut das fast weh. Krebse, Apfeleierkuchen. Wie man Essen genießen kann!«[14]

Der Abend war wiederum Lesungen vorbehalten. Heinz Ulrich trug kurzweilige Satiren, Wolfgang Bächler Lyrik und Wolfdietrich Schnurre zum Abschluss eine zweite, langatmige Erzählung vor, über die viele der Zuhörenden einschliefen. Dazwischen allerdings hatte als dritte Lesende des Abends die Gastgeberin selbst einen Auftritt und las aus ihren Gedichten. Damit wechselte sie ihre Rolle und trat nun als Schriftstellerin auf, die sich an der neuen Literatur, die hier gesucht wurde, schöpferisch beteiligen wollte. Vermutlich wählte sie Gedichte aus ihrem Zyklus *Sorge um Gott*, den sie Hans Werner Richter für den *Skorpion* angeboten hatte; leider lässt er sich aus dem Nachlass nicht mehr rekonstruieren.[15] Freia von Wühlisch hält jedoch fest:

> Frau Schneiders surrealistische Dichtung stieß auf Zweifel und Unverständnis, keiner konnte sich aber einer gewissen dichterischen Kraft und Schönheit verschließen.[16]

Die Perspektive Hans Werner Richters

Ilse Schneider-Lengyel musste mit ihren Gedichten Irritation und Unverständnis hervorrufen, zu wenig waren die Zuhörenden mit ihrer Art der Literatur vertraut. Von ihrer durch die Avantgarden des frühen 20. Jahrhunderts beeinflussten Lyrik führte kein Weg zu jenen Literaturkonzepten, in denen die Wortführer Kolbenhoff und Richter in amerikanischer Kriegsgefangenschaft für den publizistischen Wiederaufbau geschult worden waren. Aber auch die anderen fanden keine ihnen vertraute Form, mit der sie das Vorgetragene vergleichen konnten. So bestanden die Gedichte Ilse Schneider-Lengyels für die Zuhörenden, die in jener Nacht in ihrem Haus in Sesseln oder auf dem Boden saßen, lediglich aus Wörtern, die vielleicht das ein oder andere Vorstellungsbild wachriefen, sich aber zu keinem Sinn, keiner Aussage fügten – fremde, schiefe Töne, die den Raum erfüllten und für einen Moment in der Luft stehen blieben, bis die Stimme der Vortragenden verklungen war.

An den Berichten, die andere Teilnehmer aus sehr viel größerem zeitlichen Abstand als Freia von Wühlisch gegeben haben, tritt jenes nicht auflösbare Moment von Fremdheit, das Ilse Schneider-Lengyel mit ihrer Lyrik ausgelöst haben muss, noch deutlicher hervor. Allerdings ›verarbeiten‹ sie es, indem sie die damalige Erfahrung entweder verklären oder verdrängen. Letzteres ist der Fall bei Hans Werner Richter.

Ein erstes Zeugnis dafür stellt ein dokumentarisches Feature dar, das Walter Schmieding 1965 für das ZDF gedreht hat. In dem 60-minütigen Schwarz-Weiß-Film mit dem Titel *Kultur-Bilanz der R[eichs]-Mark Zeit* zeichnet er nach, wie sich die Kultur unmittelbar nach dem Ende des Krieges in den verschiedenen Besatzungszonen entwickelt hat. Aus diesem und ähnlichen Berichten wird sich kurz danach die Sendung *Aspekte* entwickeln, deren Leitung Schmieding übernimmt. Etwa drei Minuten spielen am Bannwaldsee. Die erste Einstellung beginnt mit dem Wohnhaus von Ilse Schneider-Lengyel, die Berge im Hintergrund sind verschneit. Dann schwenkt die Kamera nach rechts und fängt drei Menschen auf einem Holzsteg ein: Walter Schmieding selbst, neben ihm, in der Mitte, Hans Werner Richter und daneben Ilse Schneider-Lengyel.

Richter ergreift sofort das Wort und erzählt in seinem Mecklenburger Tonfall vom Anfang der Gruppe 47 an diesem Ort. Damals seien sie zu Gast bei Ilse Schneider-Lengyel gewesen. In diesem Moment legt er seinen rechten Arm auf ihren Rücken. Was zunächst wie eine galante Geste wirkt, erweist sich kurz darauf als sanftes Dirigieren. Richter erzählt weiter, wie sie damals reichlich von ihrer Gastgeberin versorgt worden seien, und wendet sich dann direkt an sie: »Gell, Ilse, du bist jeden Morgen um vier Uhr auf den See gefahren und hast gefischt.« Daraufhin ist Ilse für einen kurzen Moment mit ihrer sehr melodiösen Stimme im dialektfreien Hochdeutsch zu hören: »Ja, natürlich, das habe ich getan.« Richter fällt ihr nochmals ins Wort und fragt, was sie gefischt habe, worauf sie knapp zurückgibt: »Krebse« und – nach einer kurzen Pause – »Zander«.

Danach verstummt Ilse Schneider-Lengyel sogleich, und Richter übernimmt wieder das Wort. In der zweiten Szene, die in die Sequenz am Bannwaldsee aufgenommen worden ist, sieht man nur noch Richter und Schmieding. Sie sitzen beide vor dem Haus Ilse Schneider-

Lengyels. Richter vermittelt den Eindruck, als sei er der Hausherr, und erzählt weiter von den Anfängen der Gruppe 47.[17]

Diese kurze Sequenz führt eindrücklich vor Augen, was Richter 1974 in einem Radiomanuskript für den Bayerischen und den Norddeutschen Rundfunk, das später auch als Buchbeitrag veröffentlicht worden ist, wiederholt: Er reduziert die Rolle Ilse Schneider-Lengyels beim ersten Treffen auf die der Gastgeberin, die jene vom Krieg gezeichneten und sich um eine neue Literatur mühenden Männer in ihrem Haus wundersam ernährt hat. Er betont ihre Tatkraft; über ihre Literatur hingegen verliert er kein Wort:

> So vergehen drei Tage, und vom frühen Vormittag bis zum späten Abend, ja bis in die Nacht hinein, nur unterbrochen von kargen Mahlzeiten, die Ilse Schneider-Lengyel organisiert. Sie fährt auf einem alten Motorrad einen Sack Kartoffeln heran, schwarz in Füssen besorgt, fängt immer wieder Fische auf dem See und versucht uns, so gut es in dieser Zeit geht, zu ernähren. Es lesen Walter Kolbenhoff, Wolfgang Bächler, Wolfdietrich Schnurre, Heinz Ulrich, Walter Hilsbecher, Heinz Friedrich, Nicolaus Sombart und andere.[18]

Richters Verschweigen von Ilse Schneider-Lengyels Lesung wirkt umso beredter, wenn man feststellt, dass er alle männlichen Autoren, die am Bannwaldsee gelesen haben, namentlich aufzählt und sogar fälschlich noch Walter Hilsbecher hinzufügt, der am ersten Treffen gar nicht teilgenommen hatte. Einzig den Namen Ilse Schneider-Lengyels verschweigt er und ersetzt ihn, obwohl nur noch dieser eine Name zu nennen wäre, durch »und andere« – als sperre sich etwas in ihm, ihren Namen in die Reihe der Lesenden zu rücken. Das ist eine im Text kaum zu bemerkende, doch dafür umso wirksamere Form des Ausschlusses. Richter bringt damit in jener Phase, als er Geschichtsschreibung in eigener Sache betreibt und mit der Autorität, die er als ehemaliger Leiter der Gruppe immer noch besessen hat, Ilse Schneider-Lengyel als Autorin zum Verstummen – die einzige Frau, die sich in den frühen Jahren der Gruppe 47 beharrlich an den Lesungen beteiligt und sich immer wieder der Diskussion und Kritik ihrer Texte gestellt hat.

Mit seinem Buch *Im Etablissement der Schmetterlinge* aus dem Jahr 1986 schwingt sich Richter dann vollends zum Mythographen der Gruppe 47 auf. In 21 Porträts erzählt er darin ihre Geschichte. Man kann sich leicht ausmalen, wie geschmeichelt sich der eine, wie gekränkt sich der andere gefühlt haben musste, je nachdem, ob er zur Hauptfigur eines Porträts erhoben worden war oder sich mit einer Nebenrolle zufriedengeben musste – und je nachdem, wie wohlwollend oder böse der Blick des ›Häuptlings‹ ausgefallen war. Ilse Schneider-Lengyel taucht in der Sammlung als Nebenfigur im Porträt von Wolfdietrich Schnurre auf. Wieder wird sie darin von Richter auf die ihr zugebilligte Rolle reduziert. Dieses Mal jedoch erhält sie auch exzentrische Züge, die durch ihre »anscheinend reiche Erbschaft« mit abschätzigem Unterton erklärt werden. Sie fuhr, heißt es im Text, »ein altersschwaches Motorrad, was für die damalige Zeit noch ungewohnt war, eine Frau auf einem Motorrad«; vor allem jedoch sorgte sie für das Essen:

> Ilse Schneider-Lengyel ernährte uns. Sie fuhr irgendwohin und kam mit einem Sack Kartoffeln auf ihrem Motorrad zurück, Kartoffeln, die selten waren, die sie aber dennoch organisiert hatte. In ihrer anscheinend reichen Erbschaft fand sie wohl immer etwas zum Tauschen. Früh am Morgen schob sie ihr Boot auf den See hinaus, um für uns zu fischen. Dann lagen wir noch in tiefem Schlaf, in ihren Betten, auf dem Fußboden und überall in dem kleinen Haus, wo sich eine Schlafmöglichkeit ergab.[19]

Die Perspektive Nicolaus Sombarts

Dem Verschweigen Ilse Schneider-Lengyels durch Hans Werner Richter steht ihre Überhöhung durch Nicolaus Sombart gegenüber. Sein Rückblick, formuliert in den 1990er Jahren, zeichnet sich durch eine scharfe und polemische kultursoziologische Perspektive aus. Für Sombart, der als Sohn des Nationalökonomen Walter Sombart selbst im großbürgerlichen Milieu aufgewachsen ist und als Kind das Leben auf dem Familiensitz seiner rumänischen Mutter Corinna Léon kennengelernt hat, ist die Gruppe 47 Ausdruck einer durch den Zweiten Weltkrieg bedingten gesellschaftlichen Umschichtung. Mit der Demokratie sei für ihn das Kleinbürgertum zur repräsentativen Schicht aufgestiegen – »zur Sphäre des Normalen, Humanen, des Mehrheitskonsenses«, wie er schreibt:

> Die Gruppe 47 war symptomatisch für eine radikale Veränderung der deutschen Gesellschaft, einen sozialen Umbruch, mit dem die Herrschaft der Zwerge begann. Boshaft könnte man sagen, daß

> der Weg der deutschen Literatur im 20. Jahrhundert von George zu Hans Werner Richter führte.[20]

Gegen den »König der Zwerge«, gegen Hans Werner Richter, baut Sombart in seinem Bericht – neben sich selbst – auch Ilse Schneider-Lengyel als zweite Gegenfigur auf. Doch zunächst finden sich zwei Erinnerungsbilder, die noch relativ realistisch wirken. Über das Ankommen am Bannwaldsee schreibt Sombart:

> Es begrüßte uns eine grazile, dunkelhäutige Frau mit etwas schräggestellten Augen und dichtem, langem, schwarzem Haarschopf, in den ein buntgewebtes Band geflochten war. Eine Zauberin, wie sich herausstellte, der es gelang, diesen wilden Haufen, der da in ihr Reich einbrach, mit einem sanften, mysteriösen Lächeln zu bändigen.[21]

Und an anderer Stelle erinnert sich Sombart an die Lesungen:

> Sie saß während der Lesungen vor dem Kaminfeuer auf den Boden gekauert und hörte aufmerksam zu, ohne sich in die Diskussion einzumischen.[22]

Dann jedoch setzt die Überhöhung bis hin zu einer Verschwisterung ein:

> Sie war völlig anders als wir alle, eine für unsere damaligen Maßstäbe ganz undeutsche Erscheinung, ein Wesen, das einer fremden, kosmopolitischen Kultursphäre angehörte, was man nur ahnen konnte, denn niemand wußte Genaueres über sie. Ich erkannte es auf den ersten Blick. Ihr bayerisches Chalet bewohnte sie nur sporadisch. Es hätte ein Haus in Hydra, Ibiza oder Positano sein können.[23]

Schließlich bewegt sich Sombart nur noch im Imaginären. Doch es wirkt, als wolle er damit gar nicht in erster Linie Ilse Schneider-Lengyel beschreiben als vielmehr nochmals eine Spitze gegen Hans Werner Richter setzen: Nicht von ihm, sondern von ihr ging für Sombart der Impuls für eine neue deutsche Nachkriegsliteratur aus:

> Sie war eine Frau, ohne festen Wohnsitz und ohne feste Identität, flüchtig, heimatlos, unfaßbar, undinenhaft. Es schien mir immer

> eine seltsame Fügung, daß der erste Keim eines literarischen Lebens in dem verwüsteten Nachkriegsdeutschland von dieser geheimnisvollen Frau »aus dem Anderswo« gepflanzt wurde.[24]

Sombarts Überhöhen wird Ilse Schneider-Lengyel ebenso wenig gerecht wie das Verschweigen Richters – weder als Mensch noch als Künstlerin. Über ihre Gedichte verliert auch er kein Wort.

Wer also wissen möchte, wie es damals war, am Anfang der Gruppe 47, prüfe stets genau, welche Berichte er darüber heranzieht und welche Interessen ihre jeweiligen Autoren damit verfolgt haben könnten. Eine verlässliche Fassung, wie das Treffen damals abgelaufen ist, kann aufgrund der vorhandenen Quellenlage nicht rekonstruiert werden. Das Geschehen selbst ist längt vergangen und unverfügbar. Es bleiben uns nur die verschiedenen Berichte, die alle persönlich gefärbt sind – gerade dann, wenn sie vorgeben zu erzählen, wie es tatsächlich war.

Neue publizistische Pläne

Unmittelbar nach der Tagung am Bannwaldsee hatte sich Hans Werner Richter mit einem Brief am 11. September 1947 bei Ilse Schneider-Lengyel für ihre Gastfreundschaft gedankt:

> [D]ie Tage in Bannwaldsee fanden Montagabend ihren Abschluss, als wir völlig übermüdet in München eintrafen; aber alle waren noch innerlich so aufgewühlt und begeistert, dass diese Übermüdung kaum wahrgenommen wurde. Das Treffen bei Ihnen war, wie mir von allen Seiten durch begeisterte Zustimmungen mitgeteilt wird, ein voller Erfolg. Der Kreis um den »Skorpion« hat sich damit konsolidiert.[25]

Zwar konnte Hans Werner Richter auf dem zweiten Treffen, das noch im November 1947 in Herrlingen bei Ulm stattfand – Ilse Schneider-Lengyel hielt sich zu dieser Zeit in Paris auf –, die Probenummer des *Skorpions* vorlegen. Er hatte sie in kleiner Auflage auf eigene Kosten drucken lassen. Doch im Frühjahr 1948 zeichnete sich ab, dass es keine Zukunft für die Zeitschrift geben würde. Keiner der Verlage, mit denen Richter verhandelte, zog das Projekt an sich. Zudem verweigerte die amerikanische Kontrollbehörde Hans Werner Richter die Lizenz.[26]

Neue publizistische Anläufe folgten. Zusammen mit Walter Heist als Chefredakteur übernahm Richter die Zeitschrift *Das neue Europa*, um damit die Tradition des *Rufs* wiederaufleben zu lassen. Auch darin bezog er Ilse Schneider-Lengyel wieder mit ein. In einem Brief, datiert auf den 21. April 1948, schrieb er:

> Heist wird als Chefredakteur fungieren. Wir anderen, auch Sie und ich hoffe sehr, dass Sie Ihre Einwilligung geben, werden als ständige Mitarbeiter zeichnen. Meine Absicht ist, aus dem *neuen Europa* eine Zeitschrift zu machen, die sozusagen die politische Seite unserer Gruppe in ihrer ganzen Vielfalt repräsentiert.[27]

Für *Das neue Europa* lieferte Ilse Schneider-Lengyel zwei Beiträge – über die französischen Schriftsteller Georges Bernanos und André Malraux. Es sollten ihre letzten beiden veröffentlichten Feuilletons aus Paris sein. Mit der Währungsunion im Juni 1948 gingen die blühenden Zeitungslandschaften der Besatzungszeit ein. Die Schonzeit der finanzierten Einübung in die neue demokratische Pressefreiheit ging zu Ende.

Altenbeuren 1948

Die Treffen der Gruppe 47 traten damit endgültig aus dem Schatten der Publizistik. Sie nahmen nun den Charakter von ›Werkstätten‹ der Literatur an. Junge Autoren konnten eine Probe ihres Könnens vorlegen und sich der spontanen Kritik der Anwesenden stellen, ohne dagegenhalten oder sich rechtfertigen zu dürfen.

Ilse Schneider-Lengyel machte diesen Wandel mit und stellte sich auch dieser Herausforderung. Vermutlich trieb sie die Hoffnung an, auf diese Weise doch als Autorin Fuß fassen zu können und noch einmal – wie schon in den Jahren des Bauhauses – sich einer Gruppe zugehörig fühlen zu können, die für die Zukunft Partei ergriffen hat. Vielleicht gelänge es ihr ja mit Hilfe dieser Gruppe 47, sich noch einmal in dem Land zu verwurzeln, in dem sie geboren wurde und in dem sie sich sprachlich zuhause fühlte. Vielleicht könnte sie sich wie eine Schlange häuten und jene an ihre klebende Schicht von Flucht und Fremdheit abstreifen und zu einem freieren Lebensgefühl zurückfinden.

Als sich die Gruppe, ein Jahr nach ihrer Gründung am Bannwaldsee, zu ihrem dritten Treffen, vom 17. bis 19. September 1948 in

Altenbeuren, unweit des Chiemsees, zusammenfand – eben in jenem Haus der Gräfin Degenfeld, in dem auch das *Ruf der Jugend*-Treffen des Stahlberg Verlags stattgefunden hatte –, trug Ilse Schneider-Lengyel erneut Gedichte vor. Im Nachlass findet sich dazu eine handschriftliche Liste mit den Titeln und der geplanten Reihenfolge. Diese Liste, mit der sie ihre Lesung vorbereitet hatte, muss sie nach dem Vortrag ergänzt haben. Denn auf dem Blatt Papier hat sie auch Stichworte zu der Aufnahme und Kritik ihrer Gedichte vermerkt:

> Kritik: Französisch gedacht – nur für einen
> kleinen Kreis – französisch vorgelesen,
> mit Hebung der Stimme am Ende
>
> Begriffen: von Soehring, Brenner u. Görtz
> Gegner: Kolbenhoff, Eich, Müller, Richter
> und sämtl. Übrigen.[28]

Die Gedichte entwerfen existentielle Landschaften, karg und zurückgenommen, und die Menschen und Tiere, die darin erscheinen, wirken wie die letzten Stellvertreter ihrer Art. Ihnen zur Seite stehen christliche Figuren, die aus ihrer religiösen Ordnung gefallen sind. Sie handeln nur noch als Spielfiguren einer Endzeit, die in Gewalt und Chaos versinkt. Am Ende steht das Lachen, ein böses Lachen, das sich an der gestifteten Unordnung und am drohenden Untergang erfreut. Es sind Gedichte, die wie die Propheten im Alten Testament in ihrer Verzweiflung den Untergang ausmalen, die Apokalypse vor Augen stellen – auf dass die, die Ohren haben zu hören, aufschreien und sich dagegen auflehnen.

Auf der Lesung in Altenbeuren liefen die Provokationen ins Leere. Selbst das ambitionierte literarische Programm, das sie ans Ende ihrer Lesung stellte, blieb ohne Resonanz. Abermals verklangen ihre Wörter und sprachlichen Bilder – auch im Haus der Gräfin Degenfeld.

Trotz der wiederum enttäuschenden Erfahrung von Altenbeuren nahm Ilse Schneider-Lengyel weiterhin an den Treffen der Gruppe 47 teil. Sie kam nach Marktbreit im April 1949 und nochmals ein Jahr später in das ehemalige Kloster von Inzigkofen im Mai 1950. Beide Male fasste sie den Mut, erneut aus entstehenden Arbeiten zu lesen – einem Lyrikband und einem Band mit Bearbeitungen von Liedern indigener Völker. Danach brach das Interesse erst einmal ab und sie blieb, obwohl sie weiterhin eingeladen wurde, auf Jahre den Treffen der Gruppe 47 fern.

Zwischenspiel

Die Gedichte, die Ilse Schneider-Lengyel auf dem Treffen der Gruppe 47 in Altenbeuren vom 17. bis 19. September 1948 vorgelesen hat – in der Reihenfolge ihres Vortrags:

Und Gott lachte

Es war, es war ein Vogel
so sehr musste man
ihn getroffen haben.

Es war, es war eine Kröte
sie musste man so sehr
zerquetscht haben.

Dass sie platt wurde
dass der Vogel blutig wurde
dass beide vergewaltigt waren /

Aber das war es nicht!

Ein Stier musste da gewesen sein
der so stark war
wie er nicht sein konnte

Ein Stier muss es
getan haben,
der aufgeschlitzt wurde /

Ein Mensch muss es
gewesen sein, der so sehr
vernichtet sein musste

wie er war. Und auch er
zerschlagen. Da lachte Gott
er lachte, und lachte, lachte!

Sonderbar …

Sonderbar
wie es nur war
wie es wohl
sein mocht'
wie's wohl geschah

Der Engel

Lange schlief der Engel! Halbwach.
Die Raubvögel raubten unterdessen
als er die Sprossen der Leiter fand,
im Halbschlaf …
war die Erde elend
eine Windstille hielt den Atem an
dauerte …
Die wiedersteigende Zeit
war ohne Sommer
der Regen fiel nicht
die Sonne sengte
und die Kriege …
In ihrer Gesellschaft
wurden die Menschen wund
die Zeitalter spieen Dolche
die Ebenen klammerten sich
an die letzte Wolke
und die Wolke spie Gift,
den Nebel.
Die Sonne seufzte
die Berge klagten steinweiss
die verwirrte Erde raste
die Schrecken wurden gewohnt.

Lange schlief der Engel! Halbwach.
Als er die Sprossen herabstieg
war die Erde verloren.

Der Engel sammelte die Kadaver
der Verzehrten.

die Raubvögel schrien
der Engel weckte die Zugedeckten
er lachte laut auf
und viel zurück – in den Halbschlaf.

Der leichte Tod

Ohne Gewicht
zerbricht
schwelend
ein Lebenslicht

Wüste Gottes

Die Blinden, Gelähmten
ziehen geisterbleich
um die Gewitter
nur wie Zufall wanken sie heim.
Der Schiffbruch zermalmt die Brüchigen
und notlos steht der Gesunde beiseite.

Das Mensch-Tier, gebändigt
speist.
Speist Blüten
speist Samen
vergisst sich selber.
War es so?
War es so immer?
Wird es zukünftig so sein?

Oder zanken Kapellen mit Tempeln?
Verwarnt Christus den Buddha?
Schlägt Jehova mit Fäusten
den Gott des Islam?
Trinken alle an verschiedenen
Quellen des Streits
und stürzen blind
sehenden Herzens
vereint ins Unglück der Völker?

Die Sonne

Die Sonne
sie kehrt wieder
Der Mond und die Steine
der Wind und die Wellen
sie kehren wieder.
Und der Mensch
nicht …

Die Asozialen

Wir sind die Bösen
Kannibalen
Mörder und Fälscher
der Ordnung Gottes
Wir sind das Schlechte
die Sünde
Hölle, Zerstörung

Die Schrecklichen
geheimer Untergründe
verzerrt
verrenkt
vertan
man liebt uns
nicht.

Wir flehen …

gepeitscht
um ein wenig
Liebe

Atombombe

Ungeziefer
läuft vorüber
Käfer
laufen vorüber
Menschen laufen
vorüber

Gas!
Fast alle tot!

Ein Käfer bewegt sich noch
Ungeziefer hält
sich noch
ein Mensch
windet sich noch

Stille
lautlose Stille
fürchterliche Stille
minutenlang
schweigt das Feld

Auf! Zu den Geschützen
der Ewigkeit!

Charkow

Still!
Es geigt

Es tanzen Gehenkte
haltet
euch ein!

Gott der Schläge

Nicht genug/
Er teilte aus und peitschte
weitgespreizter Hand die Wogen.
Die Wasser brüllten
unter dieser Wucht.

Und dessen nicht genug/
Er schlug mit Stöcken
tief in Angesichter
ein breiter Strom von Blut rann
und die Menschen stöhnten …

Noch nicht genug/
Die Wunden,
die sich heilend
schliessen sollten –
riss – der Gott
von neuem auf.

Und Drangsal leblos
g'wordener Stunden/
verdüsterten
den weiten Horizont, –

Er brach!/
Der Krieg mit seinen
hassverzerrten Augen
hielt düstere Ernte
Nacht für Nacht.

Es drehte sich im Kreis
die Runde/Zorn stieg
und flammend stand die Welt
klaffenden Mundes,
Tot!/

Und allem nicht genug!
Der Gott, der konnte –
klatschte Beifall …
wie rasend
in die breite Hand.

Die Hungerballade

Wir haben so gehungert!
Wir werden das niemals vergessen!
Wir haben von Rüben und Verachtung gelebt,
wenn es gut ging durch Winter durchgehungert.
Das Schweigen hat unsere Augen gehöhlt
das Gedrucktsein unsere Kehlen verbrannt
das Frieren unsere Hände zu Pratzen gemacht, zu prallen
wir haben die Glocken mit falschem Ton gehört
nur eine schlug noch mit Erbarmen: –

Wir haben die Maultiere im Schnee verenden seh'n
die Hunde an elektrischen Drähten hängen
die Pferde unter Kugeln fallen –
wir haben und wir haben …
wir sahen die Vögel weiterzieh'n,
weil die Luft verpestet vom Granatenregen.
Das war aber nicht alles, das waren nur Tiere.

Wir haben unter Todesdrohung gelebt
und mit verbundenem Munde geschrieen
uns ziemt nicht einzutreten für geknebeltes Recht. […]

Von uns blieben wenige.
Wir haben gewarnt, gerufen, getan
und werden stehen, bis es ändert.
Heut' hausen wir in Niemandsland
und aller Hunger ist derselbe!

Wir tanzen den Sklaventanz nicht mehr
wir werden im Hunger noch singen um eine bessere Zukunft.
Aber wir haben erbitterten Kampf angesagt
den Fressern und Parasiten.
Sie haben sich immer getarnt – so oder so – und nie gelitten,
sie haben lachend geraucht, getrunken, gefressen
sie haben das ganze Gut der Welt in ihre Hände geballt,
die Schiffe, die Berge, die Meere getrennt
die Straße zu Schanden gefahren
sie haben die Kellerlöcher ausgeräuchert
die Rinder zu Haufen geschlachtet,

das Korn verbrannt, die Kammern geleert
die Sprache im Äther gebannt, damit der Hunger bliebe.

Man hat sie nicht gefunden, man wird sie nicht finden
denn wenn einer käme, den schlügen sie nieder.
Aber dass er kommt, ist ganz gewiss, Christus ist auch gekommen
als die Not am Rande stand, war er da
und nicht umsonst hat einer für nichts gelitten.
Sie werden kommen, so gewiss, wie ich hier stehe
und die Sonne wird euch nicht mehr mögen.
Die Sonne wird sich wenden und der Mond […]
Vielleicht wird diesmal kein Christus sein,
aber ein ganzer Chor.
Wir werden ein klein wenig Würde verteil'n.

[leicht gekürzt, PB]

Die Pause

Im Namen der gequälten Menschheit
der gemarterten Tiere
im Namen
der entrechteten Brüder, verwilderten Völker,
der Unterdrückten,
Verführten, Geknbelten
Gehetzten …

Fordere ich auf
zu einer Pause!

Errötend stand ein Mensch und lachte drohend …

September-Phase

Oder dachten Sie, meine Damen und Herren, dass die Dichter des 20. Jahrhunderts in romantischen Versen und Sonetten schreiben?

Sie bekämpfen den randalierenden Äther – die flagrante Inflation der Journale – die unerfüllten Gesetze der Menschenrechte – die gespenstische Dummheit und Oberfläche – die erstickende Konvention der Lüge – die missratenen Ideologien – den Krieg und nochmals den Krieg – die Entwürdigung und Entfremdung des Menschen –

Sie werben für ein Dasein, wie es sein könnte – und darum sind ihre Verse unerbittlich – sie gehen den Gang nach Golgatha und darum haben sie ihre eigenen Gesetze – sie tragen das Gewicht des Jahrhunderts – sie schreiben auf die Gefahr hin, gelyncht zu werden – sie verhüllen ihre Anliegen an den Kosmos nicht in Spitzenkissen – sie werden vorstellig, ob man sie hört oder nicht und sind guten Willens – sie nehmen die Spur der Zukunft auf wie das Tier die Fährte und tarnen ihre Verse aus Scheu mit Sarkasmen – sie bangen um die Lösung und vernageln die Särge mit ihren Schmerzen – sie sind bestellt, die Dichter des Chaos zu spielen – sie klagen an: die bestehenden Realitäten – sie sind wie Binsenkörbe, die aus Schwermut im Wasser sinken, so belastet von aller Schuld – sie schlafen den Schlaf der Unruhigen – Sünde im Umbruch – die Furien der Angst sehen sie an den Sohlen des Abendlands hängen – die letzten Zuckungen der Kartenspielerklubs, ihre Themen und die der Furien der Welt –

Ihre Fanfaren bleiben Phantasie und Sprache – der rote Faden der Melodie: Tempeltänzerinnen, Byzantiner und Etrusker, Azteken, Pygmäen, Aranda und Vedas, Hetären, Äbtissinnen und Bodhisatwas füllen die Strasse ihrer Gedanken –

Im Namen der gequälten Menschheit fordern sie auf zu einer Pause –

Kapitel 9

Surrealismus am Bannwaldsee

1952

> Es ist die Aufgabe einer jeden Generation, die magische Kunst ihrer Zeit zu schaffen.
>
> André Breton
> *L'Art Magique* (1957)

Experimentierfeld Sprache

Obwohl ihre Arbeiten bei den Treffen der Gruppe 47 abgelehnt und kritisiert wurden, entwickelte Ilse Schneider-Lengyel eine enorme Produktivität. Unbeirrt hielt sie an ihrem literarischen Programm fest und folgte weiter den Figuren auf der »Strasse ihrer Gedanken«: »Tempeltänzerinnen, Byzantiner und Etrusker, Azteken, Pygmäen, Aranda und Vedas, Hetären, Äbtissinnen und Bodhisatwas«.

Es sind vor allem drei Projekte, die sich Ende der 1940er und Anfang der 1950er Jahre herausschälen. Für 1949 bereitete der Pallas Verlag in Baden-Baden einen ersten Lyrikband von Ilse Schneider-Lengyel mit dem Titel *Spielplatz und Wüste* vor. Doch das Buch ist wohl nie erschienen, jedenfalls fehlt von ihm trotz intensiver Suche jeder Nachweis, jede Spur.[1]

Im Nachlass findet sich jedoch ein Manuskript gleichen Titels, allerdings unter der Rubrik »Fremde Arbeiten« und dem Namen »Barbara Lutz«. Es handelt sich dabei um maschinenschriftliche Durchschläge auf dünnem rosa Papier, die bis Seite 82 durchnummeriert sind – sehr wahrscheinlich ein Durchschlag des Manuskripts. Es enthält unter anderen die meisten Gedichte, die Ilse Schneider-Lengyel in Altenbeuren vorgelesen hat.[2]

Während der Tagung der Gruppe 47 in Marktbreit, im April 1949, las Ilse Schneider-Lengyel indes bereits Gedichte aus einem neuen Lyrikprojekt vor.[3] Es sollte schließlich 1952 mit dem Band *september-phase* realisiert werden, der in der Reihe *studio frankfurt*, herausgegeben von Alfred Andersch, erschien. Andersch, ansonsten ein eher seltener Gast bei den Treffen der Gruppe 47, war in Marktbreit anwesend – und befand offensichtlich die Gedichte, die er hörte, reizvoll genug, um sie für eine Veröffentlichung in Betracht zu ziehen. Auf dem Klappentext wurden sie dann so vorgestellt: »Das geheimnis ihrer überraschenden schönheit [gemeint: der Verse, PB] ist magische stille: in ihr wird – endlich – der wahre surrealismus zum deutschen sprachereignis.«[4]

Das dritte Projekt schließlich führte Ilse Schneider-Lengyel zurück nach Berlin – an jenen Ort, an dem sie der Ethnologie zum ersten Mal begegnet war. Erstaunlicherweise ging es ihr hierbei nicht um das Schreiben eigener Texte. Vielmehr sammelte sie Beispiele ›oraler Literatur‹ aus indigenen Kulturen, die sie in den Büchern von Missionaren und Forschungsreisenden fand. Ferner trug sie traditionelle Kochrezepte aus diesen Kulturen zusammen und notierte sich, wie sie dort zubereitet werden und welche kulturellen Vorstellungen damit verbunden sind. Als Letztes fiel ihr Blick schließlich auf indigene Traumerzählungen, die in ethnologischen Werken aufgezeichnet worden sind.

Auf dem Frühjahrstreffen der Gruppe 47 im Mai 1950 in Inzigkofen stellte Ilse Schneider-Lengyel einen kleinen Ausschnitt auch aus diesem Projekt vor. In einem Bericht über die Tagung in der *Neuen Zeitung* vom 16. Mai 1950 hielt Albrecht Knaus fest: »Ilse Schneider-Lengyels Übersetzungen von Dichtungen australischer, indonesischer und amerikanischer Naturvölker riefen die erste heftige Diskussion über das Problem solcher Unternehmungen hervor.«[5]

Die Trennung von László

Eine Trennung, zumal von einem Lebenspartner, ist kein plötzliches Ereignis. Sie kündigt sich an, zögert sich hinaus, nimmt sich vielleicht noch einmal zurück – sie dauert. Im Nachlass findet sich kein eindeutiger Hinweis, zu welchem Zeitpunkt die Trennung zwischen Ilse und László erfolgte. In einem Brief an einen Verleger, der Näheres über ihre Person wissen wollte, schrieb Ilse Schneider-Lengyel im April 1956: »Lebte in Paris 1934-1949«.[6] Ist also bereits 1949 das Jahr der Trennung? Oder zog sie sich noch weiter hin, worauf ein anderes Dokument in Nachlass hindeutet, obwohl es kein Datum trägt, allerdings frühestens aus dem Jahr 1950 stammen kann? Dabei handelt es sich um das einzelne Blatt eines Notizblocks – mit dem Schriftzug

Hotel Excelsior, Berlin. Darauf hat Ilse Schneider-Lengyel folgende drei Passagen mit einer Schreibmaschine festgehalten, die zwischen Zitat und zusammenfassender Widergabe in eigenen Worten schwanken und in einem Literaturvermerk auslaufen:

> Wichtigkeit des Gefühls der Wertung des eigenen Menschen, psychologisch wichtig, die Selbstachtung zu erhalten – eine Verletzung der Selbstachtung wird als Bedrohung empfunden.
> Der Schlag gegen das Selbstvertrauen kann als tödlich empfunden werden, gerade wenn er von einem geliebten Menschen kommt.
> Es ist nicht wahr, dass die Sexualität in dieser Situation fehlt. Wenn das zuträfe, wäre die physische Befriedigung leicht zu erlangen. Hier aber werden andere Bedürfnisse empfunden, die nicht so leicht befriedigt werden können. Ich habe keinen Zweifel, dass, wenn unsere primitivsten Bedürfnisse befriedigt worden sind – die beiden stärksten Gefühle, die unser Leben regieren, die Angst vor dem Tod und der Wunsch, geliebt zu werden, sind.
>
> Theodor Reik: *Geschlecht und Liebe*[7]

Das Buch *Geschlecht und Liebe* des Psychoanalytikers Theodor Reik ist 1950 im Stuttgarter Ernst Klett Verlag erschienen. Der Autor trennt darin Sexualität und Liebe. Sie stellen für ihn zwei grundlegend verschiedene Triebe bzw. Antriebe dar, weshalb sexuelle Befriedigung auch nicht über eine Trennung hinwegzuhelfen vermag. Der geliebte Mensch ist nicht zu ersetzen, denn er verkörpert Werte, die für den Liebenden von höchster Bedeutung sind.

Die gesetzliche Scheidung erfolgte schließlich 1953. Spätestens in diesem Jahr gaben die Lengyels ihre Trennung auch öffentlich bekannt. Unter den Briefen im Nachlass ist auch das Schreiben eines Ungarn zu entdecken, das einen offiziellen Briefkopf trägt: »*Segy Gallery, 708 Lexington Avenue, New York City*«. Der Brief ist auf den 7. März 1953 datiert und beginnt mit »Liebe Frau Schneider«. Die ersten Zeilen betreffen berufliche Angelegenheiten, Fotoplatten, die nun, verspätet, zurückgeschickt werden. Dann aber wechselt der Brief unvermittelt ins Private – und diese Zeilen in einem gebrochenen Deutsch, geschrieben von einem in den USA lebenden Ungarn, stellen das einzige erhaltene Zeugnis dar, in dem über die Trennung von Ilse und László offen gesprochen wird:

Ich war sehr erschaut zu lesen dass nach so langen und guten Zusammenarbeiten, und nach so vielen Leiden unter so manche politische Konditions, Ihre Ehe gebrochen ist. Menschliche Natur ist noch immer ein Wunder für mich.

Ihr
Ladislas Segy

Die Trennung des Paares brachte ein schwieriges Gleichgewicht zum Einsturz. Auf der einen Seite hatte Ilse Schneider-Lengyel versucht, geprägt von ihren Erfahrungen in den 1920er Jahren, ein selbständiges und freies Leben zu leben, ein Leben als Künstlerin. Sie war damit aus der klassischen, bürgerlichen Frauenrolle ausgebrochen und hatte sich auf die Suche nach einem emanzipierten Leben begeben, ohne dass es für Frauen dafür bereits gesellschaftlich etablierte Muster gegeben hätte. Auf der anderen Seite hatte sie den Anspruch auf eine erfüllte Liebe und ein gemeinsames, sich gegenseitig unterstützendes Leben, auf eine Ehe im emphatischen Sinne, niemals aufgegeben.

Beides miteinander auszutarieren war schwierig genug. Es bedeutete, Rollenerwartungen nach zwei Seiten hin zu unterlaufen und weder den bürgerlichen noch den Vorstellungen der Künstler-Bohème zu entsprechen. Das schloss auch die Schwäche mit ein, immer wieder in alte Muster zurückzufallen. Mit der Trennung brach nun das brüchige Gefüge in sich zusammen – und das in einer Zeit, in der sich die gesellschaftliche Entwicklung und mit ihr auch die Geschlechterrollen nach der Katastrophe des Krieges und der Ausnahmesituation der Nachkriegsjahre wieder ins Restaurative wendeten.

László Lengyel nutzte den Bruch, um sich selbst neu zu erfinden. Er nannte sich von nun an Lancelot Lengyel und eroberte sich, abseits der Malerei, ein neues Betätigungsfeld als enthusiastischer und ehrgeiziger Privatgelehrter: Er vertiefte sich in die Münzkunde – sehr bald in die der Kelten.

Lancelot blieb in der lange mit Ilse geteilten Wohnung in einem »Neubau im achten Stock« in der Avenue Pasteur wohnen. 1947 wurden in dieser Straße die Hausnummern geändert – statt in Nummer 78 wohnte er jetzt in Nummer 36. An Ilses Stelle zog – irgendwann Anfang der 1950er Jahre – Véra Braun ein, auch sie aus Ungarn stammend, auch sie Malerin, die 1928 nach Paris gekommen und Anfang der 1930er Jahre eine Schülerin von Fernand Léger gewesen war. Zu derselben Zeit wurde sie auch die Geliebte des Schriftstellers

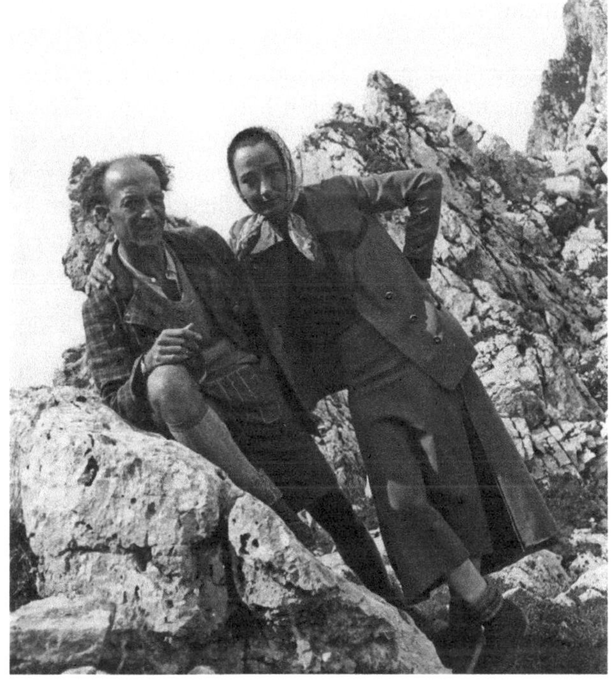

Ilse und László, als sie noch verheiratet waren, auf einer gemeinsamen Bergtour – vermutlich Mitte bis Ende der 1940er Jahre

Eugène Dabit, der im August 1936 überraschend starb und dessen bekanntestes Buch *L'Hôtel du Nord* auf das Jahr 1929 datiert.[8]

Wann sich László und Véra Braun kennengelernt hatten und wann aus ihnen schließlich ein Paar geworden war, ist offen. Im Jahr 1946 jedoch beteiligten sich beide an einer Ausstellung ungarischer Maler in Paris, die im Anschluss auch in Budapest gezeigt worden ist. Im Jahr 1952 gründeten sie gemeinsam einen kleinen Verlag, die *Éditions Corvina* – vor allem, um ihre eigenen Bücher zu verlegen. Véra Braun, die einer Familie von Goldschmieden aus Budapest entstammte und zunächst Malerei in Wien studiert hatte, beherrschte verschiedene Gravüre- und Drucktechniken und gestaltete immer wieder Kinderbücher.[9] Ihre Projekte für den eigenen Verlag blieben allerdings nur angekündigt, vermutlich aus finanziellen Gründen. Von Lancelot Lengyel hingegen erschien 1952 das Buch *Chefs-d'œuvre des monnaies grecques* und 1954 *L'Art Gaulois dans les Médailles.*

Paris, Bannwaldsee

Nach ihrer langen und guten Zusammenarbeit, die Ladislas Segy in seinem Brief nochmals beschworen hatte, verfolgten Lancelot und Ilse Schneider-Lengyel nun jeweils ihre eigenen Projekte. Trotzdem bildete André Breton weiterhin einen gemeinsamen Bezugspunkt. Dieser stellte in einem Artikel aus dem Jahr 1953 mit dem Titel *Was der Surrealismus will* noch einmal die wichtigsten Prinzipien heraus, die den Surrealismus und eine surrealistische Schreibweise charakterisieren.

Der Text besaß nicht mehr die provokative Verve der beiden Manifeste aus den 1920er Jahren, Breton nahm ihn jedoch trotzdem in seine Sammlung *Les Manifestes du Surréalisme* auf, die 1955 das erste Mal veröffentlicht wurde. Somit zeugt er unfreiwillig von jenem Dilemma, das den Surrealismus nach 1945 zutiefst prägte. Einerseits hoffte Breton – 1953 vielleicht noch immer –, er möge die dritte Kraft zwischen Kommunismus und Kapitalismus werden, die es vermochte, Europa von Grund auf zu erneuern. Andererseits musste sich jede neue Aktion, jede neue Ausstellung an den alten aus der Zwischenkriegszeit messen lassen.

Was der Surrealismus will ist erst nach dem Erscheinen von *september-phase* geschrieben, stellt jedoch – *ex post* – eine gute Verständnishilfe für die Gedichte Ilse Schneider-Lengyels dar, die in ihren einzigen publizierten Lyrik-Band Eingang gefunden haben.

Im Zentrum des Surrealismus stünden, so hebt Breton an, stets Verfahren, die in unterschiedlichen Variationen gegen die Zensur des Bewusstseins ankämpften und versuchten, die Gesetze der Rationalität auszuhebeln. In der vielleicht bekanntesten Variante, der *écriture automatique*, erfolgte dies schlicht durch das Tempo der Niederschrift. Sie musste in einem raschen Schreibfluss erfolgen, so dass die bewertende, kritische Reflexion keine Gelegenheit bekam, am Entstehen der Sätze mitzuwirken. Das birgt die Gefahr völliger Beliebigkeit in sich. Doch diese Gefahr hat sich nicht bewahrheitet. Breton resümiert:

> Es ist die entscheidende Tat des Surrealismus gewesen, den kontinuierlichen Ablauf solcher Sätze zu demonstrieren. Die Erfahrung hat gezeigt, daß dabei sehr wenige Neologismen unterliefen und daß es weder zu einer Zerstückelung der Syntax noch zum Zerfall des Wortschatzes kam.[10]

Diese Erfahrung ist absolut grundlegend für den Surrealismus. Wenn es gelingt, die Zensur des Bewusstseins zu passieren, zeigt sich eine tiefere Wahrheit, die immer noch in Strukturen aufgefangen wird. Es ist jene tiefere, hinter dem ›entgegenkommenden Sinn‹ liegende Wahrheit des Geistes, deren die Menschen in früheren Zeiten und in anderen Kulturen durch Visionen und andere Trancepraktiken teilhaftig geworden sind.

Für die Surrealisten offenbarte sich diese tiefere Wahrheit vor allem im »poetischen Bild«. Breton erinnert in diesem Zusammenhang an frühe Gedanken Pierre Reverdys:

> Es ist bekannt, daß er darin das Mittel sah, unter Bedingungen der äußersten Entspannung weit eher als der äußersten Konzentration des Geistes gewissermaßen Lichtbögen herzustellen, erhellende Verbindungen, welche fähig sind, zwei Elemente zu vereinigen, die so verschiedenen Kategorien der Wirklichkeit entstammen, daß die Vernunft sich weigern würde, sie zueinander in Beziehung zu setzen, und daß man für den Augenblick alles kritische Denken ausschalten muß, um ein solche Gegenüberstellung anzunehmen.[11]

Breton leitet daraus eine Ethik der Weltbeziehungen ab. Für ihn durchkreuzt die Erfahrung »poetischer Bilder« die Vormachtstellung des Menschen, ja sie überführt ihn geradezu einer Selbstverblendung. »Nur in aller Demut«, schreibt Breton, »vermag er [der Mensch, PB] das wenige, das er über sich selbst weiß, der Erkenntnis dessen, was ihn umgibt, dienstbar zu machen.«[12] Jene tiefere Wahrheit also befreit den Menschen von seinem Anthropozentrismus, der nur begrenzt auf ihn selbst existiert, und setzt ihn in den großen Zusammenhang des schöpferischen Seins.

Ganz zu Beginn seines Textes hebt Breton im Rückblick auf die Anfänge des Surrealismus hervor:

> Worum also ging es? Um nichts Geringeres als das Geheimnis einer Sprache wiederzufinden, deren Elemente nicht mehr als Treibgut an der Oberfläche eines toten Meeres schwömmen. Zu diesem Zweck mußte man sie aus ihrem zunehmend nur zweckhaften Gebrauch herauslösen; es war dies die einzige Möglichkeit, sie zu befreien und ihnen ihre ganze Kraft zurückzugeben.[13]

Der Lyrikband *september-phase*

Die Sprache aus dem Gefängnis ihres rein zweckmäßigen Gebrauchs zu befreien und ihr neue Kraft zu verleihen – ebendies ist auch das Programm des eröffnenden Gedichts in *september-phase*, allerdings aus einer gegenüber Breton verschobenen weiblichen Perspektive.[14] Das Gedicht setzt den Grundton für alles, was folgt:

wort

sprechunfähig fliegen die hexen aus den häusern
der eisenriegel der hütten kommt aus dem boden
man schütze sich gegen die hauchlosen lider
der wenn-wölfe das wort ist ein unerklärliches
geräusch krank wurde der mensch daran[15]

Über Breton hinaus, aber nicht gegen ihn gewendet, bringt Ilse Schneider-Lengyel hier noch eine genderspezifische Perspektive ein. Es sind die Hexen, die Frauen also, die unter dem zweckmäßigen Gebrauch der Sprache leiden; genau dieser Alltagsgebrauch der Sprache – auch im Sinne eines Paul Valéry – lasse sie verstummen. Nicht gegen die Werwölfe, sondern – in einer sprachspielerischen Verschiebung – gegen die »wenn-wölfe«, die, im Gefängnis der Logik gefangen, eine konditionale Wenn-dann-Beziehung behaupten, gilt es sich zu schützen. Der tiefere, der wahre Sinne geht hinter den Bedingungsbeziehungen der Sprache verloren; zurück bleibt nur ein Geräusch; kein Klang, der noch Träger eines Sinns sein könnte. Ein Rauschen, das krank macht, das verstummen lässt – zumindest jene, die von der Sprache noch mehr erwarten, z.B. ihre Teilhabe an der Musikalität, an Rhythmus und Takt.

Beim Lesen muss man tatsächlich »alles kritische Denken« zurücknehmen, um Verse wie die folgenden überhaupt an sich heranzulassen:

um alles

dein windstoß ist ein stück
melancholie deine verse reizstellen
einer bröckelnden rinde aber
quirlend bohrst du feuerstellen
in den senkrechten federstab des mannes
er treibt in der flut statt zu denken[16]

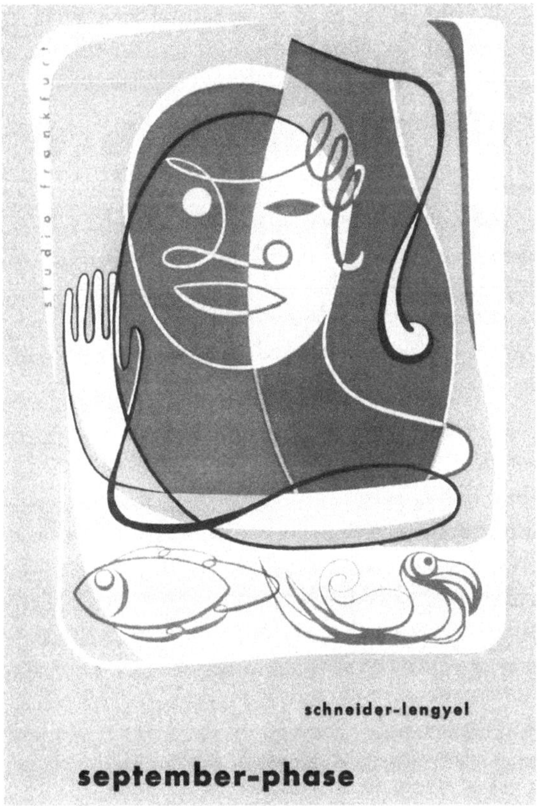

Umschlag *september-phase*, gestaltet von Gisela Andersch

Die Leerstellen, die nicht synchron gehen mit den Enden der Verszeilen und ihrem Umbruch in die nächste Zeile, machen es überdeutlich: Die Gedichte verweigern sich einem vorschnellen Zugriff, der ihre Rätselhaftigkeit zugunsten einer höher gelagerten Eindeutigkeit auflösen würde. Stattdessen beharren sie auf der semantischen Widerspenstigkeit der Wortverknüpfungen: Die »reizstellen einer bröckelnden rinde« lösen sich nicht in der Weise eines Rätsels auf. Sie verweigern sich sogar gegen eine befriedende Analogie, behaupten ihre Unvereinbarkeit. Nichts, was vom semantischen Hof der »reizstelle« zu jenem der »bröckelnden Rinde« führte – oder von dem der »feuerstelle« zu jenem des »federstabs«. Es ist vielmehr die jeweils zweite Worthälfte »stelle«, die eine Verbindung stiftet und umgekehrt die alliterative Verbindung von »feuerstelle« und »federstab« bzw. »reizstelle« und »rinde« zurückbindet an das Bild der »bröckelnden Rinden«. Wer sich hier auf die Kontraktionen und Distraktionen der Sprache einlässt, rutscht tatsächlich tiefer in die syntagmatische und paradigmatische Ordnung der Wörter, jenseits eines hermeneutisch zu entschlüsselndes Sinns. Wieder ist den Versen zudem eine Genderperspektive eingeschrieben: Das »du« ist weiblich und aktiv konnotiert gegenüber dem »mann«, der passiv und statisch verharrt.

Die parasemantischen Verbindungslinien der Wörter thematisiert offen das folgende Gedicht, das sich zugleich skeptisch gibt im Hinblick auf die alltägliche, sinnliche Erfahrung:

operation

röntgenbild und glocke
und sanduhr und stelzen
verhalten sich wie r zu g und s zu st
die augen schauten aus den körben
dann kugelten sie zurück in die augenhöhlen
denen sie zugeteilt waren[17]

Neben den selbstreferentiellen ersten drei Versen des Gedichts sind die folgenden drei Verse wiederum durch nichtsemantische Verbindungen miteinander verknüpft: Die »augen« wiederholen sich in den »augenhöhlen« und diese wiederum sind über einen Binnenreim auf »ö« mit den »körben« verbunden. Beiden eignet zudem eine gewisse bildliche Äquivalenz, ohne dass daraus eine nachvollziehbare Szene entstünde. Die Verse ergeben sich keinem hermeneutisch zu hebenden Sinn und sind dennoch nicht beliebig, sondern vielmehr von einem umfassenderen Ordnungssystem der Sprache aufgefangen.

Skeptisch gegenüber der alltäglichen sinnlichen Wirklichkeit zeigt sich auch das folgende Gedicht:

ornamentik

der knieende priester
hat ein visuelles gedächtnis
der neger stellt die füße frontal
ein haudegen knipst am lichtschalter
überreiche ornamentik
drückt auf die wirklichkeit[18]

Einzig zwischen »priester« und »neger« lässt sich eine spontane semantische Verbindung konstruieren: Sie ruft das Bild der christlichen Mission in Afrika auf. Eine zweite semantische Kette stellt sich zwischen »visuellem gedächtnis«, »lichtschalter« und »wirklichkeit« ein – es ist die Kette zwischen Licht, Sichtbarkeit und aufgeklärter Wirklichkeit. Aber dieser semantische Sinn wird konterkariert durch die alliterativen »füße frontal«, den »haudegen« und die »überreiche ornamentik«. Sie bilden einen Gegensinn, ohne selbst sinnvoll zu sein – Widerworte, quer zur Semantik und doch hinreichend kritisch konnotiert, um der Lichtmetaphorik einen Strich durch die Rechnung zu machen. Und in dieser Negation öffnet sich das Gedicht wiederum auf eine hinter dem Offensichtlichen liegende Wirklichkeit.

Inspiriert durch surrealistische Zeitschriften wie *Minotaure* oder *Verve* haben auch einige Fotografien Ilse Schneider-Lengyels – Abbildungen präkolumbischer ethnographischer Objekte aus Venezuela und Peru – Eingang in die Gedichte gefunden. Sie sind in der für sie typischen Art aufgenommen. Die Figuren aus Lehm oder Stein sind meist etwas angeschnitten und leicht von oben fotografiert. Am Ende des Buches sind sie unter der Rubrik »foto-essay« aufgezählt – neun an der Zahl, der Klappentext spricht von acht Aufnahmen.

Die Fotografien nehmen zunächst einmal die vielen ethnologischen Begriffe und Assoziationen auf, die sich durch die Gedichte ziehen, und treten mit ihnen in eine Korrespondenz. Indem sie eine »mythische schlange«, einen »eulendämon« oder andere Götter und Geister zeigen, führen auch sie zudem in eine andere Welt, jenseits der sichtbaren. Nicht zuletzt ergeben sich dort, wo eine Fotografie und ein Gedicht nebeneinander zu liegen kommen, zusätzliche Text-Bild-Beziehungen. Die Auflistung der Fotografien und ihre Zuordnung zu den Gedichten verweisen auf das eigentlich essayistische Verfahren: Die Fotografien bilden untereinander einerseits eine autonome Abfolge, entwickeln aber zugleich auch Querverbindungen zu den einzelnen Gedichten.

Ein Beispiel: Auf einer Fotografie ist eine Puppe aus Peru zu sehen. Aus grobem Garn sind Kopf und Körper gewebt, darüber sind, aus etwas feinerer Wolle gestrickt, Pulli und Kleid gezogen. Die langen Haare sind zu zwei Zöpfen gebunden, die seitlich über die Schultern hängen. Die Puppe ist also deutlich als Mädchen oder Frau erkennbar.

Das dazugehörige Gedicht lautet:

dominante

die berührung des bodens
ist eine dominante
dich werfe ich in die luft
mein nervensystem
aber die drückende last
daß ich dich halte schränkt
meine fußbewegung ein[19]

In den bildlich verhandelten Konflikt zwischen sinnlich erfahrbarer, körperlicher Wirklichkeit und geistiger Überwirklichkeit, für die metonymisch das Nervensystem steht, trägt die fotografische Abbildung der Puppe ihre eigene Spannung ein: die zwischen ihrer groben Materialität und der Grazie ihrer aufwärts strebenden Bewegung.

Das Manuskript von *september-phase* im Nachlass enthält ein Verzeichnis der Fotografien, das ein wenig von dem im gedruckten Buch abweicht. Hier hatte Ilse Schneider-Lengyel noch zwölf Fotografien ausgewählt – eine davon als mögliche Abbildung für den Buchumschlag. Vor allem jedoch hat sie die Auswahl der Bilder und die Absicht ihrer Zusammenstellung mit dem jeweiligen Gedicht in wenigen Zeilen begründet. Zu dieser Zusammenstellung heißt es da:

> Peruanisches Püppchen, das eben die Arme in die Luft wirft und ohne Fußbewegung dennoch geht, sein Nervensystem aus sich herausgeworfen hat – und dass es gerade eine Puppe ist und kein Mensch.[20]

Einen Foto-Essay stellt auch die letzte, abschließende Text-Bild-Beziehung dar. Sie gewinnt geradezu eine szenische Qualität. Die Fotografie zeigt die naiv gehaltene Figur eines Lamahirten. Das Tier, das ihm anvertraut ist, schmiegt seinen Kopf an dessen Schultern. Beide starren, in inniger Eintracht, mit ihren großen Augen, halb verwundert, halb belustigt, nach links aus dem Bild – und damit direkt auf das Gedicht:

nomaden

meine negative instanz
ist unbestechlich
der wandergewerbeschein
ein gärender kreis

ich vergehe in der trompetenpauke
neuerdings werde ich
als riese vorgestellt
die nomaden sollen
nach hause gehen[21]

Im Manuskript findet sich dazu die folgende Bildlegende: »Der Lama-Hirt aus Recuay im alten Peru soll den Anti-Lärm, das Ziehende des Nomaden, seine Unberührtheit der Aussenwelt gegenüber zeigen.«[22]

»Stenogramme einer Existenz« – zur Rezeption von *september-phase*

Im Nachlass liegen eine Reihe von Rezensionen aus deutschsprachigen Zeitschriften vor, oftmals Auszüge aus Sammelrezensionen, allerdings nicht im Original, sondern abgetippt. Sie bezeugen, dass die Aufnahme des Bandes in die Reihe *studio frankfurt* für eine entsprechende Aufmerksamkeit der Literaturkritik gesorgt hat. 1952 sind in dieser Reihe neben dem Band *september-phase* von Ilse Schneider-Lengyel *Das Ungeheuer Zärtlichkeit* von Ruth Landshoff-Yorck, *Das amerikanische Tagebuch* von Richard Ott, *Ein Tag wie morgen* von Ernst Schnabel und *Nicht nur zur Weihnachtszeit* von Heinrich Böll erschienen.[23]

Die Rezensionen bezeugen aber auch, dass die Gedichte nicht nur die Mehrheit der Gruppe 47 vor Verständnisprobleme stellte, und verweisen damit auf einen tiefer liegenden Mangel: In der Bundesrepublik fehlten die Voraussetzungen, um vom französischen Surrealismus beeinflusste Gedichte zu rezipieren – diese Kunstbewegung ist, von wenigen Ausnahmen abgesehen, niemals in Deutschland angekommen, weder in der Praxis noch im kritischen Diskurs.[24]

Zwar loben alle der ausschließlich männlichen Rezensenten die fotografischen Abbildungen des Buches, doch gegenüber den Gedichten zeigen sich die meisten von ihnen reserviert bis ablehnend. Manche äußern sich geradezu überheblich, ohne sich auf den poetologischen Kontext der Gedichte einzulassen. So schreibt Heinz Piontek in der literarischen Monatsschrift *Welt und Wort*, Ausgabe 2/1953: »Ich habe von den etwa sechzig magenverstimmenden Texten nur sechs gelesen. Und hinterher habe ich einen Kognak trinken müssen. Und gleich darauf noch einen.«[25]

Aber auch andere, die behutsamer vorgehen und über mehr Kenntnisse verfügen, kommen zu einem ablehnenden Urteil – so Christian Bauer in der *Gießener Freien Presse* vom 25. März 1953: »Hier sind die drei Grundfesten des Surrealismus – Poesie, Liebe in allen Formen und schrankenlose Freiheit – zu etwas grotesk Fragmentarischem zusammengemischt, zu einer schattenhaften Dämonie, die in absoluter Abgeschlossenheit endet.«

Viele der Rezensenten bemühen sich zumindest um eine literaturgeschichtliche Einordnung, erinnern an den Expressionismus, an Dada, an den frühen Surrealismus oder konkret an einzelne Künstler wie Hans Arp, Franz Kafka oder Tristan Tzara. Bald ist damit, wie bei Wolfgang Schimming in der *Rheinischen Post* vom 11. April 1953, die Wertung verbunden, »so neu ist das alles gar nicht«; bald die verhaltene Zustimmung wie bei Roland Wiegenstein, der am 17. Juni 1953 in der Sendung *Vom Büchermarkt* formulierte: »Nimmt man aber die Mimikry in Kauf, so bleiben ein paar Verse unvergesslich, und das besagt ja auch schon etwas in einer Zeit, in der dickleibige Lyrikbände ohne ein einziges Gedicht erscheinen und großen Lyrikern nur noch selten das Überzeugende gelingt.«

Es gibt aber auch einige wenige Rezensenten, die sich kundig und klug auf die Gedichte Ilse Schneider-Lengyels und ihre Poetik eingelassen haben und sich um eine kritische Würdigung bemühten. Auch solche Stimmen gab es, wenn auch wenige, in der Bundesrepublik Deutschland des Jahres 1953, die sich durch das ›Wirtschaftswunder‹ gerade wieder erholte und bereitwillig das jüngst Erlebte der Vergangenheit übergab. Eine dieser Stimmen äußert sich im Mitteilungsblatt *Der werbende Buch- und Zeitschriftenhandel* im September 1953:

> Deutlich verraten die zwischen den Versen eingeschalteten Bilder aus einer frühen Epoche des südamerikanischen Kulturkreises, daß sich auch dieser Surrealismus auf die Kunst der Naturvölker berufen möchte. Die Kunst der Primitiven hat sich ohne Verzicht der bloßen Naturnachahmung entzogen, sie konnte nur in der Atmosphäre tiefer Religiosität, voller Symbole und Gläubigkeit bestehen. Wohl kann man verstehen, daß sich der Künstler heute aus aller Beschwerung und Verbildung aufgemacht hat, jenen Zustand wiederzufinden und man wünscht, daß es gelingen möge. Aber das Abenteuer, in jenes verlorene Paradies zurückzukehren, erscheint gewagt. Man muß sich fragen: Sind wir nicht zu kompliziert, um angesichts solcher Kunst, die vielleicht größte Tiefe aufweist und

gerade darum ohne Aussage für uns ist, nicht wie vor gähnender Leere zu stehen?

Das wohl tiefste Verständnis für die Gedichte Ilse Schneider-Lengyels in *september-phase* bringt Kurt Schwedhelm auf, der seine Besprechung sowohl in der österreichischen Zeitschrift *Freude an Büchern. Monatshefte für Weltliteratur* (Heft 3/1953) als auch in der *Deutschen Zeitung und Wirtschaftszeitung* (November 1953) und im *Süddeutschen Rundfunk* veröffentlicht hat. Er liefert geradezu eine Leseanleitung für die Gedichte und findet darüber zu einer originellen Deutung des Titelwortes »phase«:

> Es wäre völlig abwegig, diese Stenogramme einer Existenz aus den Kategorien einer rationalen Welt erklären zu wollen. Ihre Überschriften bereits verschmelzen Dingwelt, Denkwelt und Traumsphäre [...]. Ein drängend substantivistischer Stil, assoziationsreich – doch darin gänzlich anders als etwa bei Benn – führt zu knappen aphoristischen Reihungen, die mitunter, scheinbar unvermittelt, abbrechen. So entstehen »Phasen«-Bilder, ausgestanzt aus einer Impression, einem Denkablauf, einem Erlebnis, wie mit einem Raster gesehen und darum nur punktuell wahrnehmbar.

Des Weiteren verortet Schwedhelm die Gedichte in einem größeren, die einzelnen Kunstgattungen übergreifenden Zusammenhang und gibt – wiederum mit Blick auf die Frage, wie Gedichte dieser Art zu lesen sind – zu bedenken:

> Die Gesetzlichkeit solcher Art Dichtung, unbestreitbar vorhanden, liegt jedoch nicht zu tage. Sie wird in jedem Augenblick neu bestimmt von dem Spannungsverhältnis zwischen bewußten und unbewußten Erlebnissen. »Verse sind Reizstellen« – so spricht es ein Gedicht aus, Reizstellen einer Reibungselektrizität, die bei der Berührung realer und irrealer Bewußtseinsbestände entsteht. Das Wort ist dafür aber nur eine unter vielen möglichen Ausdrucksformen, keineswegs die einzige und in einer ganzen Anzahl von Fällen nicht die entsprechende. Man könnte sich gewisse Dinge aus diesen »Phasen« ebenso musikalisch ausgedrückt vorstellen, ebenso auch in der Formen- und Farbensprache der abstrakten Malerei.

Die Entdeckung der keltischen Kultur

Gerade die abstrakte Malerei wiederum hatte Lancelot Lengyel dahin gebracht, sich intensiv mit den keltischen Münzen zu beschäftigen. Was sein Interesse daran auslöste, ist nicht bekannt. Lancelot Lengyel musste allerdings bereits etliche Jahre vor der Veröffentlichung seines ersten Buches zu den keltischen Münzen, *L'Art Gaulois dans les Médailles*, aus dem Jahr 1954 mit seinen Forschungen begonnen und dabei eine hohe Identifikation mit der keltischen Kultur entwickelt haben.

Über Jahrhunderte hinweg waren die Kelten einzig durch die Brille des Siegerberichts von Julius Cäsar, *De bello gallico*, wahrgenommen worden. Da sich nur wenige Zeugnisse ihrer Kultur erhalten haben – am wenigsten Texte –, galt sie als minder entwickelt. Vor allem die Münzen wurden als grobe, handwerklich ungeschickte Nachbildungen der griechischen Vorbilder abgetan, nicht weiter wert, sich eingehender mit ihnen zu beschäftigen. Lancelot Lengyel unternahm nun eine grundlegende Umwertung, wie es nur ein Außenseiter vermochte. Für ihn wiesen die Münzen darauf hin, dass die Kelten nicht den Realismus der griechischen Vorbilder in mangelhafter Weise nachahmten, sondern sehr früh den kühnen Versuch unternahmen, eine hinter der sichtbaren Welt verborgene Realität darzustellen und mithin ein abstraktes Weltbild zum Ausdruck zu bringen.

Lancelot Lengyel schenkte ein Exemplar seines Buches *L'Art Gaulois dans les Médailles* André Breton und versah es mit der Widmung:

> Lieber André Breton, großer Anreger, finden Sie sich unter dem verzerrten Himmel der Gallier zurecht? Denn es ist derselbe Himmel, es sind dieselben Sterne, weit entfernt vom klassischen Mittelmeer.[26]

André Breton reagierte mit zwei euphorischen Artikeln, in denen er die Kultur der Kelten feierte: *Siegeszug der gallischen Kunst* aus dem Jahr 1954 und *Geschenkte Gegenwart der Gallier* aus dem Jahr 1955. In beiden geht er ausführlich und überschwänglich auf das Buch von Lancelot Lengyel ein. *L' Art Gaulois dans les Médailles* ist kunstvoll gestaltet und stellt weniger ein Buch als vielmehr ein Album oder eine Mappe dar. Der Textteil umfasst 59 Seiten, der Bildteil besteht aus 48 Kartonbögen, auf denen sorgfältige Reproduktionen der Münzen zu sehen sind, jeweils zehn bis fünfzehn Abbildungen in verschiedener

Größe. In der ihm eigenen Mischung aus Pathos und Poesie schreibt Breton in *Siegeszug der gallischen Kunst*:

> Das prächtige Album *L'Art Gaulois dans les Médailles*, mit dem uns Lancelot Lengyel beschenkt, kommt zur rechten Zeit, um helles Licht werden zu lassen aus dem, was trotz allem bisher nur ein verschwommener Schimmer über dem Horizont war.[27]

In *Geschenkte Gegenwart der Gallier* bekennt Breton sogar:

> Kein Werk verfügt über eine größere Macht, uns die Augen zu öffnen als mit dem Fächer seiner geprägten Metallplättchen, den es wie das Rad eines Märchenpfaus entfaltet. Jedes Auge der Federn ist verschieden genug, um sich gegenüber den anderen in seinem Wert zu behaupten. Der Kommentar, der sie begleitet, ist aus Fäden der Intelligenz gewoben, wie jene, die den Menschen befähigten, zu seiner Orientierung die Sterne nach Sternbildern zu ordnen. Nichts hat mir jemals eine so aufregende, geistige Reise verschafft.[28]

Das Buch von Lancelot Lengyel traf bei André Breton einerseits auf dessen schon immer vorhandenes, in den Jahren nach 1945 aber nochmals gestiegenes Interesse an kulturhistorischen Fragen. An einer Stelle bemerkt er sogar, dass ihm das Buch neues Vertrauen in die Ethnographie geschenkt habe.[29] Zudem teilte Breton mit Lengyel die Ablehnung der griechisch-römischen Kultur, die er für den Siegeszug von Aufklärung und Rationalität verantwortlich machte. Sie war bei ihm sogar so tief verwurzelt, dass er sich sein ganzes Leben lang weigerte, nach Italien oder Griechenland zu reisen.[30] Andererseits erkannte Breton den weiten Horizont, vor dem Lancelot Lengyel dachte, und die eigentliche Kraft, die ihn antrieb. In seinen Artikel *Siegeszug der gallischen Kunst* nimmt Breton sogar ein langes Zitat des Autors auf:

> Gleich eingangs stellt Lancelot Lengyel die Frage, auf die sein ganzes Buch eine meisterhafte Antwort gibt: »Mit Überraschung stellt man fest, daß das Interesse, das heute den gallischen Münzen entgegengebracht wird, mit der Entwicklung künstlerischer Bewegungen zusammenfällt, die den lateinischen Realismus aufgeben, um sich dem Rhythmus anzuvertrauen. Ist dieses Zusammentreffen zufällig? Erblüht vielleicht die gallische, von Rom erstickte

> Kunst wieder neu aus unterschwelligen Instinkten, die geheimnisvollerweise lebendig geblieben sind?»[31]

Lancelot Lengyel verfolgte also das Ziel, die abstrakte Malerei, der er sich selbst verschrieben hatte, in einer Art Urkraft oder Urtendenz zu verwurzeln, die in Europa in der keltischen Kultur zutage trat, bevor sie von der griechisch-römischen Kultur und ihrer Tendenz zum Realismus überlagert worden ist. Für Lancelot Lengyel stehen sich diese beiden Tendenzen – die zum Realismus und die zur Abstraktion – antagonistisch gegenüber, und nach zwei Jahrtausenden der geistigen Fremdherrschaft schickt sich nun die abstrakte Malerei an, diese abzuschütteln und das Projekt der keltischen Kultur fortzusetzen.

Da dieser Entwurf sich zu seinem eigenen fügte, zog Breton aus dem Buch von Lancelot Lengyel auch Anregungen für ein eigenes Projekt, das der *Club Français du Livre* angeregt und bei ihm in Auftrag gegeben hatte: ein Buch über Magie und Malerei als erster von fünf geplanten Bänden einer großangelegten Geschichte der Kunst. Doch die Arbeit an dem Buch kam nur schleppend voran. Mit Lancelot Lengyel blieb er darüber in Kontakt. Breton wollte einen ähnlich weiten Horizont einfangen – von den Höhlenmalereien in Lascaux und der Kunst der alten Ägypter über die außereuropäische Kunst der indigenen Kulturen, ferner über das Mittelalter und die Romantik bis schließlich zum Surrealismus. Als wichtiges Element des Buches konzipierte Breton einen Fragebogen zum Verhältnis von Magie und Kunst, den er an 80 Schriftsteller, Künstler, Ethnologen, Soziologen, Historiker und Psychologen verschickte – darunter auch an Lancelot Lengyel. Schließlich engagierte er den jungen Surrealisten Gérard Legrand, einen Kunsthistoriker, als Ko-Autor – und 1957 konnte das Buch *L'Art magique* in einer Auflage von 3500 Exemplaren erscheinen. Es blieb allerdings ohne großes Echo[32] – obwohl die beiden Autoren für ihren Gegenstand eine schöne Formel gefunden hatten: Magische Kunst vermag es in irgendeiner Weise, jenen Zauber erneut zu erzeugen, der sie gezeugt hat.[33]

Kapitel 10

Traumzeit

1951-1958

die aufgabe, Gerhardt, ist genau zu sein,
gleich von anfang an.

Charles Olson
An Gerhardt, dort, inmitten der Dinge Europas, von denen er uns geschrieben hat … (1951)

Unterwegs zur Ethnopoesie

Für ihr Projekt, das sich Zeugnissen ›oraler Literatur‹ aus indigenen Kulturen widmete, musste Ilse Schneider-Lengyel einen langen Atem entwickeln. Als Ort ihrer Suche zog sie sich immer wieder für längere Zeit nach Berlin zurück, in die Bibliothek des dortigen Völkerkundemuseums, das inzwischen in einen großzügigen Bau im Stadtteil Dahlem umgezogen war. Nur die Bibliotheksräume waren nach wie vor beengt. Doch der Bestand der Bibliothek gab immer neue Bücher frei – alte und jüngere Reiseberichte, aufwändige Forschungsdokumentationen und populäre Darstellungen. Gerade im ausgehenden 19. und frühen 20. Jahrhundert wurden viele Forschungsreisen unternommen, deren Ziel nicht nur darin bestand, Artefakte der materiellen Kultur für die Museen, in deren Auftrag sie reisten, zu sammeln, sondern auch das immaterielle Erbe der besuchten und untersuchten Kulturen zu sichern – oftmals mit Hilfe der modernsten medialen Aufzeichnungstechniken. Immer wieder bekam Ilse Schneider-Lengyel auch Berichte von Missionaren in die Hand, die über Jahrzehnte in einer Kultur gelebt hatten und tiefen Einblick in deren Sprache und kulturelle Praktiken gewonnen hatten. Sie versank in den Büchern, die Stille der Bibliothek schloss sie ein, und die Zeit ging krumme Wege.

Mit ihrem Interesse stand Ilse Schneider-Lengyel Anfang der 1950er Jahre in der Literatur der Bundesrepublik weitgehend allein. Es gab einige vergleichbare Unternehmen aus der Zeit zwischen den Kriegen, und eines davon dürfte ihr bekannt gewesen sein: *Dichtungen der Naturvölker* von Eckhart von Sydow aus dem Jahr 1935[1] –

zumal das Buch damals im Phaidon Verlag erschienen ist, mit dem sie gerade wieder die Zusammenarbeit für einen neuen Bildband über den Renaissancekünstler Lorenzo Ghiberti aufgenommen hatte.[2]

Aber im kollektiven Symbolhaushalt der Bundesrepublik der 1950er Jahre spielten die außereuropäischen indigenen Kulturen keine Rolle mehr. Zu frisch war noch die Erinnerung an den industrialisierten Krieg und das Ausmaß seiner Zerstörung überall sichtbar. Die Krise der modernen Zivilisation, in der die Naturvölker eine utopische Gegenprojektion bildeten, bedrohte nicht länger, wie noch zu Zeiten der Weimarer Republik, die Zukunft; die Krise war inzwischen durch die Katastrophe des Zweiten Weltkriegs eingetreten.

Allein der junge Literaturenthusiast Rainer Maria Gerhardt, der ein untrügliches Gespür für die experimentelle amerikanische und französische Literatur besaß und sie – ein Jahrzehnt zu früh – nach Deutschland vermitteln wollte, wusste das Projekt Ilse Schneider-Lengyels mit seinem Blick auf die Weltliteratur einzuordnen. Und allein in Janheinz Jahn, einem Journalisten und Publizisten, wuchs ihr ein einziger Konkurrent zu, der Ähnliches unternahm – am Ende allerdings erfolgreicher. Obwohl Ilse Schneider-Lengyel einen langen Atem bewies, gelang es ihr am Ende nicht, trotz der Bearbeitungen für den Rundfunk und trotz der Publikation einzelner Auszüge in Literaturzeitungen, das Manuskript als Buch zu veröffentlichen.

Das Radio-Feature

Bis zum Herbst 1950 war das Projekt bereits weit gediehen. Ilse Schneider-Lengyel schickte ein erstes Manuskript an Alfred Andersch, der zu dieser Zeit als Redakteur beim Hessischen Rundfunk tätig war und die Sendereihe *Das Abendstudio* leitete. Am 24. November 1950 schrieb er an Ilse Schneider-Lengyel:

> Liebe Ilse,
> herzlichen Dank für Deinen Brief vom 9. des Monats. –
> »Totem und Trommel« ist für uns im »Abendstudio« natürlich denkbar interessant. Ich habe auch bereits einen Sachbearbeiter gefunden, der die ganze Sendung unter Verwendung von vorzüglichem Musikmaterial zusammenstellen wird. Ich bitte Dich also, mir das Manuskript für einige Wochen zu lassen und mir zu schreiben, bis wann Du es zurückhaben mußt. Die Sendung wird Anfang April bei uns kommen.[3]

Tatsächlich kündigte einige Monate später das Programmheft für das *Abendstudio im II. Vierteljahr 1951* an:

15. Mai Totem und Trommel
Dichtungen der Naturvölker in Übertragungen
von Ilse Schneider-Lengyel
Lyrik und Musik der Pygmäen, Ogowe, Tahitianer, Pawnee, Buschmänner, Algonkin, Madagassen, Balinesen u.a.
Redaktion der Sendung: Janheinz Jahn[4]

Aufgebaut ist die Sendung – und das ist das Ergebnis der Bearbeitung von Janheinz Jahn – wie ein klassisches Hörfunk-Feature. Der Inhalt ist auf sieben Stimmen verteilt, sechs männliche und eine weibliche, die unterschiedliche Rollen übernehmen. Im Sendemanuskript sind sie genau definiert:

> *1. Sprecher*: spricht Einleitungen und die Ansagen der Texte und Platten. Seine Stimme ist sachlich und gleichmäßig.
> *2. Sprecher*: gibt wissenschaftliche Erläuterungen, Anmerkungen und Anekdoten. Er spricht flott. Wissenschaftliches spricht er locker, als verstehe sich das alles von selbst, keinesfalls dozierend. In den Anmerkungen und Anekdoten geht er bis zur Ironie. Er geht ganz mit seinem Text mit. Der Hörer muss den Eindruck haben, dass er absolut über der Sache steht. Helle Stimme.
> *3. Sprecher*: spricht den Hörer direkt an und strömt Atmosphäre aus. Er spricht die Beschreibungen, als sei er dabei gewesen, die Erläuterungen der magischen Zusammenhänge, als glaube er selbst daran. […]
> *4./5./6. Sprecher*: Sie teilen sich in die Texte, je nachdem wie sie ihnen liegen. Die Texte sind möglichst sachlich zu sprechen.
> *Sprecherin*: spricht ihre beiden Liebeslieder so schlicht sie kann. Keinesfalls darf sie die Texte der Sprecher 4, 5 und 6 übernehmen, so verlockend das sein mag. Bei fast allen Kulthandlungen der Tropenvölker dürfen Frauen nicht zugegen sein.[5]

Die auf verschiedene Stimmen verteilte Form des Features ist von der BBC entwickelt worden und breitete sich nach dem zweiten Weltkrieg über die britische Besatzungszone aus. Bald wurde sie von einer ganzen Zahl von Autoren übernommen. Ein Feature bietet die Möglichkeit, durch den akustischen Wechsel der Stimmen die Zuhörer mit unterschiedlichen Informationen zu versorgen, sie aber auch mit wechselnden Perspektiven auf ein Thema zu konfrontieren – eine essayistische Strategie.

Gleich der Beginn des Features enthält einige wichtige Information zum literarischen Verfahren Ilse Schneider-Lengyels:

> *1. Sprecher*: Das Material, das wir dem Hörer in dieser Sendung unterbreiten, will durch seinen dokumentarischen Wert wirken. [...] Frau Ilse Schneider-Lengyel hat mit Hilfe von Ethnologen Texte der verschiedensten Naturvölker ins Deutsche übersetzt. »Totem und Trommel. Dokumente des Geistes der Tropen« nennt sie ihr Werk. Sie hat keine »Nachdichtungen« versucht [...].
> *2. Sprecher*: (flott einfallend)
> Sie hat sich wörtlich, so wörtlich es ging, an den Text gehalten. Was aber heißt »wörtlich« bei solcher Sprachverschiedenheit? Die Sprachen der Naturvölker lassen sich mit unseren Sprachen nicht vergleichen. Da gibt es Sprachen, die für jeden Teil eines Arms einen Namen haben, aber kein Wort für »Arm« [...]. Es geht durch die wörtliche Übersetzung noch immer viel verloren – ganz abgesehen von all dem anderen, was verloren geht: der Zusammenhang mit der dazugehörigen Tätigkeit, mit der Landschaft, mit dem Menschen, ja sogar der eigentlich unlösbare Zusammenhang mit dem dazugehörigen Rhythmus, der dazugehörigen Musik. [6]

Keine Nachdichtungen also. Nicht der literarisierende Versuch, die fremde Poesie durch die Übersetzung der deutschen Sprache und der eigenen lyrischen Tradition gefügig zu machen. Stattdessen ein dokumentarisches Verfahren, das in der Übertragung ins Deutsche die Fremdheit des Materials, seinen sperrigen und widerständigen Charakter bewahren will. Doch zu Recht verweist eine der Stimmen im Feature auch auf all das, was bei diesem Verfahren verloren geht: der orale Charakter und die performative Qualität in der Musik, im Tanz.

Das erste Viertel des Features bemüht sich um eine Einführung für die Hörer – aufgeteilt vor allem auf die Stimmen eins und zwei: Sie stellen die Intention des Features, sein Material und die kulturellen, zumeist rituellen Situationen vor, in die die ausgewählten Volksdichtungen eingebunden sind. Dabei geht die wissenschaftliche Stimme von ähnlichen Vorstellungen aus, wie sie Ilse Schneider-Lengyel aus ihrer Studienzeit in den 1920er Jahren vertraut gewesen waren: Die Naturvölker bilden stark kollektive Gesellschaftsformen aus, in denen der Einzelne aufgeht, und sind durch eine Geisteshaltung miteinander verbunden, die sich als magisch beschreiben lässt.

Doch wird im Feature – und das ist neu – der wissenschaftlichen Stimme eine zweite Stimme zur Seite gestellt, die das Denken und die Sichtweise der jeweiligen indigenen Kultur wiedergibt. Während die wissenschaftliche Stimme erklärt und sich auf eine universell nachvollziehbare Rationalität bezieht, fühlt sich die andere Stimme in das Weltbild der Naturvölker ein und gibt – um Bronislaw Malinowski, den Begründer der modernen, empirischen Ethnologie zu paraphrasieren – ›*ihre* Sicht *ihrer* Welt‹ wieder. Erst Mitte der 1950er Jahren ist für diese Unterscheidung das Begriffspaar von »emisch« und »etisch« in den Sozialwissenschaften etabliert worden.[7] Im Feature ergibt sich damit eine doppelte Zugangsweise für die Hörer.

Im weiteren Verlauf des Features treten diese beiden Stimmen jedoch nach und nach in den Hintergrund, um Raum zu schaffen für insgesamt 26 Beispiele aus den unterschiedlichsten Kulturen. Sie sind nicht nach Kontinenten geordnet, sondern nach unterschiedlichen Ritualzusammenhängen wie Jagd, Aussaat und Ernte, Initiation und Tod. Etwas heraus fällt ein Block mit fünf Liebesliedern, zwei davon werden von der weiblichen Stimme gesprochen. In diese Lieder einleitend, meldet sich nochmals die wissenschaftliche Stimme zu Wort und erläutert:

> Das Leben des Tropenmenschen ist an das Kollektiv, die Gruppe gebunden. Das individuelle Empfinden des Einzelnen kann sich am ehesten noch in den Liebesliedern äußern. Deshalb sprechen von allen Lebensäußerungen des tropischen Menschen die Liebeslieder uns Europäer am unmittelbarsten an.[8]

Zwischen die einzelnen lyrischen Texte und Blöcke sind insgesamt 23 Musikstücke gesetzt. Allesamt Originalaufnahmen aus unterschiedlichen Kulturen – vor allem jedoch aus afrikanischen –, variieren sie in der Länge zwischen ein und zwei Minuten und stammen, wie zu Beginn bekanntgegeben wird, von einem holländischen Privatsammler. Die Texte und Töne dieses Features – für die Bundesrepublik im Sommer 1950 muss alles sehr fremd geklungen haben.

Die Veröffentlichung in *fragmente*

Erratisch stand auch das Zeitschriftenexperiment *fragmente* von Rainer Maria Gerhardt und seiner Frau Renate in der Literaturlandschaft der frühen 1950er Jahre. Angelegt als *internationale revue für moderne dichtung*, sollte sie ab 1951 monatlich erscheinen. Nach einem zweijährigen Vorlauf in Form hektographierter Blätter gründete das Ehepaar Gerhardt eine Zeitschrift und einen Verlag, in der Hoffnung, darauf ihre Existenz aufbauen zu können. Ilse Schneider-Lengyel war von Anfang an darin einbezogen. Gut möglich, dass der Kontakt über Alfred Andersch zustande kam. Denn Andersch war einer der wenigen, die Gerhardts Bestreben um die moderne Literatur wertschätzten und ihm mehrmals die lukrative Möglichkeit eröffneten, ein »Abendstudio« im Hessischen Rundfunkt zu gestalten.[9]

Für die erste Ausgabe der *fragmente*, die Ende Mai 1951 erschien, wählte Ilse Schneider-Lengyel zehn Gedichte aus ihrem Manuskript *Totem und Trommel* aus. Darunter befanden sich nur zwei, die auch in das Radiofeature Eingang gefunden haben. Nach einem etwas reißerischen Auftakt *Gesänge der Menschenfresserbünde* der Kwakiutl in Nordwestamerika, vergleichsweise leise Gedichte aus den verschiedensten Teilen der Welt, die von der Nacht und vom Sonnenaufgang, von den umliegenden Hügeln und von Liebe und Tod handelten.[10]

Auch in den weiteren verlegerischen Plänen Gerhardts spielte Ilse Schneider-Lengyel eine Rolle. Von ihrem Band *september-phase* war er so begeistert, dass er eine französische und eine englische Ausgabe herausbringen wollte. Er bewarb sich um die Rechte bei der Frankfurter Verlagsanstalt. Ferner plante er ein Buch über indianische Malerei, für das bereits die Fotografien vorlagen, und er stellte ihr sogar die Publikation eines alten, noch in die Zeit vor dem Krieg zurückreichenden Projekts in Aussicht: ein Buch über Puppen.[11] Eine Reihe des Verlags mit den Namen »Der neue Stil«, betreut von Renate Gerhardt, war Büchern des Bauhauses, des *Black Mountain College* und des *New Bauhaus* gewidmet und sollte verschiedene Materialien wie Keramik oder Glas abdecken. Ein Buch über Puppen hätte sich da gut eingefügt.

Das alles geht aus einem Brief von Rainer Maria Gerhardt hervor, den er am 4. September 1953 an Ilse Schneider-Lengyel geschrieben hat. Er reagierte darin auf ein weiteres Manuskript, das sie ihm für eine literarische Veröffentlichung geschickt hat. Aber Gerhardt lehnt es ab:

> das schwierigste, vor dem ich mich die ganze zeit gedrückt habe und wegen dem ich mich nicht recht getraute zu schreiben: ich nehme kein blatt vor den mund und hoffe, dass Sie mir nicht böse sind. Ich bin von der arbeit, die Sie mir geschickt haben, sehr enttäuscht. Ich glaube nicht, dass die gut ist und dies aus sehr einfachen gründen. In Ihren vorangehenden und vorangegangenen büchern haben Sie die äusserste präzision des gedankens und der formulierung ganz ohne rhetorik erreicht, ich verstehe deshalb nicht, warum jetzt ein rückfall in die rhetorik gekommen ist.[12]

Der Brief liefert keinen Hinweis darauf, um welches Manuskript es sich gehandelt haben könnte. Aber die Gründe der Ablehnung legen zugleich offen, was Rainer Maria Gerhardt bis dahin an den Arbeiten von Ilse Schneider-Lengyel – auch an ihrer Sammlung *Totem und Trommel* – geschätzt hat: die direkte, unmittelbare, geradezu rauhe Wirkung der Worte – ganz ohne das rhetorische Gerüst einer Narration.

Doch je weiter die Pläne für den Verlag ausgriffen, umso mehr vergrößerte sich die Kluft zum Machbaren. Mit dem festen Vorsatz, unabhängig zu bleiben, finanzierte Gerhardt alle Projekte selbst. Der Schuldenberg wuchs, bis er zuletzt 20.000 DM betrug. Im Sommer 1954 wusste Rainer Maria Gerhardt keinen anderen Ausweg mehr als den Freitod. In einem Nachruf, den Alfred Andersch am 15. September 1954 in der *Frankfurter Allgemeinen Zeitung* veröffentlichte, heißt es:

> Der ebenso begabte wie gefährdete junge Mann hat sich für die Idee, die Dichtung und zwar die anspruchsvollste und schwierigste Dichtung der Moderne aller Länder, ins Zentrum des geistigen Lebens zu rücken, buchstäblich aufgeopfert. […] Nun ist dieses Leben jäh erloschen – ausgelöscht vom eisigen Wind des wirklichen Hungers, den Schulden, der inneren Schwierigkeiten und von der Kälte des Wartens auf ein Echo, das er, ein sehr Ungeduldiger, nicht vernahm.[13]

Das Manuskript *Totem und Trommel*

Im Nachlass findet sich auch ein sehr umfangreiches Manuskript mit dem Titel *Totem und Trommel. Dokumente des Geistes der Tropen. Zauber-Riten und Geisterbeschwörungen in der Lyrik der Exotischen*

Völker. Es umfasst 210 Seiten. 22 davon bilden einen einleitenden Essay; auf 174 Seiten finden sich insgesamt 162 lyrische Texte, angeordnet nach den Regionen Südostasien und Südsee, Zentralaustralien, Nord- und Mittelamerika und schließlich Afrika. Die restlichen Seiten verteilen sich auf einige Texte in der Originalsprache, einige Notenbeispiele und das ausführliche Inhaltsverzeichnis.

Anders als in *Die Welt der Maske* fällt Ilse Schneider-Lengyels einleitender Essay diesmal weniger wissenschaftlich, weniger ethnologisch und weniger kulturgeschichtlich aus. Vielmehr versetzt sich die Autorin in die Innenperspektive der Naturvölker und zeichnet verschiedene charakteristische Motive nach. Dabei hebt sie einige charakteristische Züge dieser Kulturen hervor, die sich kaum von jenen aus *Die Welt der Maske* unterscheiden. Da ist zum einen die Orientierung am Sehsinn. »Das Visuelle bestimmt die Dichtungen der Naturvölker«, schreibt sie an einer Stelle.[14]

Da ist aber auch das starke Zusammengehörigkeitsgefühl, das »Füreinander der Geschöpfe«.[15] Beides zusammen führt zu einer bewundernswerten »Höhe der Zartheit des Gefühls«,[16] wovon ihre Poesie Zeugnis ablegt. Diese wiederum ist nur möglich, weil ihr Leben inwendig orientiert ist. »Etwas von ihrer ursprünglichen Scheu macht den Sinnenzauber ihrer Verse aus.«[17] Ferner weisen die Sprachen eine »große rhythmische Gebundenheit ihres Wortlauts« auf, weshalb allen die – titelgebende – Trommel ihr erstes Instrument ist. Schließlich bringt aber erst die menschliche Phantasie den Reichtum der lyrischen Äußerungen hervor. Beinahe selbst wie ein Gedicht, fasst die Autorin am Ende zusammen:

> Der Mensch hat die Sprache
> als Geschenk erhalten; erst seine Phantasie
> gab ihr Form und Ausdruckskraft[18]

Die Arbeitsweise

Ihr Vorgehen und ihre Arbeitsweise legt Ilse Schneider-Lengyel in dem Essay indes nicht offen. Weder gibt sie die ethnologischen Quellen an, die sie benutzt hat, noch die Kriterien, nach denen sie die Texte ausgewählt und bearbeitet hat. Darin unterscheidet sich ihr Manuskript deutlich von der Sammlung *Dichtung der Naturvölker*, die Eckart von Sydow herausgegeben hat. Dort ist zu jedem Beispiel die Quelle angegeben, der es entnommen ist. Allerdings ist im Nachlass Ilse Schneider-Lengyels eine handschriftliche Liste der verwendeten Literatur vorhanden, die noch in eine mögliche Publikation hätte aufgenommen werden können.

Den einzigen Hinweis auf die Vorgehensweise bietet ein beigelegtes Gutachten. Es stammt von Hans Nevermann, der Ilse Schneider-Lengyel noch von der Arbeit an ihrem ersten Buch bekannt war. Nevermann kam damals, 1932, gerade als Leiter der Südsee-Abteilung an das Museum für Völkerkunde in Berlin.[19] Anfang der 1950er Jahre arbeitete er noch immer dort, da er nie der NSDAP beigetreten war, und wurde 1951 zum Honorarprofessor an der Freien Universität Berlin berufen. Ihm, der 1933 und 1934 eine große Forschungsreise nach Neuguinea durchgeführt und dort auch mit der Kultur der Kopfjäger in Kontakt gekommen war, widmete sie ihr Buch *september-phase*, in dem wiederum die Kopfjäger und der Stamm der Je-nan, bei dem sich Nevermannn länger aufgehalten hatte, wichtige Motive darstellen. Da sich Nevermann sehr für Literatur interessierte und selbst einige »ethnologische Romane« – so nannte er eine seiner Vorlesungen aus den 1950er Jahren an der FU Berlin – geschrieben hat,[20] zeigt er sich in seinem Gutachten dem Projekt von Ilse Schneider-Lengyel sehr zugeneigt und bescheinigt ihr:

> Das Manuskript von Frau Ilse Schneider-Lengyel, dessen Entstehen ich z.T. selbst miterlebt habe, hat mir vorgelegen und ist von mir auf seine wissenschaftliche völkerkundliche Stichhaltigkeit eingehend geprüft worden. Ich bin dabei zu dem Ergebnis gekommen, dass es von anderen Versuchen, Dichtungen exotischer Völker dem deutschen oder europäischen Lesepublikum nahe zu bringen, dadurch unterscheidet, dass hier keine Nachdichtungen vorliegen, die den Sinn des Originals verfälschen müssen, sondern dass die Wiedergabe Frau Schneider-Lengyels den ersten mir bekannten Versuch darstellt, dem Inhalt keine Gewalt anzutun und dabei im Deutschen etwas von der Stimme und dem Klang der Eingeborenen-Texte anklingen zu lassen.

Das ist immer noch sehr vage formuliert – von Interesse aber deshalb, als es die Argumentation von Eckart von Sydow geradewegs umdreht. Für von Sydow ist die Art der Wiedergabe, die sich nicht sehr von der Schneider-Lengyels unterscheidet, ein Notbehelf. Nevermann wertet sie als eigene Qualität. Dazwischen liegt die Erfahrung des Zweiten Weltkriegs. Bei von Sydow heißt es:

> Der naheliegende Wunsch, in der formalen Gestaltung dem Original nahezukommen, wird sich freilich einstweilen nicht befriedigen lassen, bis Umdichter erscheinen, die wie ein R. M. Rilke einer solchen Aufgabe ebensosehr in formaler wie in inhaltlicher Beziehung gewachsen sind. Der Hauptwert wird bis dahin auf die möglichst wörtliche Übertragung gelegt werden müssen, die das Grundgefühl der Dichtung klar erkennen läßt, ohne dem poetischen Charakter Abbruch zu tun.[21]

Eine Probebohrung

Wie also ist Ilse Schneider-Lengyel vorgegangen? Eine Probebohrung. Als Beispiel sei der Text *Die schönen Tnima Sträucher* aus dem Kapitel über Zentralaustralien herangezogen und eingehend untersucht – ein *Nature Writing* indigenen Ursprungs:

> Die kleinen Tnima-Sträucher
> stehen am Rande des Salzsees
> mit Blättern an den Zweigspitzen
> mit weissen Blütenköpfen stehen sie da
> ihre Wurzeln gehen übereinander
> was hält sie wohl zusammen?
> Knarrend sich reibend
> laufen die Wurzeln weiter
> sie sind miteinander verbunden
> mit verwelkenden Blättern
> gebeugten Hauptes stehen sie da
> mit ihren hellen Stämmen
> Weiber, die ihre Beine gegenseitig
> übereinander schlagen
> Salziger Schaum liegt über dem Salzsee
> ganz niedrig über dem Boden
> die blütenübersäten Tnima-Sträucher[22]

Für diesen Text nutzte Ilse Schneider-Lengyel die Studie *Die Totemistischen Kulte der Aranda- und Loritja-Stämme* des Missionars Carl Strehlow. Herausgegeben vom Frankfurter Völkerkundemuseum, erschien sie 1910. Strehlow leitete seit 1894 eine Missionsstation in Hermannsburg und lebte dort bis zu seinem Tod 1922. Er übte seine Missionstätigkeit geradezu ›dialogisch‹ aus – und so lernte er mit den

Jahren nicht nur die Sprache der Aranda, über die er ein Wörterbuch und eine Grammatik veröffentlichte, sondern nahm auch an vielen Zeremonien teil, die er akribisch dokumentierte. Sein jüngster Sohn, Theodor, setzte später seine Arbeit als Kulturanthropologe fort.

Strehlows Darstellung des *Tnima*-Kultus folgt den exakten Methoden der frühen empirischen Ethnologie bei der Aufzeichnung oraler Mythen oder Gesänge. Sie besteht aus einer Umschrift der gesprochenen Originalsprache, Erklärungen zu einzelnen Wörtern der Originalsprache, einer Wort-zu-Wort-Übertragung ins Deutsche und einer deutschen Lesefassung. So sind die ersten beiden Zeilen wie folgt wiedergegeben:

1. *Tnimakunja, tnimakunja* Tnima klein, tnima klein	1. Die kleinen tnima-Sträucher, die kleinen tnima-Sträucher,
Kalbminjalbminja nopaianama Mit Blüten bedeckt immer sein	Mit Blüten bedeckt stehen sie da.

Ferner werden in Fußnoten noch die Worte *Tnimakunja* und *nopaianama* erläutert: Während *kunja* klein bedeutet, verdoppelt sich in *nopaianama* das Verb *nama* = sein zu fortwährend sein, da sein, dastehen. Synonym kann auch die kürzere Form *nopanama* verwendet werden.

Die weiteren Verse bei Strehlow lauten dann:

2. *Kalbiallbia nopaianama* Kopf-Blätter immer sein	2. Mit Blättern an den Zweigspitzen stehen sie da,
Kultuntultunta nopaianama Kopf weiß immer sein.	mit weißen Blütenköpfchen stehen sie da.
3. *Intalkalaiwunja nopanama* Kleine Zweige immer sein	3. Mit kleinen Zweigen [ist der Boden] immer bedeckt,
Tnimakunja nopanama Tnima klein immer sein.	[auf dem] die kleinen tnima-Sträucher stehen.
4. *Ererela maninja nopanama* Wurzeln aneinanderhängend immer sein	4. Ihre Wurzeln hängen zusammen.
Iwula Tjitkirkuia nopanama? Was zusammenhaltend immer sein?	Was hält sie wohl immer zusammen?

5. *Rakuianerinja lapalama* Übereinanderschlagend weitergehen	5. Übereinander hinwegwachsend laufen [die Wurzeln] weiter,
Ilturbakaturinnja lapalama Knarrend sich reibend weitergehen	knarrend sich [aneinander] reibend laufen sie weiter.
6. *Aretaianerinja nopaianama* Fest zusammenhaltend immer sein	6. [Die Wurzeln] halten fest zusammen,
Mbakalerika nopaianama Verbunden immer sein	sie sind mit einander verbunden.
7. *Ulbalaralarea nopanama* Gelb werdend immer sein	7. Mit verwelkenden [Blättern] stehen sie da,
Kankurankurea nopanama Kopf gebeugt immer sein	gebeugten Hauptes stehen sie da.
8. *Tnimakunja nopanama* Tnima klein dastehen	8. Die kleinen tnima-Sträucher stehen da,
Italbirtjalbirtja nopanama Stamm hell immer sein	mit ihren hellen Stämmen stehen sie da.
9. *Tjantjurantjurea nopanama* Überströmt immer sein	9. Mit Saft überströmt stehen sie da,
Karapakatea nopanama Safttropfen immer sein	mit Safttropfen [bedeckt] stehen sie da.
10. *Karapaltuntaia nopanama* Safttropfen immer sein	10. Mit Safttropfen [bedeckt] stehen sie da,
Tnimakunja nopanama Tnima klein, immer sein	die kleinen tnima-Sträucher stehen da.
11. *Lauaralauara indapindama* Salzsee daliegen	11. Ein Salzsee liegt dort,
Lulkarallulkara indapindama Salziger Schaum daliegen	salziger Schaum liegt [auf ihm].
12. *Mankitjikinea nopanama* Nicht wachsend immer sein	12. Nicht [mehr höher] wachsend stehen sie da,
Alaliwunja nopanama Niedrig über dem Boden immer sein	niedrig über den Boden [sich erhebend] stehen sie da.[23]

Dieser Gesang – und auch das teilt Carl Strehlow mit – ist Teil einer kultischen Handlung, die von zwei Männern ausgeführt wird. Sie tragen Zweige des heiligen Mulgabaumes auf dem Kopf und sind dort sowie auf dem Oberkörper mit Daunenfedern geschmückt. Auf dem Ritualplatz setzen sich beide Männer in eine Furche und schlagen mit Eulenfedern auf ihre Knie.

In seiner Studie klärt Strehlow auch über den totemistischen Gehalt der Kulthandlung auf. Seiner Darstellung nach ist sie, wie viele Kulte, in der Urzeit der Aranda angesiedelt – in der Zeit, in der alles entstanden ist. In der populären Vorstellung hat sich im Zusammenhang mit den *Aborigines* in Australien dafür der Begriff der »Traumzeit« etabliert, der jedoch leicht in die Irre führt, da das urzeitliche Geschehen für die Aranda nichts mit dem Zustand des Träumens zu tun hat. Vielmehr verwandeln sich die Darsteller in die Urväter und wiederholen in der Zeremonie, der *Tjurunga*, deren Schöpfungs-Handeln.

In dem *Tnima*-Kult verkörpern die beiden Darsteller die urzeitlichen *Alknarintja*-Frauen. Denn diese sind in die *Tnima*-Sträucher, die am Rande des Salzsees von *Iloara* stehen, eingegangen. Nur in Strehlows Erläuterungen findet sich der Hinweis, dass sich die Aranda die Wurzeln der Sträucher als die gegenseitig übereinandergeschlungenen Beine der *Alknarintja*-Frauen vorstellen.[24]

Die verschiedenen Stufen des Textbeispiels vom Aranda-Original über die Wort-zu-Wort-Übertragung, die Lesefassung und die Bearbeitung von Ilse Schneider-Lengyel demonstrieren eindrücklich den Prozess der Verschriftlichung eines oralen und performativen Gesangs in einen Text, den Europäer als Lyrik lesen können. Selbst im lesenden Nachvollzug der Aranda-Sprache spürt man, wie sehr der ursprüngliche Gesang vom Rhythmus getragen ist und wie der Rhythmus wiederum eine feste Struktur schafft, in der einzelne Wörter wiederholt und andere ersetzt werden. Der Gesang begleitet eine Handlung, die zugleich aufgeführt wird; die Zuhörer sind also zugleich auch Zuschauer. Deshalb können einzelne Wörter, sofern der Rhythmus es verlangt, auch wegfallen – das Geschehen wird ja auch mimisch und gestisch dargestellt. Die Lesefassung muss jedoch ohne körperliche Aktionen auskommen. Sie muss deshalb das Geschehen sprachlich näher bestimmen, vor allem durch Angaben des Ortes, manchmal auch der Handlung.

Ilse Schneider-Lengyel geht in ihrer Bearbeitung noch einen Schritt weiter. Sie befreit den Text aus der ethnologischen Dokumentation. Dazu reduziert sie die rhythmischen Wiederholungen – aus

24 Versen bei Strehlow werden 17 bei Ilse Schneider-Lengyel –, ohne sie jedoch ganz zu tilgen. Gerade in den ersten vier Versen ist bei ihr der Charakter der Wiederholungen im Verb »stehen« bewahrt. Zudem zieht sie die Ortsbestimmung »am Rande des Salzsees«, die bei Strehlow erst am Ende kommt, in den zweiten Vers. Damit verortet sie die *Tnima*-Sträucher gleich zu Beginn des Gedichts in einem landschaftlichen Raum, den sie am Ende noch einmal aufnimmt.

Der stärkste Eingriff erfolgt jedoch in den Versen 13 und 14: »Weiber, die ihre Beine gegenseitig/übereinander schlagen.« Das totemistische Wissen, das bei den Aranda allein durch den Kontext des Kultes gegeben ist, entnimmt Ilse Schneider-Lengyel aus den Erläuterungen Strehlows und holt es in den Text – allerdings ohne es als totemistisches Wissen auszuzeichnen, sondern als bloße Metapher. Der europäischen Lyriktradition verbunden – gerade auch der modernen, nicht zuletzt der surrealistischen –, verwandelt sie vor allem dadurch den Text in ein Gedicht, stellt die Metapher doch das zentrale lyrische Verfahren dar: Elemente aus zwei ganz unterschiedlichen Bildbereichen reagieren aufeinander und schieben sich in komplexen visuellen Schichten übereinander.

Zwei Haltungen lassen sich zu diesem Prozess der Verschriftlichung einnehmen. Möglich wäre es, die Verluste zu registrieren und zu dem Schluss zu kommen, dass Ausgang und Ende so gut wie nichts mehr miteinander teilen. Es ist nicht legitim, die bearbeitete Fassung von Ilse Schneider-Lengyel als indigene Lyrik auszugeben. Zu fragwürdig und letztlich unüberprüfbar bleiben bereits die Wort-zu-Wort-Übertragungen. Zudem, das zeigt schon die Lesefassung von Strehlow, geht das andere Zeitverständnis der Aranda in der Übersetzung verloren: Für sie ist die Bedeutung des an den Augenblick gebundenen »dastehen« kein Wiederspruch zum »immer sein«.

Man könnte aber auch der Version von Ilse Schneider-Lengyel zugestehen, die sprachliche Schöpfung der Aranda, ihren kreativen Umgang mit den *Tnima*-Sträuchern, die genaue Beobachtung der Natur ebenso wie die Arbeit ihrer Phantasie, in wichtigen Aspekten bewahrt und gleichzeitig dafür eine Form gefunden zu haben, die sich der europäischen Lyrik annähert. Diese Form ist beeinflusst durch Schneider-Lengyels lyrisches Programm, keine Frage, und die von Strehlow übernommene Formulierung »gebeugten Hauptes« in Vers 11 trägt deutliche Zeitspuren und dürfte wohl bereits in den 1950er Jahren als antiquiert gegolten haben. Dennoch lässt bei allen Abstrichen die Bearbeitung von Ilse Schneider-Lengyel eine Ahnung von der literarischen Kraft der Aranda aufblitzen.

Beide Standpunkte haben ihre Berechtigung. Es drängt sich jedoch die Frage auf, warum Ilse Schneider-Lengyel ihr poetisches Verfahren nicht offen gelegt, und warum sie nicht stärker in Form von Kommentaren die kulturellen Hintergründe und die diesen zugrunde liegenden Vorstellungen der Indigenen begleitend dargelegt hat.

Das Ringen um die Veröffentlichung

Ilse Schneider-Lengyel bot ihr Manuskript *Totem und Trommel* verschiedenen Verlagen an, wie einzelne Briefe im Nachlass bezeugen. Am weitesten schritten die Verhandlungen mit dem Carl Hanser Verlag in München voran. Der zuständige Lektor Herbert G. Göpfert zeigte sich zunächst aufgeschlossen. Am 17. Februar 1956 empfing er sie sogar zu einem Gespräch im Verlag, nachdem ihm Ilse Schneider-Lengyel in einem Brief vom 5. Februar 1956 ihre Intention beschrieben hatte. In diesem Brief heißt es:

> Die Absicht war, nur die NATURVÖLKER sprechen zu lassen. [...]
> Meine Übertragungen sind insoweit s u b j e k t i v ausgewählt, als versucht wurde, aus dem vorliegenden Material die Perlen zu ziehen und unwesentliches, schwaches oder auch sich wiederholendes zu opfern. Subjektiv außerdem, da ich als Dichter den Originalen die Form der deutschen Sprache des 20. Jahrhunderts geben musste.
> Nicht subjektiv insofern, als ich die wirklichen Quellen ausschöpfen und mir das ganze wissenschaftliche Material zu eigen machen konnte. Ich durfte nicht gegen die Eigengesetze dieser Poesie verstossen und habe wohl das betrieben, was Sie Volksliedforschung nannten. Da ich Ethnologie studierte und auch immer auf diesem Gebiet blieb, ging ich also nicht von aussen an die Dinge heran.[25]

Die Offenheit des Lektors Göpfert kam nicht von ungefähr. Denn zwei Jahre zuvor, 1954, hatte er ein besonderes Buchprojekt gewagt – und einen überraschenden Erfolg erzielt: Die Anthologie *Schwarzer Orpheus*, herausgegeben und übersetzt von Janheinz Jahn.[26] Dabei handelte es sich um die erste Sammlung von Texten zeitgenössischer afrikanischer und afroamerikanischer Autoren in deutscher Sprache. Jahn lehnte sich dabei an ein Buch an, das bereits 1948 in Frankreich erschienen war. Damals veröffentlichte Léopold Sédar Senghor eine *Anthologie de la nouvelle Poésie Nègre*, zu der Jean-Paul Sartre ein ausführliches Vorwort mit dem Titel *Orphée Noir* beisteuerte. Das verhalf dem Buch zu großer Popularität. Sartre feierte die aktuelle afrikanische Poesie in französischer Sprache als »einzige große revolutionäre Dichtung unserer Zeit«. Denn die afrikanischen Autoren unternähmen einen Akt kultureller Selbstvergewisserung, einen Gang zu sich selbst, den Sartre mit dem Abstieg des Orpheus in die Unterwelt verglich, um Eurydike von Pluto zurückzufordern. Mit der Anthologie lösten Senghor und Sartre die Bewegung der *Négritude* aus.[27]

Nachdem Janheinz Jahn in den ersten Monaten des Jahres 1951 das Manuskript Ilse Schneider-Lengyels als Feature eingerichtet hatte und darin bereits einer Anthologie indigener Lyrik begegnet war, lernte er im Dezember desselben Jahres Léopold Sédar Senghor bei einem Vortrag in Frankfurt am Main persönlich kennen. Senghor sprach über die zeitgenössische afrikanische Poesie in französischer Sprache, wodurch Jahn zum ersten Mal die Namen von Autoren wie Aimé Césaire, Birago Diop oder Léon Damas hörte und einen ersten Einblick in ihr Schaffen gewann. Spontan entstand die Idee, diese Literatur zu sammeln und in einer Anthologie in Deutschland zu veröffentlichen – eine Idee, die sein weiteres Leben prägte. Er begann, per Luftpost, Kontakt zu über 600 Schriftstellerinnen und Schriftstellern in Afrika und in Nord- und Südamerika aufzunehmen, nach Gedichten zu fragen und sie zu übersetzen. Die Anthologie *Schwarzer Orpheus* umfasste schließlich 161 Arbeiten von 82 Autorinnen und Autoren – der Schwerpunkt lag dabei auf der Karibik. Das Buch wurde mit großem Interesse aufgenommen, erlebte mehrere Auflagen, ging ab 1960 auch ins Taschenbuch und erschien 1964 in einer erweiterten und überarbeiteten Fassung.

Trotz des Erfolgs von *Schwarzer Orpheus* und trotz seines Bemühens, zeitgenössische Weltliteratur zu veröffentlichen, blieben bei Göpfert jedoch Vorbehalte gegen das Manuskript *Totem und Trommel.* Am 8. Mai 1956 schrieb er Ilse Schneider-Lengyel einen Brief, in dem er die Veröffentlichung absagte:

> Sehr geehrte Frau Schneider-Lengyel,
>
> ich habe Sie leider sehr lange auf Antwort warten lassen müssen, aber Ihr Manuskript hat mich in der Tat bis heute immer wieder beschäftigt. Ich habe es sehr gründlich geprüft, habe auch auf-

grund Ihres Literaturverzeichnisses den einen oder anderen Vergleich angestellt. Bei all dem kam ich zu dem Ergebnis, dass wir dieses Buch leider doch nicht bringen können. Im Hinblick auf die Art unserer anderen Anthologien, auf die ich Sie in unserer Unterhaltung bereits hinwies, würde ich es für nötig halten, dass dieses riesige Gebiet von verschiedenen Spezialisten bearbeitet werden müsste, die dann jeweils zu den z.T. ja recht verschiedenen Voraussetzungen dieser Lyrik sich äussern oder Erläuterungen zu den einzelnen Gedichten geben müssten. Das ist aber natürlich etwas anderes als Sie im Auge haben.

Mit den besten Empfehlungen bin ich
Ihr ergebener

(H.G.Göpfert)[28]

Mit seiner Absage, so bitter sie für Ilse Schneider-Lengyel gewesen sein musste, bewies Herbert G. Göpfert ein feines Gespür für die zukünftige Entwicklung der Vermittlung indigener Lyrik. Denn zu derselben Zeit entdeckten jene Autoren in den USA, mit denen Rainer Maria Gerhardt korrespondierte, Charles Olson und Robert Creely, die Literatur der indianischen Kulturen – aus dem Bestreben, den amerikanischen Kanon über den Kreis weißer Autoren zu erweitern. Charles Olson hatte bereits 1950 für ein halbes Jahr in Mexiko gelebt, um dort die Schriftzeichen der Maya zu studieren, und drei Jahre später das Buch *Mayan Letters* veröffentlicht – eine Auswahl aus den Briefen, die er aus Mexiko an seinen Freund und Schriftstellerkollegen Robert Creely geschrieben hatte.[29] Das Buch verbindet in eher spekulativer Weise mythologische, kulturhistorische, ethnologische und linguistische Aspekte.

Die *Mayan Letters* beeinflussten andere, jüngere Autoren wie Gary Snyder und Jerome Rothenberg. Letzterer legte, gut zehn Jahre später, im Jahr 1969 eine grundlegende Anthologie indigener Literatur aus allen Kontinenten vor, die in der Anlage große Ähnlichkeiten mit dem Manuskript *Totem und Trommel* aufwies. Ihr Titel lautete: *Technicians of the Sacred: A Range of Poetries from Africa, America, Asia, Europe and Oceania*.[30] Der Unterschied bestand allerdings darin, dass Rothenberg seine ausgewählten Texte jeweils mit einem ausführlichen ethnologischen Kommentar versah.

Rothenberg war es schließlich auch, der 1970 zusammen mit dem Literaturwissenschaftler und Ethnologen Dennis Tedlock die Zeitschrift *Alcheringa* gründete, die erste Zeitschrift für den von Rothenberg so benannten Bereich *Ethnopoetics*. Sie erschien bis 1980 und brachte es auf dreizehn Ausgaben.

Im Vorwort zum ersten Heft beschreiben die Herausgeber ihre Ziele, die pointiert zum Ausdruck bringen, was alle Versuche dieser Art – auch die von Ilse Schneider-Lengyel – motiviert:

> As the first magazine of the world's tribal poetries, ALCHERINGA will not be a scholarly »journal of ethnopoetics« so much as a place where tribal poetry can appear in English translation and can act (in the oldest and newest of poetic traditions) to change men's minds and lives.[31]

So bleibt für die bundesrepulikanische Literatur festzuhalten: Sowohl das Feature, eingerichtet von Janheinz Jahn auf der Grundlage des Manuskripts *Totem und Trommel* von Ilse Schneider-Lengyel, als auch das nichtpublizierte Manuskript selbst nahmen in den 1950er Jahren vorweg, was sich zunächst in den USA unter dem Begriff der *Ethnopoetics* entwickelte und später auch in Deutschland, vor allem in den Arbeiten von Hubert Fichte, als »Ethnopoesie« Konturen gewann. Dessen große Features über die *Djemma el Fna* in Marrakesch oder die afroamerikanischen Religionen in Brasilien und in Haiti liefen in den 1970er Jahren samstags zur *prime time* im Radio – über eine Länge von vier Stunden. Selbst sein letztes Hörspiel, *Ich bin ein Löwe und meine Eltern sind Steine und Eichen*, aus dem Jahr 1985 beruht auf der Teilung in eine wissenschaftliche und in eine indigene Stimme. Auch wenn Ilse Schneider-Lengyel in ihrer Sammlung noch zu sehr darauf vertraute, dass die poetische Kraft und Phantasie der Naturvölker aus sich selbst heraus wirke und eine poetische Erkenntnis ermögliche, waren ihre Versuche der Zeit voraus und auf direktem Weg zur Ethnopoesie der 1970er Jahre.

Rezepte und Traumerzählungen

Im Zuge ihrer Arbeit an *Totem und Trommel* musste sich ein engerer Kontakt zu Hans Nevermann hergestellt haben, der sich wohl nicht nur auf ihre ethnologischen Projekte bezog. Das legen zumindest einige Briefe und Notizen aus dem Jahr 1952 nahe, die sich im Nachlass befinden.[32] Vor allem jedoch ist dort auch eine Mappe erhalten, die den Titel »Ethnologie« trägt. Darin finden sich in diversen

Din-A4-Heften akribische Aufzeichnungen in einer sehr regelmäßigen, aber kleinen Handschrift verfasst – eine ganz andere Handschrift als die Ilse Schneider-Lengyels. Es sind Aufzeichnungen Hans Nevermanns.

Sie gelten den anderen beiden Themen, zu denen Ilse Schneider-Lengyel Material in der Bibliothek gesucht hat. Sie tragen die Titel *Kannibalenmahlzeit* und *Reves des Indigènes* – Träume der Indigenen. Offensichtlich hatte sich Nevermann an diesen Projekten beteiligt und Ilse Schneider-Lengyel tatkräftig unterstützt. Lange Passagen hat er aus Büchern in die Hefte übertragen und jeweils sorgfältig die Quelle angegeben.

Beide Projekte blieben letztlich in einem unabgeschlossenen Stadium – vor allem *Reves des Indigènes.* Davon liegen nur die Aufzeichnungen Nevermanns vor. Deutlich mehr Material gibt es zu dem anderen Thema: zwei dicke Mappen ausführlicher Recherchen, an denen sich auch Ilse Schneider-Lengyel stärker beteiligte, denn vielen liegen Bleistiftskizzen bei, in denen sie Töpfe und Gefäße festgehalten hat.[33] Auch gibt es eine »Leseprobe« im Umfang von 28 Seiten, auf denen maschinenschriftlich einige Rezepte und ihre kulturellen Hintergründe wiedergegeben werden. Diese Leseprobe hat Ilse Schneider-Lengyel an einige Verlage geschickt, u.a. am 4. Juni 1956 an den Verlag Hoffmann und Campe. Darin skizzierte sie ihr Projekt auf eine Weise, die bei aller ethnologischer Sorgfalt auf den Schreckmoment des Unheimlichen nicht verzichtete:

> Es soll ein literarischer, nicht ein wissenschaftlicher Text werden. Umfang nicht mehr als 150 Seiten. Weder Rezepte noch Text dürfen ermüden. Zu diesem Zeitpunkt ist der Text noch nicht geschrieben.
>
> Exotische Kochkunst aus den folgenden Gebieten:
> China / Japan / Indien / Indonesien / Südostasien / Afrika / Ägypten / Polarvölker / Indianer / Australier / Kannibalen[34]

Zwischenspiel

Die folgenden Gedichte stehen für weitere Beispiele aus *Totem und Trommel*:

Lied aus Sumatra

Woher kommen die Blutegel?
vom Reisfeld kommen sie
sie setzen sich auf den Fuss
sie klammern sich an die Haut
und sie saugen das Blut aus

Woher kommt das Liebesverlangen?
aus dem Spiel der Augen
kommt es nach und nach
in das Herz geht es hinein
und kommt zurück zu den Augen

Indonesien

Liebeslied von der Osterinsel

Der Unberührten habe ich mein Herz geschenkt
ja der Unberührten
die in der Höhle am Vulkan wohnt
ihr hab ich mein Herz geschenkt
vor Sehnsucht vergeh ich
die Ersehnte
färbt die schmalen weißen Wangen
mit dem schönen Freuden-Rot
mit dem roten Rot der Pflanzen
Stunde nach Stunde pflegt sie
Ihre weissen schönen Wangen

Bittend steh ich an der Pforte
dass sie sich dazu entschlösse

zu mir käme
mit den weissen rosaroten Wangen
mir aber ist wie Blätterduft
und reife Beerenfrucht der junge Wunsch
in den Eingeweiden – und mein Nerv
schwimmt ganz gezackt tief in meinem Blut

Polynesien, Südsee

Der Vogel und der Adler

Im weiten Kreis zieht er
der Schatten des Prärievogels
über mich hin –
ich wandre –
ich schaue zu ihm auf
er sieht auf mich herab
und wendet –
Mit einem Flügelschlag
fliegt er ferne dahin

Um den Baum rundherum
streicht der Adler
immer weiter seine Kreise ziehend
immer aufmerksam auf das Nest
So laut pfeift er
so herausfordernd tönt es weithin
Tief über das Land
Dringt sein Widerruf
hohnvoll klingt es für den Gegner

Pawnee-Indianer, Nordamerika

Die Sterne singen selbst

Wir singen
wir sind die Sterne
mit unserem Licht singen wir
über den Himmel fliegen wir leicht
eine grosse Stimme
ist unser Licht geworden
wir bereiten den Weg vor
für die Geister
damit sie ausschreiten können.
Drei Jäger sind wir
noch nie war es so
dass wir nicht Bären jagten
tief nach unten schauen wir.

Das ist der Gesang
unser Gesang von den Sternen

Algonkin-Indianer, Nordamerika

Die Mondgöttin unsere Mutter

Von hier unten aus
werden am Himmel
die Blumen des Gebirges sichtbar

Die weisse Lilie
schön wolkig lebensvoll
ist da   Sie ist da
von hier unten sieht man sie
Lebensvoll erscheint sie
von hier unten aus
die prächtige
dunkelrote
L e b e n s l i l i e

Hier schaut sie
dort am Himmel – !

Da befindet sich alles Leben
in der Kürbisschale unserer Mutter
in dem Nachthimmel der Mondgöttin
haben wir das Leben vor uns

Cora Indianer, Mexiko

Unser Land

Der Berg Hinas in den Gewitterstürmen
mein Land   Der Berg Hinas
starke Winde über ihm
wehen hart   wehen bewölkt
wehen im Wirbelwind
wehen herbe über die Hügel
starke Winde auf ihm

Der Hügel   unser Land
wir wohnen am Hügel von Hinas
Hügel Bechnig   Hügel Sinong
Hügel Malau   Hügel Kuwi
Hügel Matan   Hügel Zumu
unser Land   bedeckt von Hügeln

Pygmäen, Äquatorial-Afrika

Gesang vom Tod

Das Tier zieht vorüber   stirbt
Das ist das große Kalt
die Kälte der Nacht   die Dunkelheit
Der Vogel zieht vorüber   stirbt
Das ist das große Kalt   das ist die ungeheure
Kälte der Nacht und der Dunkelheit
Der Fisch zieht vorüber   stirbt
er flieht im eisschwarzen Wasser
Das ist das graue Kalt der Nacht   das schwarze

Der Mensch isst schläft stirbt
ist vorüber gezogen –
das ist die lastende Kälte der Nacht
das Düstere
und der Himmel hat sich erhellt
die Augen sind verlöscht
der Stern strahlt wieder
unten ist die Kälte oben ist das Licht
der Mensch ist vorüber
der Schatten verschwunden
der Gefangene ist frei
Khmwum Khmwum! Unser Ruf dir entgegen

Pygmäen, Äquatorial-Afrika

Kapitel 11

»Kampf dem Atomtod«

1958-1960

›Außenpolitische Debatte‹ im Bundestag – die Verbrecher!!

Arno Schmidt
Tagebuch (20.3.1958)

Noch einmal: die Fotografie

In einem ihrer Briefe an das Bayerische Landesentschädigungsamt hatte Ilse Schneider-Lengyel ihre berufliche Entwicklung nach dem Zweiten Weltkrieg und nach der Rückkehr aus Paris knapp und nüchtern in den folgenden zwei Sätzen ausgedrückt:

> Meine Karriere war zerstört als Kunsthistorikerin; ich konnte sie in Deutschland auch nach 1948 nicht mehr herstellen. Folglich wurde ich nie Teilhaberin des »Deutschen Wirtschaftswunders«, vielmehr seine Leidtragende.[1]

Eine bittere Bilanz. An den vielversprechenden Anfang mit *Die Welt der Maske* oder an die produktive Zusammenarbeit mit Ludwig Goldscheider zwischen 1938 und 1940 konnte Ilse Schneider-Lengyel nicht mehr anschließen. Dennoch gab es auch in den 1950er Jahren noch eine Reihe von Projekten zu neuen Kunstbildbänden, obgleich sich auch hier ein ähnliches Bild abzeichnet wie bei ihren literarischen Arbeiten: Nur wenige konnte sie tatsächlich bis zu Veröffentlichung umsetzen, vieles blieb Idee, Materialsammlung oder Manuskript. Darüber hinaus gab es auch Einbrüche in der Selbstsicherheit beim Ausüben des fotografischen Handwerks.

Ende der 1940er Jahre trat der Phaidon Verlag erneut an Ilse Schneider-Lengyel heran und beauftragte sie, die Fotografien für einen Band über Lorenzo Ghiberti, einen Bildhauer und Architekten der Frührenaissance, aufzunehmen. Wieder übernahm Ludwig Goldscheider Text und Layout. Der Band erschien Anfang 1949 unter dem

Titel *Ghiberti.*[2] In der Nachfolge plante der Verleger Béla Horovitz weitere Kunstbildbände mit ihr. Einer davon war dem Bildhauer und Architekten Gian Lorenzo Bernini gewidmet. Wieder sollte Ilse Schneider-Lengyel die fotografischen Aufnahmen besorgen. Doch Horovitz war dieses Mal mit dem Ergebnis nicht zufrieden. Das geht aus zwei Briefen im Nachlass hervor, die Ilse Schneider-Lengyel und ihr Verleger wechselten. Zunächst entschuldigt sich Ilse Schneider-Lengyel in einem Brief vom 19. November 1954:

> Sehr geehrter Herr Doktor,
>
> Das Schlimmste aber ist, dass ich Ihnen den Schaden nicht einmal gut machen und die Aufnahmen in Rom nicht wiederholen kann. Durch die anhaltende Gerüste- und Leiterarbeit in Bamberg und Italien, habe ich eine starke Nervenentzündung in der rechten Hand, die in Monaten nicht abklingen wird. [...]
> Und nun, sehr verehrter Herr Doktor, lassen Sie sich sagen, dass ich sehr geknickt bin, Sie nicht zufriedengestellt zu haben. Ich hoff' im Stillen nur, dass sich noch Gelegenheit finde, dies bei einem anderen Auftrag gut zu machen.
>
> Mit den besten Empfehlungen
> Ihre ergebene[3]

Dazwischen müssen zwei Briefe liegen, die nicht erhalten sind. Aber bereits in einem Brief vom 13. Dezember 1954 geht Horovitz wieder auf neue Projekte ein:

> Sehr verehrte gnädige Frau,
>
> vielen Dank für Ihren Brief vom 3. des Monats. Wir bereiten eine Reihe von Büchern vor, welchen Material, das Sie auf Ihrer Reise in alter Qualität aufnehmen könnten, sehr zu statten käme. Ein Buch behandelt das Leben des Buddha in der Kunst und dann denke ich auch an ein anderes Buch über Ostasiatische Skulpturen im Allgemeinen.
> Natürlich ist es mir sehr angenehm, dass Ihre Reisekosten schon gedeckt sind, sodass mein Risiko bedeutend kleiner wäre, aber ich kann Ihnen versichern, dass Sie sowohl finanziell wie ideell gut wegkommen sollten. Auf der finanziellen Seite bin ich durchaus bereit, Ihnen ein gutes Honorar zu zahlen, wenn die Aufnahmen meinen Erwartungen entsprechen und mich die leidige Bernini-

> Episode vergessen lassen. Auf der ideellen Seite wird es, wie ich glaube, auch Ihnen Befriedigung bereiten, wenn in einer großen Phaidon Publikation eine ganze Reihe Ihrer Aufnahmen veröffentlicht werden und Ihr Name auf diese Weise wieder vor ein großes Publikum gebracht wird.[4]

Horovitz ist sich also der Situation von Ilse Schneider-Lengyel und ihrer schwachen Präsenz auf dem Buchmarkt sehr wohl bewusst. Dennoch ist er bereit, weiter mit ihr zusammenzuarbeiten und ihr wieder zu einem publizistischen *Comeback* zu verhelfen. In einem weiteren Brief, vom Brief 13. Januar 1955, sichert er ihr eine konkrete Unterstützung zu:

> Sehr verehrte gnädige Frau,
>
> ich danke Ihnen für Ihren Brief vom 4. Januar und habe mich gefreut, Näheres über Ihre Ostasienreise zu erfahren. Ich bin bereit, in einer solchen Form zu der Reise beizutragen, dass ich Ihnen 2000 DM a conto überweisen lasse. Unter der Annahme, dass jede Photographie mich nicht mehr als 20 DM kosten soll, wären damit 100 Aufnahmen für den Phaidon-Verlag gedeckt, obwohl ich hoffe, dass Sie noch mehr für uns aufnehmen würden.[5]

Knapp zwei Monate später, am 8. März 1955, erlitt Béla Horovitz während einer Geschäftsreise in die USA im Alter von 57 Jahren einen Herzinfarkt und verstarb in New York. Damit war für Ilse Schneider-Lengyel der wichtigste Kontakt zum Phaidon Verlag abgerissen. An die Zusage von Horovitz an Ilse Schneider-Lengyel fühlte sich der Verlag offensichtlich nicht gebunden.

Eine weitere Foto-Reise erwog Ilse Schneider-Lengyel nach Mexiko und Peru, um einen Kunstbildband zu Alt-Amerika zu erarbeiten. Den Anfang des Projekts realisierte sie im Mai 1955 im Berliner Völkerkundemuseum, als sie 130 präkolumbianische Stücke aus der Sammlung aufnahm. Als Autor versuchte sie, den damaligen Leiter des Berliner Völkerkundemuseums, Hans-Dietrich Disselhoff, zu gewinnen. Er galt als ein intimer Kenner der alten Kulturen von Bolivien und Peru und hatte bereits mehrere Bücher über Alt-Amerika publiziert.[6] Doch auch dieses Projekt kam über die Idee und erste Verlagsanfragen nicht hinaus.

Tatsächlich realisieren konnte Ilse Schneider-Lengyel jedoch eine Foto-Reise nach Syrien im Frühsommer 1957. Es sollte ihre letzte werden. Sie führte sie in die Städte Damaskus, Bagdad und Aleppo. Der Auftrag kam dieses Mal aus Frankreich. André Malraux plante im Rahmen seiner lange verfolgten Idee eines *Musée imaginaire* eine neue Geschichte der Weltkunst, der er den Titel *L'Univers des Formes* gab. Für die ersten beiden Bände, über die Kultur und Kunst der Sumerer und Assyrer, engagierte er im Namen des Verlags Gallimard Ilse Schneider-Lengyel. In einem Brief an ihren geschiedenen Mann László vom 27. März 1958, geschrieben am Bannwaldsee, berichtet sie ihm über diese Foto-Reise:

> Mein lieber L a c i,
>
> Trotz aller Schwierigkeiten dort unten bei mörderischer Hitze ist 95% gut geworden, also genügend, und die letzten 5% lagen in ihrer Unerreichbarkeit. Geliehene Apparate in Ordnung, aber nicht schön, keine eigenen. Genug Material war mit; gepfuscht natürlich dann und wann aus Sicherheitsgründen. Alles schwarz-weisse dort entwickelt. Farbaufnahmen eingesandt zur Entwicklung. Keine Farbaufnahme schief gegangen, trotzdem manchmal durch Vitrinen fotografiert werden musste. – Rückkunft hier im Juli, abgeliefert schwarz-weiss 13. September, Farbfotos 4. November. Bis heute kein Geld, trotz dreimaliger Mahnung [...].
> Mit den Reisespesen kam ich voll auf meine Kosten, musste mir nichts absparen, im Gegenteil. Bloss wo ist mein Verdienst ein halbes Jahr danach, wenn es gut geht und dazu die Abwertung des Francs. [...] Sicher schrieb ich Dir auch, dass alle Malraux, die Verlagsherren von meiner Arbeit begeistert waren, mich sogleich anriefen, um es mir zu sagen und jeder einzeln einen Brief schickte. Vorüber.[7]

Die Bände *Sumer* und *Assur*, beide herausgegeben von André Parrot, erschienen 1960 und 1961 in Frankreich als die ersten beiden Folgen des *L'Univers des Formes, Collection dirigée par André Malraux und Georges Salles* – und zugleich in deutscher Übersetzung unter dem Reihentitel *Universum der Kunst* im Beck Verlag. Dieses Unternehmen brachte es bis 1997 auf 42 Bände.

Das Puppenbuch

Ein weiteres Projekt für einen Kunstbildband in jenen Jahren verdient Beachtung, weil es bis in die 1930er Jahre zurückreicht: ein Buch über Puppen. Bereits im Jahr 1936 hatte dem Bruckmann Verlag ein erstes Manuskript vorgelegen. Dieser hatte damals auch Interesse gezeigt, eine Veröffentlichung aber von der Aufnahme in die Reichsschrifttumskammer abhängig gemacht. Das ursprüngliche Konzept sah vor, nur Puppen aus Europa vom 17. Jahrhundert bis zur Gegenwart aufzunehmen. Im Nachlass finden sich dazu viele Materialien, vor allem Artikel aus Zeitungen, eine lange Namens- und Adressenliste von Puppenbauern und Puppenbesitzern und schließlich auch ein fertiges Probelayout für eine Auswahl von Fotografien.[8]

In den 1950er Jahren griff Ilse Schneider-Lengyel dieses Projekt wieder auf und erweiterte zugleich: Nun umfasste es Puppen aus aller Welt. Rainer Maria Gerhardt nahm es sogleich in sein sich immer weiter verzweigendes Verlagsprogramm auf. Doch Ilse Schneider-Lengyel versuchte auch, das Thema für Zeitungen und für das Radio zu bearbeiten. Im Nachlass findet sich ein fünfseitiges Manuskript, das sie bereits am 30. November 1950 für die Wochenbeilage der in München erscheinenden *Neuen Zeitung* geschrieben hat. Der Titel lautet: *Puppen, Menschen, Götter. Aus dem in Vorbereitung befindlichen Abbildungswerk des Verfassers.* Dazu hat die Autorin neun Fotografien von Puppen ausgewählt. Sie sind aus Holz oder Ton gefertigt und stammen aus Afrika, Alaska, China, Indonesien, Japan und Ozeanien. Der Zeitungstext diente wiederum als Grundlage für einen zehnminütigen Radiobeitrag mit demselben Titel, der am 14. April 1951 vom Hessischen Rundfunk und am 13. Mai 1954 von Radio Bremen gesendet wurde. Der Beitrag eröffnet fulminant:

> Die Götter drohen über uns zusammenzubrechen, Altäre einzustürzen. Die Menschen schwingen auf der Peripherie ihres eigenen Bewusstseins. Der aus dem Archaischen stammende Spieltrieb ist uns erhalten geblieben; jenes spielerische Etwas, das sich am Rande des Maschinenzeitalters andere Auswege sucht.[9]

Ilse Schneider-Lengyel erhebt damit den Spieltrieb zu einer anthropologischen Konstante und die Puppe zum kulturellen Objekt, in dem er sich bevorzugt manifestiert. Ihr zufolge schlügen die Puppen eine Brücke in die andere, metaphysische Welt:

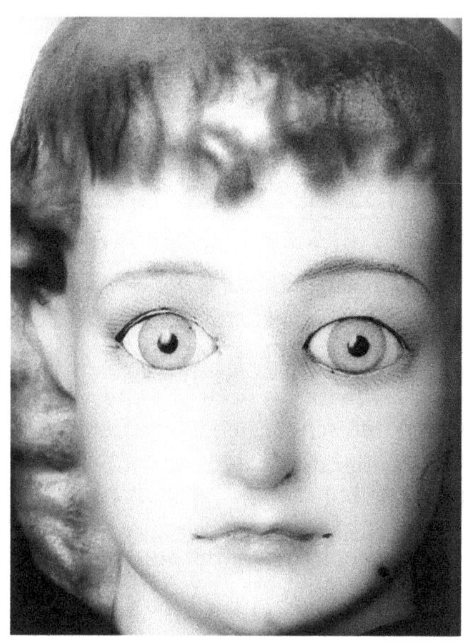

Beispiele aus dem Puppenbuch: Biedermeier-Puppe mit Porzellankopf, 18. Jahrhundert; Englische Puppe, 20. Jahrhundert; Puppen aus dem Bauhaus, 20. Jahrhundert

> Bei den Naturvölkern, wie bei den Hochkulturen hatte sie eine wichtige Rolle zu übernehmen. Sie war verbindendes Glied zwischen jener unbestimmten Sehnsucht des Menschen, welche die metaphysische Ebene berührt, und seinem produktiv vorwärts treibenden Geist. Die Mehrzahl der Glaubensgemeinschaften, nicht anders das Christentum, liessen die Puppen spielend gewähren.[10]

Die Autorin führt sodann die Vielfalt der Puppen anhand der ausgewählten Beispiele vor Augen. Dabei betont sie den Reichtum an Farben und Formen, die für sie vom Reichtum der menschlichen Phantasie zeugen und »nur noch mit der Vielfalt der Masken zu vergleichen wäre«. Das Spektrum der Puppen, das sie dabei eröffnet, reicht von den grobgeometrischen Puppen des Paläolitikums über die aus Holzpflöcken geschnitzten Puppen Afrikas, die farbigen Tonpuppen Nord- und Mittelamerikas, die im Schattentheater eingesetzten Wayang-Puppen in Indonesien bis zu den naturalistischen Spielpuppen des 19. und 20. Jahrhunderts in Europa.

Am Ende bringt die Autorin in einigen – geradezu lyrisch anmutenden – Sätzen das Gemeinsame aller Puppen zum Ausdruck:

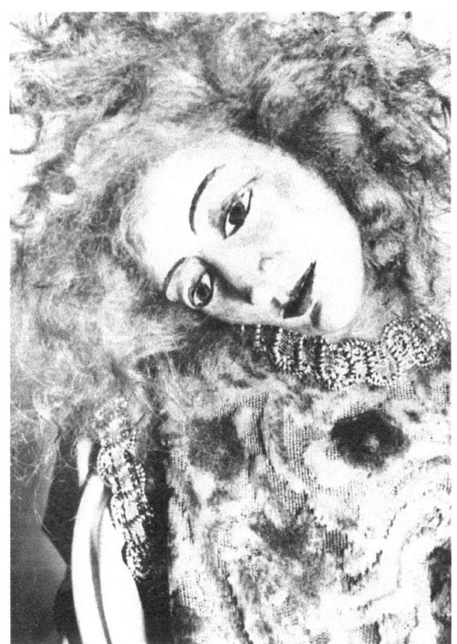

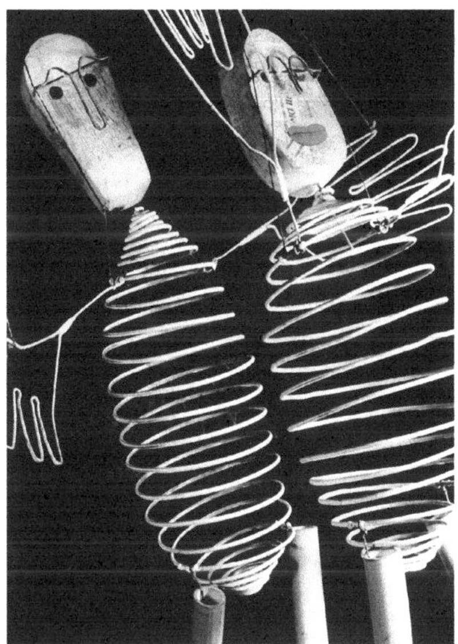

> Die Puppe ist ein freies Geschöpf. Man kann sie nicht einengen. Sie bekennt sich zu ihrem Ebenbild, dem Mensch, und sonst nichts. Und das ist ihre Stärke. Man kann ihren Blick nicht erhaschen. Sie besteht ganz abgeschlossen für sich und ist das Schweigsamste und Lächelndste zugleich. Sie passt sich in die Jahrtausende. Hat keinen Wunsch auf Nachleben. Das ist wichtig! Sie nimmt sich nicht ernst, verschwindet wieder und bleibt in alledem das Gesetzvolle. Wenn sie ahnt, dann in Holz, Wachs oder Stein. Sie erfüllt sich in der Materie. Mit Nägeln oder Kaurimuscheln bestickt bleibt sie stets Erscheinung. Ob sie ein Holzklotz oder aus Knochen und Strohgeflecht, ob sie aus Ton geballt oder aus Eisen gegossen, sie wird in der Absichtslosigkeit ihrer Existenz stets »Puppe« für das spielende Kind bleiben. Sie respektiert uns über den Tod hinaus; und was will der Mensch anderes als respektiert werden. Sappho und Goethe schrieben Hymnen an die Puppen. Sie mussten ihr Geheimnis wohl irgendwie entdeckt haben: jenen unlösbaren Zauber, der ihr eigen, das unerklärbare Wiedersehen mit etwas Verwandtem der Götter und Menschen.[11]

Die Puppen sind – wie die Masken – ein erstes Produkt des spielerischen Vermögens des Menschen, das mit seinem schöpferischen

Vermögen zusammenfällt, und sie sind beide ein *double* des Menschen, so vage auch ihre Ähnlichkeit bleiben mag. Aber anders als die Masken, die ihren Träger in einen Geist oder einen Gott verwandeln, behaupten die Puppen ein Eigenleben und erlauben die Vorstellung, sie würden sich auf geheimnisvolle Weise in sich selbst zurückziehen. So werden sie zu einem stummen Gegenüber, in dem der Mensch – spielend, schöpferisch – sich selbst erkennen und seine Sehnsucht nach dem Ungebundenen versöhnen kann.

Das Spielerische, das Ilse Schneider-Lengyel wie ehedem den Naturvölkern attestiert, scheint ihr Mitte der 1950er Jahre besonders wichtig zu sein. Entlastete es sie von den wachsenden Absagen für ihre Projekte und Manuskripte und der sich zunehmend verschlechternden finanziellen Situation? Wurden die Naturvölker für sie dadurch umso mehr zur imaginären Gegenwelt eines befreiten Geistes – im Sinne des Surrealismus – und eines freien Lebens? Um den Preis, dass sich diese imaginäre Welt, anders als in den 1920er Jahren, immer mehr von der Kultur der Bundesrepublik der 1950er Jahre abkoppelte und zu einer privaten Eigenwelt wurde? Einige Äußerungen in den Briefen, die Ilse Schneider-Lengyel an Arno Schmidt zwischen Januar 1956 und März 1964 schrieb, weisen darauf hin.

Die Briefe an Arno Schmidt

In den 1950er Jahren versuchte Ilse Schneider-Lengyel, auch mit Autoren außerhalb der Gruppe 47 in Kontakt zu kommen. In ihren Briefen sprach sie manchmal auch die Einladung an den Bannwaldsee aus. Autoren, an die sie schrieb, waren u.a. Gottfried Benn und Paul Celan.[12] Doch der für sie wohl wichtigste Schriftsteller war Arno Schmidt. Er verkörperte, wie kein zweiter, eine avantgardistische Literatur, wie sie ihr selbst vorschwebte.

Auch Arno Schmidt hatte ein Buch in der von Alfred Andersch herausgegebenen Reihe *studio frankfurt* veröffentlicht. Er wurde von Andersch sehr geschätzt und gefördert – das war ihr sicherlich nicht entgangen.[13] Nach dem Buch *Die Umsiedler* war Schmidt zudem zum Stahlberg Verlag gewechselt, mit dem auch Ilse Schneider-Lengyel seit dessen Gründung eng verbunden war und der fortan bis zu *Zettels Traum* im Jahr 1970 alle Bücher Schmidts herausbrachte. Auf diese gemeinsamen Verbindungslinien spielte sie in den Briefen an. Darüber hinaus mochte sie in der zurückgezogenen Existenz Arno Schmidts eine ähnliche Situation wie ihre eigene erkannt haben – allerdings mit dem Unterschied, dass Schmidt seine Randposition immer selbstgewählt bezogen hatte. Die Einladungen Hans Werner Richters zu den Treffen der Gruppe 47 jedenfalls, die ihn seit seiner ersten Erzählung, *Leviathan*, im Jahr 1949 erreichten, lehnte er stets konsequent ab.[14]

Mit ihrem ersten Brief an Arno Schmidt vom 25. Januar 1956 reagierte Ilse Schneider-Lengyel auf dessen Veröffentlichung seines Essays *Berechnungen II* in der von Alfred Andersch herausgegebenen Zeitschrift *Texte und Zeichen*.[15] Schmidt untersucht darin den poetologischen Gehalt des Traums und des Gedankenspiels als zwei Ausdrucksformen, in denen das Erleben der wahrgenommenen Welt in starkem Maß vom subjektiven Erleben überlagert wird – entsprechend nennt Schmidt die sinnlich erfahrbare Welt die »Unterwelt« und das subjektive Erleben dieser die »Oberwelt«. Das waren Sätze, die Ilse Schneider-Lengyel mit ihrer Schulung durch den Surrealismus, entgegengekommen sein müssen, und so schrieb sie ihm:

> Sehr verehrter Herr Arno Schmidt,
> Das ist ein Standard-Werk, das Sie uns Schreibenden in *Texte und Zeichen* vorgelegt haben. Man sollte es drucken als Manifest, besonders, da es der Autor der *Schwarzen Spiegel* verfaßt hat.
> Weil Sie auf Versuchsreihe IV (Traum) hinweisen, schicke ich Ihnen die meinigen mit, bitte dies nicht als lästig zu empfinden. Sie werden meine Bücher nicht kennen. Komme aus dem Kreis der französischen Surrealisten und bin nebenbei Ethnologin.
> Das ist alles, sagen die Eingeborenen.
> Mit Dank und Gruß
> Ihre Ilse Schneider-Lengyel[16]

Das ist, obwohl sich Ilse Schneider-Lengyel vor Schmidt verbeugt, selbstbewusst und mit Witz geschrieben. Die Traumerzählungen, die sie offensichtlich dem Brief beilegte, haben sich im Arno-Schmidt-Archiv nicht erhalten. Im Nachlass von Ilse Schneider-Lengyel jedoch findet sich eine einzige Traumerzählung, die zum Konvolut an Arno Schmidt gehört haben könnte. In *Berechnungen II* konzentrierte sich Arno Schmidt auf das Gedankenspiel und kündigte eine weitere Arbeit zum Traum an. Das wenige, was er hier bereits über den Traum sagte, könnte Ilse Schneider-Lengyel bewogen haben, ihm ihre Traumerzählungen zu schicken. Denn für Schmidt wird der Traum »in ausschlaggebendem Maß passiv erlitten (wir erfahren darin oft unerwünscht empörendste Rücksichtlosigkeiten, Alpträume, mythisches Grauen); [...]«.[17]

Das entspricht ganz der Traumerzählung aus den Nachlass:

> Traum:
> ich sah ein tiefes, dunkles Gefängnis, das nur von einem matten Schein von Licht von irgendwoher erhellt war. Einzelne, ganz kleine Zellen, in jeder ein gefesselter Mensch oder wenigstens ein menschenähnliches Gebilde oder Gerippe. – Endlose Reihen von Zellen, endlos gefesselte Menschenkörper, ein grausiges Stöhnen, Röcheln und Schreien, ein furchtbarer Geruch. Irgendwie war alles durchsichtig von Glas, so dass man von einem Punkt aus dies überschauen konnte, oben, unten, rechts und links, überall gefesselte, tobende, schreiende, halbtote, verwest oder sterbende menschliche Körper. Von den Wänden floss Wasser; an den Beinen krochen saugende schwarze Tiere hoch, an den Mauerritzen züngelten Schlangen. Fledermausähnliche Gebilde flatterten um meinen Kopf, auf der Schulter sass ein Rabe und versuchte in mein Gesicht zu hacken. Von unsichtbarer Hand geöffnet taten sich die Gitter der Zellen auf; ein Knäuel von Menschleibern, die sich gegenseitig zertraten und zerrissen, eine furchtbare Schlacht. Es floss Blut, menschliche Glieder flogen in der Luft herum, dazu zischten Schlangen und glühende Rachen taten sich auf mit Gebrüll. Ich stand noch in meiner Zelle und sah das alles, bis ein unerhört schmerzvoller Peitschenhieb mich weitertrieb. Ich fiel, wurde gewissermaßen weitergetragen von einer Welle kämpfender, blutender Menschenkörper unter mir. Meine Hände waren gebunden. Ein Donnerschlag. Licht. Ich schrie und riss meine Hände hoch gegen das Licht. Da waren sie frei, aber sehen konnte ich nichts, ich war blind. Eine Stimme verweht, das Wort KNIEEN.

Doch Arno Schmidt antwortete in seinen Briefen immer nur knapp und legte stets einen gedruckten Text von sich bei. Er wahrte damit ein Mindestmaß an Höflichkeit; an einem Austausch unter Schreibenden, wie ihn Ilse Schneider-Lengyel sich wünschte, war ihm nicht gelegen. Allein die Tatsache, dass sie Besitzerin des Bannwaldsees war, faszinierte ihn. Er sah sogar im Atlas nach, wo der See genau lag. Im Tagebuch hält Alice Schmidt, seine Frau und Chronistin, fest: »(Arno: das ist die v. der Kreuder erzählte, sie besitze in Bayern einen ganzen See, den sie immer zum Fischen vermietet. [...]).«[18] Als sie in ihrem nächsten Brief sogar eine Postkarte vom Bannwaldsee mitschickte und darauf ihr Haus einzeichnete, ist im Tagebuch vermerkt: »Und hinten am See war ein Kreuz auf eine Halbinsel gemacht. Da steht wahrscheinlich das ›Häusel‹. Kreuder sagte doch, der gehöre 'n ganzer See. Dieser etwa? Prächtig!!«[19]

Ilse Schneider-Lengyel sah in Arno Schmidt offensichtlich einen Wahlverwandten, nicht nur im Hinblick auf sein Literaturverständnis, sondern auch auf seine zurückgezogene Lebensweise. Wie eine Botschaft unter Einsiedlern nimmt sich ein Satz in ihrem nächsten Brief an Arno Schmidt vom 20. Oktober 1956 aus:

> Lebe hier zwangsweise in der Ver-bann-ung weiter.[20]

1957 erschien ein von Karlheinz Deschner herausgegebenes Buch *Was halten Sie vom Christentum. 18 Antworten auf eine Umfrage.* Arno Schmidt trug dazu eine vehemente Volte gegen das Christentum bei. Darin verwahrte er sich an einer Stelle gegen die »falsche Wortmünze« der christlichen-abendländischen Kultur. Denn für Schmidt hat sich diese Kultur, die sich auf die Antike und die Renaissance berufen kann, gegen die »kulturhemmenden Kräfte des Christentums« durchgesetzt. Deshalb fordert er mit einem Sprachspiel: »Also Schluss mit dem klangvoll=widersinnigen Silbenfall!»[21] Der Essay, der in drei Anläufen die Bibel, die Person Jesus und die Machtpolitik der Kirche auseinandernimmt, dürfte Ilse Schneider-Lengyels religionskritischer Haltung auf ganzer Linie entsprochen haben. Am 31. März 1958 schrieb sie ihm – und brachte dabei nochmals ihre eigene Position, die Identifikation mit den Naturvölkern und ihrer spielerisch-schöpferischen Kraft, prägnant zum Ausdruck:

> Verehrter Herr Arno Schmidt,
> »A t h e i s t ? A l l e r d i n g s .«
> habe gerade Ihr Pamphlet, oder wie darf ich es nennen, vor mir und finde es so österlich Ihnen zu sagen, daß dies der einzige Beitrag war, der mir etwas bedeutete. revolutio – »Mann nach dem Herzen Gottes« so Samuel. Die Naturvölker mit ihrem Götter-Dämonenbegriff sind mir näher; der tierische Ernst fällt weg; zwischen Kult und Opfer, die kleine Spanne S p i e l bleibt.[22]

Die kleine Spanne S p i e l bleibt – was für ein Satz. Ilse Schneider-Lengyel hat ihm auch durch die Sperrung des Wortes »Spiel« eine besondere Bedeutung verliehen – eine trotzige Behauptung des Spielerischen!

Doch diese kleine Spanne sah Ilse Schneider-Lengyel nicht zuletzt durch die aktuelle Politik der Adenauer-Regierung bedroht. Denn nur wenige Tage zuvor hatte der Bundestag über die atomare Aufrüstung der Bundeswehr diskutiert und sie nach vier Tagen mit der Mehrheit der regierenden Parteien CDU/CSU und FDP beschlossen. Auch darauf geht Ilse Schneider-Lengyel in ihrem Brief ein:

> Befinde mich also auf der unerlaubten Insel, wenn ich mich beinahe nur an Sie halten darf. Seit der Bundestagsdebatte habe ich mich in einen Ameisenhaufen verwandelt; ich werde zum zweiten Mal auswandern, aber vorher müssen Sie noch mal hier erscheinen. [...] Noch haust man hier tief im Schnee. Die Hirschkühe kratzen den frostharten Schnee auf, dort wo ich ihnen Futter bringe. Sie kommen bis an die Fensterläden heran, aber mein Hund ist leise wie ich + stört sie nicht. Häufig habe ich an Sie gedacht, wenn ich auf Skiern über den See ging, was Sie wohl schreiben?[23]

Einen letzten Brief schickte Ilse Schneider-Lengyel sechs Jahre später an Arno Schmidt – wieder im März, aber dieses Mal aus München. Sie gratulierte ihm darin zum Fontane-Preis und beteuerte ihm, wie sehr sie sein Schreiben schätze. Gleichzeitig wies sie ihn auf ihr eigenes Buch über die Sumerer aus dem Jahr 1960 hin. Geschickt verbindet sie dabei ihre eigene Arbeit mit der Schmidts und zeigt damit ein weiteres Mal, in welchem Maß für sie eine avantgardistische Kunst mit Archäologie und Ethnologie verknüpft ist. In der modern gewordenen Kleinschreibung lässt sie Arno Schmidt wissen:

> inzwischen bin ich besitzerin ihrer sämtlichen werke, die ich wie geheime chroniken hüte. geheim will heißen:
> als mich der französische kultusminister nach dem VORDEREN ORIENT entsandte um die wissenschaftlichen unterlagen und fotos für das große französische kunstlexikon l'UNIVERS DES FORMES zusammenzutragen, fand ich zwischen ihren werken und jenen, unerreichten plastiken der SUMER (5000 v. Chr.) eine archaische verwandtschaft, die der lebenden sprache der gegenwart die stirn bietet. [...] ich weiß nicht, ob sie ein augenmensch sind, wenn ja, blättern sie einmal beim buchhändler darin; sie könnten die ungeheuerlichsten dinge dem müden gewissen des europäers nahebringen wie ein archäologe.[24]

Hier Welle Nullpunkt. Achtung Stickstoff

Im vorletzten Brief an Arno Schmidt lehnte Ilse Schneider-Lengyel den Bundestagsbeschluss vom 25. März 1958, die Bundeswehr mit Atomwaffen auszurüsten, scharf ab. Die Lage erschien ihr sogar so bedrohlich, dass sie erwog, ein zweites Mal aus Deutschland zu emigrieren. Damit teilte sie eine Furcht, die in den 1950er Jahren eine wachsende Zahl von europäischen Intellektuellen und Wissenschaftlern erfasste: die Furcht vor Atomwaffen, die am Ende des Zweiten Weltkriegs von den USA in Hiroshima und Nagasaki zum ersten Mal eingesetzt worden waren und daraufhin zu einem Wettrüsten um die moderne Waffentechnologie mit den weiteren Großmächten Sowjetunion, Großbritannien und Frankreich geführt hatten. Viele warnten vor der unkalkulierbaren und unkontrollierbaren Vernichtungskraft dieser Waffen, die letztlich das Ende der Menschheit herbeiführen könnte.

So veröffentlichte am 18. Februar 1958 André Breton eines seiner letzten surrealistischen Traktate mit dem Titel *Démasquez les physiciens! Videz les laboratoires!*. Darin prangerte er die Wissenschaft als neue Religion an, der von allen Seiten Glauben geschenkt werde, obwohl sie die Atombombe entwickelt habe und damit die Erde akut gefährde. Zu den Unterzeichnern gehörte auch Lancelot Lengyel.[25]

In Deutschland führte der Bundestagsbeschluss zu einer breiten Protestbewegung, die von der SPD und den Gewerkschaften initiiert, zum »Kampf gegen den Atomtod« aufrief. Immer mehr Verbände schlossen sich an, Ärzte, Kriegsopfer, Frauenverbände und linkskatholische Kirchenkreise. Auch Hans Werner Richter, der sich in dieser Zeit, als die Gruppe 47 bereits zur festen Einrichtung des Kulturbetriebes geworden war, stärker politisch engagierte, wirkte in dieser Bewegung tatkräftig mit. Er gründete das *Komitee gegen Atomrüstung*, das sich als bayerische Sektion der Initiative *Kampf dem Atomtod* verstand.

Bereits am 1. April 1958 veröffentlichte er in der Zeitschrift *Die Kultur* einen Artikel mit der Überschrift: *Niemals Atomwaffen für Deutschland!* Darin heißt es:

> Wir protestieren gegen die atomare Bewaffnung der Bundeswehr, weil sie jede weitere Verständigung zwischen Ost und West unmöglich zu machen droht, die Gefahr einer dritten Katastrophe für das deutsche Volk heraufbeschwört und die Wiedervereinigung behindern kann. Die Anwendung atomarer Waffen ist Selbstmord.[26]

Diese gesellschaftspolitische Entwicklung hat Ilse Schneider-Lengyel in einem Drama vorweggenommen, das zu den eindrücklichsten Funden in ihrem Nachlass zählt. Es handelt sich dabei um ein ausgearbeitetes Manuskript, das den Titel *Hier Welle Nullpunkt. Achtung Stickstoff. Ein Atomdrama* trägt. Es enthält nicht nur genaue Angaben zum Bühnenbild und zur akustischen Gestaltung – Ilse Schneider-Lengyel charakterisiert ihr Atomdrama näher als »magisches Tonrelief mit Elektronenmusik« –, das Manuskript enthält zudem auch Skizzen für die Kostüme der auftretenden Figuren sowie einige erklärende Ausführungen zur Intention des Stückes.

Der Dramentext, der in einer ersten, fast identischen Version *Der Prozess Gottes* hieß, lag spätestens 1957 vor. Auf einigen der Manuskriptseiten finden sich auf der Rückseite handschriftlich notierte Einnahmen aus dem Jahr 1957. Über die Grundanalage ihres Stückes schreibt die Autorin selbst:

> Was die Schreiberin dieses Dramas gewollt hat, besteht darin, das »Ekstatische Theater« seinen Einzug wieder auf der Bühne halten zu lassen. Als Thema wurde hier zu der brennenden Auseinandersetzung zwischen Menschheit und Kosmos gegriffen. Nicht Handlung im Sinne von »Handlung« ist Grundlage des Dramas, sondern sein elementarer Rhythmus, wie er dem kultischen Theater früherer Kulturen eigen war, transponiert auf die Ebene des 20. Jahrhunderts. […] Rhythmik und Tonmagie sind die Stützpfeiler des Dramas. Im Verein mit dem optischen Anschauungsbild fällt ihnen eine gewaltige Rolle zu.[27]

Kein modernes Sprechtheater also, sondern eine kultische Aufführung, die an Zeremonien und Rituale indigener Kulturen erinnern soll. Folglich treten auch keine menschlichen Figuren auf der Bühne auf, sondern mythische Gestalten der Urzeit bzw., hier treffender: der Endzeit. Denn das Stück folgt einer harten, unerbittlichen Dramaturgie. Es ereignet sich in sechs »Phasen«, die sich zwischen dem Abschuss einer Atombombe namens *Panther* und dem Aufprall auf der Erde erstrecken. In jeder Phase durchbricht die Atombombe eine neue, die Erde enger umhüllende Luftschicht, jedes Mal angekündigt von einem *Atomsender*, der sich mit »Hier Welle Nullpunkt. Achtung Stickstoff« meldet, und in jeder Phase wird das elektronisch erzeugte Surren der Bombe lauter und übertönt zunehmend die von Trommeln begleiteten rhythmischen Gesänge. Am Ende des Stücks schlägt die Bombe auf der Erde ein, detoniert und besiegelt das Ende – die Aufführung ereignet sich also in der kleinen Spanne Zeit, die sich zwischen Abschuss und Aufprall auftut.

Angesiedelt ist das Endzeitgeschehen an einem modernen Ort: eine Wüstenlandschaft mit einem Ölfeld. Die Angaben im Manuskript zeichnen einen naturalistischen Bühnenraum: Bohrtürme ragen senkrecht empor, und im Hintergrund verlaufen die Rohre einer Pipeline. Zudem leuchten Reklameschilder auf und für eine Phase steht ein ausgebrannter Panzerwagen auf der Bühne. Im Laufe des Stücks entleert sich der Bühnenraum jedoch nach und nach, bis am Ende nur noch die Wüste und ein einfaches Nomadenzelt zu sehen sind.

Allerdings soll der homogene Bühnenraum nach der Vorstellung der Autorin durch Leinwände aufgebrochen werden, auf die immer wieder Filmstreifen projiziert werden. Dabei gibt sie im Manuskript vor allem Tieraufnahmen vor – Fledermäuse, einen Oktopus und am Ende, zur Detonation der Bombe, einen Panther, der gerade ein Lamm erjagt und zerfleischt. Die finale Filmszene spielt also mit dem Begriff Panther, der nicht nur als Name der Atombombe fungiert, sondern im Zweiten Weltkrieg auch einem damals neu entwickelten, schlagkräftigen Panzermodell seinen Namen gab, das vor allem an der Ostfront zum Einsatz kam. Dem kollektiven Gedächtnis der 1950er Jahre war diese Assoziation sicherlich noch geläufig.

Die Figuren, die den Bühnenraum füllen, sind sehr heterogen. Da gibt es zunächst eine Vielzahl symbolischer Figurengruppen wie die »gespaltenen Schädel«, »die »durchschossenen Lungen«, die »Sturzflut des Blutes«, die »Randgestalten«, die »gemarterten Herzen« oder das »Kalb mit den geröteten Augen«. Ferner treten verschiedene Chöre auf, allen voran die »Chöre der Menschenzeitalter«, die in Zehnjahreskohorten eingeteilt sind, also in den »Chor der Vierziger« etc. Schließlich hat auch noch eine »Kolonne der Knaben« einen kurzen Auftritt, die als Vorboten des Neuen den langen Schlussmonolog vorbereiten.

Die drei Hauptfiguren entstammen indes den christlichen Erzählungen: Gott, der Vater, Jesus Christus und Maria Magdalena bzw. Maria aus Magdala. Gott selbst jedoch ist – in alttestamentarischer Tradition – nur als Stimme vernehmbar, und zwar als »rollende Stimme aus einem ausgebrannten Panzerwagen«, und Jesus Christus ist nicht der junge Mann, der mit 33 Jahren den Kreuzestod stirbt, sondern ein alternder Mann, der auf die Erde zurückgekehrt ist, um sich von seinem Vater loszusagen. Maria Magdalena indes entspricht dem christlichen Kontext, in dem sie jedoch als ehemalige Prostituierte nur eine Randstellung einnimmt – erst die feministische Theologie wird sie in den 1970er Jahren zur ersten Apostelin Jesu erheben, weil er sich ihr als Erster nach der Auferstehung gezeigt hat. Im Stück fungiert sie – auch hier ist Ilse Schneider-Lengyel ihrer Zeit voraus – als weibliche Hoffnungsträgerin in einer männlich-hoffnungslosen Zeit.

Die Handlung des Dramas

Gott wird der Prozess gemacht – das ist der Kern der Handlung. Nach dem Abschuss der Atomrakete bricht Panik aus, und die verschiedenen symbolischen Figurengruppen fordern einen Prozess gegen Gott. Dazu nimmt ein Richter auf einem der Ölturme Platz. Als Ankläger treten zunächst die symbolischen Figurengruppen, sodann die Chöre auf. Vielfach variieren sie die immer selbe Anklage gemäß dem, wofür sie stehen. So äußern die »gespaltenen Schädel«:

> Der Atomkrieg ist ausgebrochen!
> Bis zur Stunde hattest DU es in Händen
> zu ändern!
> Wir klagen DICH an des Unfriedens
> des Widersinns, der Zerstückelung
> der Natur und der Kreatur!
> Wir klagen DICH an der Gleichgültigkeit
> der Schwäche und der blinden Zerstörung
> der grausamen Tat, der Schande![28]

Das »Kalb mit den geröteten Augen« indes formuliert seine Klage sehr viel zurückhaltender, wenn auch nicht weniger hart. Es nimmt dabei den Psalm 23 aus dem Alten Testament *Der Herr ist mein Hirte* auf und verneint ihn am Ende:

> Über mir liefen die Wolken
> wenn ich aufsah von Gras und Klee
> ich glaubte, sie ziehen mit mir und meinesgleichen
> denken konnte ich nicht – aber schauen und fühlen.
> Ich tastete durch das weiche Gras
> war wie die anderen und wartete –
> der Hirte war still, wusste wohl den Weg
> und wir gingen mit ihm.
> Dies ist kein Hirte –
> dies ist ein Schlächter.[29]

Mit den Chören werden die Vorwürfe lauter, rhythmisch von mehreren Sprechern vorgetragen und von Trommeln begleitet. Sie bleiben aber fast ausschließlich weiter auf einer allegorischen Ebene. So schlägt der »Chor der Fünfziger« an:

> DU saugst unser Blut aus
> und lebst von unseren Niederlagen,
> bist mit Lüge bis zum Wahnsinn vergiftet
> wir lassen den SINN uns nicht länger entstellen [...]
> DU hast unsere Heiligtümer verletzt,
> UNSERE Mütter getötet!
> Die großen Vergleiche hälst DU nicht aus.
> DU bist das Dunkle. [...]
> DU trägst uns nicht
> und müsstest doch die Gequälten
> in Deinen Armen halten.[30]

Nur an einigen wenigen Stellen klingen konkretere Situationen an, die Erfahrungen aus dem Zweiten Weltkrieg wiedergeben, so wenn der »Chor der Vierziger« anhebt – und dabei zugleich ein Gedicht von Walter Höllerer aufnimmt, das den Titel *Der lag besonders mühelos am Rand* trägt:

> Unbeachtet lieg ich am Wegrand
> das Schweigen ist groß
> aber es hallt lauter als unsere Reden.
> DU bist stumm wie eine ungeläutete Glocke
> und – weil Du schweigst reden viele
> in Deinem Namen.[31]

Das Drama setzt sich mit der Verteidigungsrede Gottes, des »großen Angeklagten«, wie er genannt wird, fort. Er ist allerdings nur als Stimme gegenwärtig, die zudem noch, da sie aus dem Inneren eines Panzerwagens ertönt, metallisch verzerrt erklingt. Doch der Gott, der hier spricht, ist ein schwacher Gott, der seine Schöpferkraft schon lange verbraucht hat. Deshalb vermag er nicht mehr, als die Anklagen an jene zurückzugeben, die sie erheben, und ihnen zur Last zu legen:

> Nun, wo eure Herzen vor der Atombombe zittern
> vor den kosmischen Strahlen und Kräften
> da steht ihr ohne Endziel

könnt nicht aufhalten, was ihr entfesselt. […]
Ich schuf nicht diesen unersättlichen Lärm,
nicht die berstenden Halbheiten.
In eure Hände war es gelegt – Anfang und Ende,
um das Zwischendrin zu gestalten.
Ihr wähntet mich in den Himmeln,
indes ich tief unter der Erde lag und stöhnte
angstvoll dem Treiben zuschauend. […]
Mein großes Gehirn ist leer.
Das Firmament wendet sich:
ES HÄTTE GUT SEIN KÖNNEN!
Ihr habt die Welt ungeliebt weitergetrieben,
meine Erde ist ein langer Sarg geworden,
ihr könnt ihn haben.[32]

Dieser Abgesang ist zugleich – dramaturgisch – ein Abgang. Gottes Stimme erlischt und übergibt mit dem Satz: »Ich zähle auf meinen Sohn«. Doch auch dieser ist im Vergleich mit der Vorlage des Neuen Testaments gewandelt. Er sieht ein, dass sein Opfertod am Kreuz umsonst gewesen sei, sagt sich davon und zugleich von Gott los und solidarisiert sich mit den Anklägern.

Meine Geschichte hat sich lange erhalten
jetzt ist sie zusammengeschmolzen in all dem Leid
ihre Leiden waren größer – viel größer als mein Opfer. […]
Sie nennen mich seinen Sohn.
Ich behaupte: dies ist eine Fälschung,
wenn sie nicht meine Brüder sind. […]
Ich stehe neben den gebeugten Schultern
Hand in Hand mit den Geschlagenen.[33]
Die Pergamentrollen der Verzweiflung
reichen von Athen bis zum Himalaya,
von der Südsee bis zum Niagara Fall […][34]

Das Ende des Dramas gehört Maria Magdalena. Sie verkörpert das Prinzip Hoffnung – in einem Arrangement, in dem es weder Zukunft noch Hoffnung gibt. Sie befördert freilich nicht die christliche Sehnsucht nach einem metaphysischen Paradies, sondern beschwört den Eros und fordert alle auf, sich radikal dem Diesseits zuzuwenden, das in der körperlichen Liebe seinen höchsten Ausdruck findet:

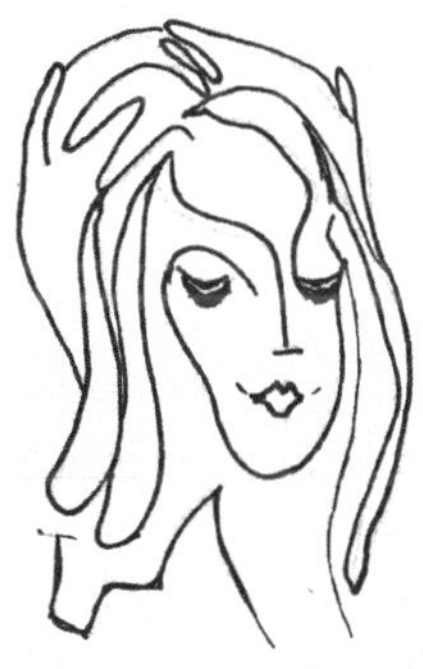

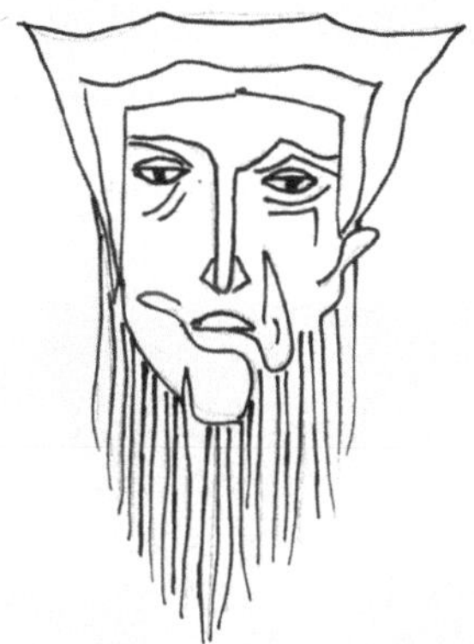

Zeichnungen der Figuren »Gottes Sohn« und »Magdalena« von Ilse Schneider-Lengyel

> Uns unvollendet zu gehören
> unser aller Geheimnis […]
> Den Arm um die Schulter des Nächsten geschlungen
> das Tasten der Nerven   das scheue sich finden
> der Puls der zärtlichen Hände
> sprach- und atemlos gegen die Vernunft,
> sich sinnlos verlierend
> von Pause zu Pause geschleudert
> getränkt von kurzen Anblicken
> ungeduldige Spiele langsam erstickend
> sich überstürzend zur phallischen Nacht
> Zwei Sonnen   zwei Gräser
> zwei Orchideen   zwei warme Geschöpfe
> die alles sich nährende ausschließen
> Nacht-Tag verschmolzen aus verziehenen
> und neu aufsteigenden Irrtümern –.
> Dies kurze Stück Weg ist schön[35]

Maria Magdalenas langer Schlussmonolog wird zwei Mal von einer Figur unterbrochen, die zunächst als »Gott-Mensch« firmiert, am Ende jedoch nur noch als »Mensch«. Dieser Figur, vermutlich der gealterte Jesus, der seine metaphysische Christus-Existenz abstreift und sich ganz in einen Menschen zurückverwandelt, gibt sich Maria Magdalena hin und stirbt. Wie ehemals er, opfert sie sich nun, um ihn und alle Menschen von der metaphysischen Verblendung zu erlösen. So kann der, der nun wieder »Mensch« geworden ist, am Ende nur noch – im letzten Satz des Stückes – feststellen: »Ihr Puls steht still.« Danach schlägt die Atombombe ein und explodiert.

In der Defensive

Vom 26. bis 29. Mai des Jahres 1960 fand in Ulm das Frühjahrstreffen der Gruppe 47 statt. Es fiel aus dem Rahmen, weil damals nicht die Literatur im engeren Sinne auf dem Programm stand, sondern die radiophonen Formen der Literatur: das Feature und das Hörspiel. Das Radio hatte sich bis dahin zum wichtigsten Arbeitgeber und Mäzen für Schriftstellerinnen und Schriftsteller entwickelt – eine Rolle, die es bis in die frühen 1980er Jahren behalten sollte. Gemeinsam hörten sich die Teilnehmenden der Tagung verschiedene aktuelle Hörspiel- und Featureproduktionen an, u.a. *Weiße Chrysanthemen* von Ilse Aichinger und *Herrn Walsers Raben* von Wolfgang Hildesheimer, und diskutierten daran literarische und technische Aspekte. Deshalb arbeitete Hans Werner Richter für dieses Treffen mit der Ulmer Hochschule für Gestaltung und mit mehreren Sendeanstalten zusammen.[36]

Für Ilse Schneider-Lengyel war es die letzte Teilnahme an einer Tagung der Gruppe 47. Auf einer Fotografie, die 1988 in der Ausstellung *Dichter und Richter* in der Akademie der Künste in Berlin gezeigt worden ist, erscheint sie im Pulk der lachenden Gesichter auffallend verloren. Nachsinnend und ernst blickt sie, deutlich älter als die anderen, in Richtung des Fensters, als gehe sie das Geschehen um sie herum nichts mehr an.[37] Hatte sie damals ihr Manuskript des Atomdramas *Hier Welle Nullpunkt. Achtung Stickstoff!* nochmals mit dabei? Versuchte sie, doch noch einen Dramaturgen zu finden, der sich für das Stück interessierte und es vielleicht als Hörspiel inszenierte?

Oder dachte sie, es hätte seine Aktualität verloren, da sich der Protest in der Bevölkerung inzwischen gelegt hatte und die Friedensbewegung auseinandergefallen war? Der NATO-Rat hatte nämlich bereits im Dezember 1958 einen Beschluss für die Atomwaffen in der Bundesrepublik gefasst: Allein die USA sollten über Atomwaffen verfügen und den Oberbefehl darüber behalten; die Bundeswehr werde nicht mit modernen atomaren Waffen ausgestattet. Damit war dem nationalen Protest in Deutschland der Wind aus den Segeln genommen.

Hans Werner Richter hatte sich daraufhin zwar noch für eine »Europäische Föderation gegen Atomrüstung« engagiert und war sogar im Januar 1959 zu deren erstem Präsidenten gewählt worden. Aber er vermochte es nicht, die sechs beteiligten Länder zu einer gemeinsamen Erklärung gegen die NATO-Atomrüstung zu führen, und gab deshalb sein Engagement wieder auf.[38]

Vielleicht waren es aber auch die persönlichen, finanziellen Sorgen und die wachsende Isolation am Bannwaldsee, die Ilse Schneider-Lengyel zu einem inneren Rückzug bewogen und dazu führten, dass sie sich damit abfand, keine Rolle mehr im Literatur- und Kunstbetrieb zu spielen. Jener erhalten gebliebene Brief an László vom 27. März 1958 zeichnet jedenfalls ein düsteres Bild ihrer Situation. Um Einnahmen zu erzielen, eröffnete sie auf ihrem Grundstück einen Campingplatz, den sie zunächst selbst verwaltete. Ein paar Jahre später verpachtete sie ihn an einen Gastwirt aus Schwangau, der ihm zuerst den Namen *Zelthorst*, später den Namen *Zeltplatz Seguba* gab. Ihr Ort, ihr Refugium seit der Kindheit, ihr Zufluchtsort während der Okkupation Frankreichs im Zweiten Weltkrieg – er wurde ihr zunehmend entfremdet. Die Campinggäste rückten immer näher an ihr Haus heran. Darüber schreibt sie an ihren geschiedenen Ehemann:

> Ja, um mich wieder in der Stadt irgendwo niederzulassen, muss ich einige Jahre es mir auf dem Zeltplatz verdienen, um das zu können. Dunkel ist alles; immer weiter entfernt sich alles Geistige und um mich sind Menschen 2. und 3. Klasse, Menschen, die nichts mit irgendetwas Künstlerischem zu tun haben, mit Ausnahme eines Malerehepaars. Das »Wirtschaftswunder« hat sie alle ergriffen. Traurig. […][39]

Je einsamer es um sie wurde, desto wichtiger wurde Ilse Schneider-Lengyel ihr Hund namens Melange. Auch über ihn schreibt sie an László:

> Mein gutes Tier Melange, schwere Augenentzündung, der einzige »Mensch«, dem ich hier vertrauen kann. Kommt ein rüder Tierarztassistent, sagt: Brauchen Sie gar nichts mehr machen, das Tier wird sowieso blind. Vera wird sich meine Verzweiflung denken können. Ging zum nächsten, als ich aus dem Schnee heraus konnte, zu dem, den ich kenne. Sagt: »Augenentzündung, so behandeln. Keine Spur von Blindheit, auch später nicht.« So sind die Leute. Nun habe ich seit 1948 so viele böse Winter hier hinter mir, dieser war einer der schlechtesten.[40]

Im Jahr 1958 nahm die finanzielle Last bedrohlich zu. Ilse Schneider-Lengyel musste nicht nur für ihren eigenen Unterhalt sorgen. Ihre Schwester Margot hatte gerichtlich durchgesetzt, dass sie jährlich einen finanziellen Ausgleich erhalte. Ihr Vater, Dr. Felix Schneider, hatte Ilse nämlich nur als Vorerbin eingesetzt. Nach ihrem Tod sollte der See der Familie ihrer Schwester zufallen, um zu verhindern, dass er der jüdischen Familie Lengyel zugeschlagen werde.[41]

Deshalb wandte sich Ilse Schneider-Lengyel am 26. April 1958 erneut an das Bayerische Landesentschädigungsamt:

> Sehr geehrte Herren,
>
> [...]. Ich musste bleiben, meiner Eltern halber, die ich 1946 und 1948 verlor. Sie hinterließen mir ein u n-einträgliches Grundstück, das mich durch Steuern, Zinsen und Lasten völlig erdrückte und fast ganz an meiner Berufsausübung hinderte.
> Verwandte versuchten mir in den vergangenen 10 Jahren diesen noch verbliebenen Grundbesitz mit den Restbeständen der total ausgebombten Münchner Wohnung durch Pfändungen, Prozess und Zwangsversteigerung zu entreissen. [...].
> Diese Drohung der Zwangsversteigerung lastet im Jahr 1958 von neuem auf mir. Stichtag 1. Juli 1958. Summe 8000 DM.
> Ich habe mich aus diesem Grund mit so großer Dringlichkeit an Sie gewandt. Seit meiner Rückwanderung nach Deutschland habe ich mich immer bemüht, diesen vollständigen Zusammenbruch aufzuhalten. Ich habe keine Möglichkeit mehr, mit einer Geldquelle irgendeiner Art diesen zu vermeiden.[42]

Ilse Schneider-Lengyel blieb nur noch übrig, den See und das Grundstück zu verkaufen. Sie fand einen privaten Käufer, der als Sportfischer vor allem den See nutzen wollte. Im Haus hielt er sich immer nur kurze Zeit auf. Ilse Schneider-Lengyel handelte für sich ein lebenslanges Wohnrecht im ersten Stock aus. Der Campingplatz wurde weitergeführt.

Kapitel 12

Unter Pygmäen

1964

> Die Umwelt der Ituri-Stämme ist der Urwald. Vom Fluss aus gesehen mutet der unheimlich düstere Urwald wie eine undurchdringliche Wand an. Üppiges Laubwerk und Schlinggewächse aller Art verfilzen sich zu einer Mauer, die jeden Blick ins Innere verwehrt.
>
> Paul Schebasta
> *Vollblutneger und Halbzwerge* (1934)

Der gebrochene Mythos

Die letzten literarischen Arbeiten Ilse Schneider-Lengyels nehmen im Nachlass zwei Konvolute ein. Das eine ist überschrieben mit *Die Schöpfung ist ein Rauschzustand*, ergänzt um den Untertitel *Mythen des 20. Jahrhunderts* und versehen mit der Jahreszahl 1964. Das andere enthält das Manuskript für einen Roman mit dem Titel *Der Gartenzwerg*. Für beide Texte relevant erweist sich ein kurzer konzeptioneller Text, der zu dem ersten Konvolut gehört. Ilse Schneider-Lengyel bündelt darin noch einmal ihren Entwurf von Literatur, in dem sich die surrealistische Poetik des Bildes mit Grundprinzipien der abstrakten Malerei wie Dynamik, Rhythmus und Spannung miteinander verbinden.

> *Was ist Mythos?*
>
> Es soll hier keine religionswissenschaftliche Abhandlung über den Mythos oder die verschiedenen Formen der kosmologischen, eschatologischen und ätiologischen Mythen geschrieben werden; vielleicht seine Rolle in der Dichtung angedeutet werden.
> Mythos ist Sprache in Bildern; der Form nach einfache Poesie; Abstraktes durch Konkretes umschrieben; Attribute und Rangabzeichen werden verteilt; Spannungselemente entstehen durch Lichtaufsetzung vitaler Kräfte und Leidenschaften. Neu hinzukommende Momente: Wiederholungen, Zahlen, Surreales.

> Surreal im Mythos verankert sein, heisst: ein Auslösen von Formen, Raum – und Zeitlosem, Ansprechen oder Hervorrufen Wiederneuentdecken, sich um der Spannungsmomente willen im Superlativen bewegen. Im Gegensatz zum Nur-Automatismus müssen Stoffe geschaffen und Etwas vollzogen werden. Sich vollziehendes Epigonentum aus vollautomatischen Denkapparat hat nichts mit dem Surrealismus zu tun.
> Die wirklich andersartigen Sprachverzahnungen des SURREALISMUS sind weder locker noch leicht. So gesetzmässig, wie sie geknüpft sind, bedarf sie gewisser Schlüssel. Diesen Gesetzen gegenüber sind »künstliche Produkte« und »Phantastereien« anstössig. In Frankreich gab und gibt es ein Arbeitsteam des Surrealismus; beheimatet in Paris, befruchtet von überall her. In deutschsprachigen Ländern vermissen wir das. Der Surrealismus konnte keinen Eingang finden.
> Es fehlten nicht die großen Vorgänger. Aber es fehlte an den beiden vermissten Brüdern, dem Sprachwissenschaftler und dem Literaturhistoriker, die dem Eingeweihten die Verdächtigungen hätten ersparen müssen. Keine sprachliche Vor-Form äussert sich ohne mythisches Denken. Nur der Surrealismus kann sich jener Zeichen bedienen, die uns eine Dichtung des Ohne-Götter-Vormythischen aus dem gebrochenen Mythos wieder erweckt.[1]

Ilse Schneider-Lengyel schwebt also eine Art magischer Kunst vor, die wieder an die Anfänge des mythischen und mithin poetischen Ausdrucks zurückgeht. Die alte Religion, die christliche, hat ausgedient – zu dieser Einsicht ist Ilse Schneider-Lengyel schon in früheren Arbeiten gekommen. Hier wendet sie das Abdanken des Alten jedoch zugleich in eine positive Form des Neuen: Sie möchte aus dem gebrochenen Mythos eine neue Dichtung des Vormythischen auferstehen lassen, eine Dichtung, die Dichtung bleibt, und das heißt: eine Dichtung, die sich immer wieder neu beweglich und dynamisch vollzieht und nicht in festen Bildern erstarrt. Denn nur in der Dynamik des Entstehens immer neuer Bilder – im Akt eines permanenten Bildzaubers – kann der menschliche Geist seine Freiheit ausleben und sich aus den Bahnen der gesellschaftlich etablierten Verknüpfungen befreien, seien sie nun assoziativer, temporaler, kausaler oder logischer Art.

Die 24 Gedichte, die zu *Die Schöpfung ist ein Rauschzustand* zusammengestellt sind, erwecken jedoch einen sehr zwiespältigen und höchst ambivalenten Eindruck. Keineswegs feiern sie die Freiheit des menschlichen Geistes. Zwar setzen sie die konzeptionell entworfene Poetik um, spielen mit Fragmenten des »gebrochenen Mythos«, allen voran mit Motiven aus dem Alten und Neuen Testament, ferner auch mit Motiven aus antiken Mythen bis hin zu Märchen und Sagen, und lassen daraus ganz neuartige Bilder entstehen. Aber das Gesamtbild des 20. Jahrhunderts, das daraus entsteht, ist düster, durchwirkt von Gewalt und Willkür und zeigt eine Welt in Unruhe und Aufruhr: »die erde ein aufgebrochenes feuer«, heißt es beispielsweise im ersten Vers der zweiten Gedichts mit dem Titel *interplanetare reise*, »und die tote sonne/sie glänzt wie schlecht gepudert«, und im sechsten Gedicht mit dem Titel *vergesslich können nur nüsse sein* sind die Tiere und Menschen, die auf der Welt leben, entweder gewalttätig oder leiden: »laut stampfen rinder hinter hecken/werfen stiere rotumränderte augen ins gras/raubriesenwildtiere/auf der sich drehenden scheibe«.

Die Natur ist zerstört, die Tiere sind entstellt: »über den sieben bergen/schlummern die sieben zwerge/ruft der kranz der verkrüppelten vögel«, eröffnet das Gedicht *über den sieben bergen*; und ein anderes, *das nordidol*: »ich jage hörbar/durch die worte der taubstummen/hörst du sie schreien/sie und die pottwale?«

In *der GAMBADOUR und das reh* lässt ein Jäger ein Reh erblinden: »entlang des rechten zeigefingers/rieb er die augen des rehs/mit der dornigen himbeerranke ein«, nur um es dann monatelang zu pflegen, und in *die perle* begibt sich ein ›ich‹ auf die Suche nach einer Perle, die es einst gekannt hat: »ich bin im kreis gewandert/um den tag um die nacht/um das jahr um den mond«, ohne sie je wiederzufinden, und am Ende bleibt ihm nur, »tiefgebückt/um das einzige mittel/der auslöschung« zu bitten.

Die Gedichte, einige zu schnellen, surrealen Bildfolgen montiert, andere erzählerisch bis hin zur Ballade, kulminieren in den letzten beiden, etwas längeren und narrativen Gedichten, die in ihrer Form auf den Roman *Der Gartenzwerg* verweisen. Im ersten dieser abschließenden Gedichte reißt die alte Ordnung entzwei, die Zwerge erheben sich gegen die gutmütigen Riesen, und mithin auch gegen den alten Gott. Im zweiten tritt sodann der »neue erdenbildner« auf und versucht die Welt neu zu ordnen. Dazu verteilt er u.a. Mescalin, den psychedelisch wirkenden Saft der Peyote-Kakteen, auf die Rosen.

Sodann gerät der Schöpfungsakt völlig aus den Fugen:

als sich links vom s c h ö p f e r
eine perrücke aufpflanzte
hörten sie zugleich danach hysterisches schreien:
»sie können kein gesicht von mir erwarten«.
so weit vom schöpfer war sie entfernt
dass sie nicht DU sagen konnte
da tranken die anderen
im namen des erdenbildners
was sich bot.

In »hockstellung« versucht daraufhin der »neue erdenbildner« auszurichten, was er noch vermochte. Doch er muss erkennen: »einsam werde ich bleiben«. Als ihm schließlich eine Trompete gereicht wird – im Alten Testament verkündete ihr Klang den Israeliten die Thronbesteigung eines Königs –, schüttelt er nur den Kopf: »er konnte von niemanden/gnade erwarten/wusste/und bekannte aufrichtig:/DIE SCHÖPFUNG IST EIN RAUSCHZUSTAND«.

Der »Rauschzustand« bleibt ambivalent – und es ist wohl eine Qualität des Zyklus, dass diese Schwebe nicht aufgelöst wird: einerseits Verlust an Ordnung; andererseits vielleicht doch eine Feier der Freiheit?

Sigtuna, 1964 – und ein mögliches Zusammentreffen mit Hubert Fichte

The Swedish Institute for Cultural Relations – dieser Schriftzug schmückt einen Brief im Nachlass von Ilse Schneider-Lengyel, mit dem sie eingeladen wird, im Anschluss an das Treffen der Gruppe 47 in Sigtuna am Mälarsee an der »Stockholmer Woche der Gruppe 47« vom 13. bis 19. September 1964 teilzunehmen. Das Institut, so ist darin zu lesen, übernehme die Kosten für Flug und Hotel. Unterzeichnet ist der Brief von dem schwedischen Germanisten Gustav Korlén.

Mit ihm zusammen hatte Hans Werner Richter die Idee entwickelt und nach einjähriger Organisation schließlich umgesetzt, eine Tagung der Gruppe 47 in Schweden zu veranstalten. Bis dahin hatte Richter stets den Werkstattcharakter der Treffen betont, was allein wegen des medialen Aufsehens, das inzwischen jede Zusammenkunft auslöste, allenfalls noch als kollektive Fiktion aufrechterhalten werden konnte. Nun schoss Richter, nicht ohne Stolz, in die Gegenrichtung und erhob ein Gruppentreffen zu einem kulturpolitischen Ereignis ersten Ranges. Dazu lud er neben Ilse Schneider-Lengyel viele andere, ehemalige Weggefährten ein.

Vielen missfiel jedoch die allzu offensichtliche Intention Richters, und sie reagierten verstimmt. Einer von ihnen, Uwe Johnson, der seit 1960 an den Treffen der Gruppe 47 teilgenommen hatte, begründete seine Absage mit einer Erfahrung während der Zusammenkunft in Saulgau im Jahr davor:

> Ich gebe zu, wie wenig ich den Zeitschriftenfotografen vergessen kann, der in Saulgau uns nach Art einer Fußballmannschaft aufstellen und festhalten wollte. Ich fürchte ähnliche Effekte bei offiziellen Anlässen.[2]

Wie Uwe Johnson fehlten in Schweden auch Ilse Aichinger und Ingeborg Bachmann, Heinrich Böll und Wolfgang Hildesheimer. Etliche andere feste Größen der Gruppe, etwa Erich Fried, Günter Grass und Hans Magnus Enzensberger sowie die inzwischen so gerühmte wie gefürchtete Kritikerriege aus Walter Höllerer, Joachim Kaiser, Walter Jens, Hans Mayer und Marcel Reich-Ranicki, folgten der Einladung nach Schweden. Nicht zuletzt war auch eine Reihe jüngerer Autoren zugegen, unter ihnen Jürgen Becker, Günther Herburger und Alexander Kluge. Einige, so Peter Bichsel und Hubert Fichte, hatten zudem kurz zuvor an einem Experiment teilgenommen: an der mehrmonatigen Schreibwerkstatt »Prosaschreiben«, die von November 1963 bis Februar 1964 am »Literarischen Colloquium Berlin« stattgefunden hatte und in der u.a. Günter Grass und Hans Werner Richter unterrichtet hatten.[3] Da Hubert Fichte darüber hinaus Ende der 1950er Jahre in Schweden gelebt hatte und die schwedische Sprache beherrschte, betraute ihn Richter auch mit einigen organisatorischen Aufgaben – vor allem für die »Stockholmer Woche der Gruppe 47« und einen eigens dafür aufgelegten Katalog.[4]

Hubert Fichte stand damals noch am Anfang seiner Laufbahn als Schriftsteller. Er hatte bis dahin erst ein Buch mit Kurzgeschichten, *Der Aufbruch nach Turku*, veröffentlicht, in denen er seine Erfahrungen in der bäuerlichen Welt der Provence und in Schweden verarbeitet hatte.[5] Zwar war er dort bereits mit einigen volksreligiösen Riten und sogar Formen der Trance in Berührung gekommen, seine Reisen in die Karibik und sein ethnopoetisches Erkunden der afroamerikanischen Trance-Religionen lagen jedoch noch vor ihm.[6] Allerdings war er zu diesem Zeitpunkt bereits – als bekennender Homosexueller – mit der fast 20 Jahre älteren Fotografin Leonore Mau liiert und hatte bereits viele Pläne für gemeinsame Arbeiten entwickelt.[7]

Ilse Schneider-Lengyel ist der Einladung nach Sigtuna nicht gefolgt. Trotzdem ist es reizvoll, sich vorzustellen, sie wäre dort mit Hubert Fichte zusammengetroffen. Hätte sich zwischen den beiden ein Gespräch entwickelt? Wären sie sich darüber nähergekommen? Hätte sich daraus vielleicht sogar ein längerer Kontakt über die Zeit am Mälarsee hinaus ergeben? Anknüpfungspunkte hätten sie zur Genüge finden können. Sicherlich hätten sie als Erstes ihre gemeinsame Vorliebe für Frankreich, für die französische Kultur und die französische Sprache entdeckt. Fichte hatte bereits 1952, im Alter von 17 Jahren, Frankreich bereist und seitdem immer wieder dort gelebt, sowohl in Paris als auch in der Provence. Zudem hätte Fichte, der einen großen Wissenshunger besaß, sicherlich Ilse Schneider-Lengyels enorme Kenntnisse über die bildende Kunst und Architektur Europas zu schätzen gewusst. Auch die Fotografie wäre mit Sicherheit ein Thema ihrer Gespräche geworden. Da er seit zwei Jahren mit Leonore Mau zusammenlebte, hatte er über sie die Arbeit mit diesem Medium kennengelernt und sogleich das künstlerische Potential auch für seine Arbeit erkannt. Nach dem Vorbild von Peter Weiss fertigte er seitdem aus ihren Fotografien Collagen, mit denen er seine frühen Texte – allen voran seine Theaterstücke – illustrierte.[8] Vielleicht hätten sie sich auch über avantgardistische und experimentelle Literatur ausgetauscht und ihre Bewunderung für das Werk von Ezra Pound miteinander geteilt. Früher oder später wären sie sicherlich auch auf die Ethnologie zu sprechen gekommen. Fichte hatte sich zu diesem Zeitpunkt noch nicht mit der Geschichte dieser Wissenschaftsdisziplin auseinandergesetzt, aber sein Blick auf die Welt und seine Schreibweise waren bereits ethnologisch infiltriert: Ihn interessierte nicht die Psychologie seiner Figuren, sondern ihr Verhalten – ihre Bewegungsmuster, ihre Zeremonien, ihre Tänze. Hätte Fichte darüber einen Zugang zu Ilse Schneider-Lengyels Vorstellungswelt der Naturvölker gefunden, die auf einem sehr viel älteren und spekulativeren Konzept der Ethnologie beruhte? Hätte er mit seiner einfühlsamen und suggestiven Art, auf andere einzugehen und sie zum Sprechen zu bringen, wie er es in vielen späteren Interviews bewies, Ilse Schneider-Lengyel aus ihrer inneren Zurückgezogenheit gelockt? Hätte er ihren Kokon, in den sie sich immer weiter eingesponnen hatte, noch einmal an einigen Stellen öffnen können?

Die gegenseitigen Anziehungskräfte, die in der Konstellation Ilse Schneider-Lengyel und Hubert Fichte liegen, so unterschiedlich ihre künstlerischen Arbeiten auch sein mögen, hat nicht zuletzt Walter Höllerer erkannt. In seinem Text *Die Gruppe 47, gesehen im Jahr 88*, geschrieben zu Hans Werner Richters 80. Geburtstag, positioniert er sie zeitlich an den Anfang und das Ende der Gruppe und lässt beide, die schließlich Außenseiter geblieben sind, sich in einer gemeinsamen Poetik treffen. In Höllerers Text heißt es:

> Gegen Ende der Gruppe 47-Zusammenkünfte fand Hubert Fichte mit seinen Fahrten zwischen jetzt und dort in *Xango* und *Petersilie* und in der *Geschichte der Empfindlichkeit* die Berührung mit Ilse Schneider-Lengyels Anfangsspur. […] Schreib- und Lebensansichten von Ilse Schneider-Lengyel haben, ähnlich denen von Hubert Fichte, nicht in den Consens der Gruppe 47 Eingang finden können. Dazu hätte die »bewegliche Gruppe« ein beweglicheres Verhältnis zu politischen und poetischen Gesprächen finden müssen. […] So wurde auch die anthropologisch-politische Poetik von Schneider-Lengyel und von Fichte, in der Gruppe selber, wenig bemerkt.[9]

Der Gartenzwerg

In welchem Maß die Poetik, die Walter Höllerer herausgestellt hat, bis zuletzt wirksam geblieben ist, bezeugt das umfangreichste Manuskript, das sich im Nachlass findet: der Roman *Der Gartenzwerg*. Darin spielen Pygmäen – und zwar die Kultur der Bambuti am Fluss Ituri in Zentralafrika – eine wichtige Rolle. Denn die Grundidee des Romans besteht in der surreal anmutenden Begegnung zwischen einem Gartenzwerg und einem afrikanischen Pygmäenvolk.

Die Pygmäen hatten in den spekulativen Theorien der frühen deutschen Ethnologie der 1920er und 1930er Jahre eine zentrale Stelle eingenommen. In dieser Kleinform der Menschheit, so die Vorstellung, die vor allem Pater Wilhelm Schmidt in seinen Schriften vertrat, verdichtete sich bereits, was die ausgewachsenen menschlichen Kulturen erst wieder langsam über mehrere Kulturstufen erreichen mussten: ein genuin humanes, vor allem auf das Gemeinwohl gerichtetes Verhalten. Breits 1910 hatte Pater Wilhelm Schmidt in seinem Buch *Die Stellung der Pygmäenvölker in der Entwicklungsgeschichte des Menschen* geschrieben:

> Die grössten Überraschungen bieten uns die Pygmäen auf sozialem, ethischem und religiösem Gebiete. Denn überall hier sehen

> wir bessere, reinere und innerlich höhere, wenn auch äusserlich einfachere Verhältnisse als bei den allermeisten kulturell höherstehenden übrigen Natur- und den Kulturvölkern [...].[10]

Dieses Bild der Ur-Kultur der Pygmäen nimmt Ilse Schneider-Lengyel in ihrem Romanmanuskript auf und erneuert es. Für den Protagonisten bilden sie den Ort der Sehnsucht und das Ziel seiner Reise. Um diese Passagen zu gestalten, konnte Ilse Schneider-Lengyel auf ethnographische Arbeiten eines Schülers von Pater Wilhelm Schmidt zurückgreifen. Paul Schebasta, ebenfalls ein Styler Missionar und Ethnologe, unternahm seit Ende der 1920er Jahre viele Forschungsreisen zu Pygmäenkulturen sowohl in Asien als auch in Afrika. Besonders intensiv widmete er sich den Bambuti-Pygmäen am Fluss Ituri, in der damaligen Kolonie Belgisch-Kongo gelegen. Darüber schrieb er mehrere populärwissenschaftliche Bücher und veröffentlichte eine dreibändige ethnologische Studie.[11] Auch wenn dem Manuskript *Der Gartenzwerg* keine Bibliographie beigefügt ist, zeigt ein Vergleich, dass Ilse Schneider-Lengyel die Bücher Paul Schebastas für ihren Roman herangezogen hat. Die Passagen, die tatsächlich bei den Pygmäen spielen, sind zugleich die am flüssigsten erzählten des Manuskripts.

Der Roman liegt im Nachlass in unterschiedlichen Fassungen vor. Eine erste stammt bereits aus dem Jahr 1956. Am 23. März bestätigte der Agis Verlag, in dem ein Jahr zuvor Arno Schmidts *Kosmas* erschienen war, den Erhalt des Manuskripts, das in dem entsprechenden Brief als »experimenteller Kurzroman« charakterisiert wird. Am 31. April wandte sich Ilse Schneider-Lengyel erneut an den Verlag, um eine Idee für die Publikation vorzuschlagen: »Ich habe sehr schöne abstrakte Zeichnungen der Pygmäen aus Zentralafrika zur Illustration.« Die Pygmäen zählten also von Anfang an zum festen Bestand des Romanprojekts. Zu einer Publikation im Agis Verlag kam es jedoch nicht.

Etwa in demselben Zeitraum wandte sich Ilse Schneider-Lengyel auch an Wolfgang Weyrauch, der seit Anfang der 1950er Jahre zur Gruppe 47 gehörte, mit der Bitte, das Manuskript zu lesen und zu kommentieren. Doch der Autor von metaphysischen Hörspielen und in den 1950er Jahren Lektor im Rowohlt Verlag, antwortete erst Monate später – und sehr verhalten: Am 29. August 1956 schrieb er an Ilse Schneider-Lengyel:

> Ich fürchte, es hat keinen Zweck, mit Ihnen über den *Gartenzwerg* zu korrespondieren. Der Text ist zu komplex; das, was ich

> dagegen habe, ist zu diffizil, als dass ich es aussprechen könnte, ohne mit Ihnen, das Manuskript in der Hand, Fühlung zu haben, derart, dass wir beide, das Epos, oder wie immer man es nennen mag, Seite für Seite, ja Zeile für Zeile durchwandern, um unter den Schlingpflanzen, die darüber ausgebreitet sind, das Fleisch zu entdecken. Das Praktikable.[12]

Ilse Schneider-Lengyel ließ sich davon aber offensichtlich nicht beirren. Sie schrieb weiter an ihrem Roman, zunächst gleich im Herbst 1956 und dann vermutlich in mehreren, kleineren Schüben, bis der »experimentelle Kurzroman« zu einem Manuskript von 242 Seiten und 23 Kapiteln angewachsen war. Wegen der inhaltlichen Nähe zum Gedichtzyklus *Die Schöpfung ist ein Rauschzustand* – vor allem im zweiten Teil des Romans – ist zu vermuten, dass sich das Schreiben daran bis in die 1960er Jahre erstreckt hat.

Jedenfalls taucht das Manuskript *Der Gartenzwerg* und die Frage seiner Veröffentlichung auch in den Briefen aus den 1960er Jahren immer wieder auf, zuletzt in einem Brief des jungen Gerhard Köpf vom 8. Juni 1967. Köpf, damals noch Schüler in Pfronten, hat Ilse Schneider-Lengyel zwischen dem Herbst 1966 und dem Sommer 1967 einige Male besucht und wurde von ihr in die Welt der Kunst eingeführt.[13]

Von der Lektüre des Manuskripts zeigte er sich begeistert und schrieb:

> Wie herrlich der GARTENZWERG ist, brauche ich Ihnen erst gar nicht zu sagen. Ich lache und amüsiere mich, wie man sich nur bei einem absoluten Kunstwerk amüsieren und erfreuen kann. Dieses Manuskript, dieser helle Angriff, will gedruckt werden.[14]

Beigefügte Fotografien

Dem Manuskript liegen, wie auch dem Gedichtzyklus *Die Schöpfung ist ein Rauschzustand*, einige Fotografien bei, die auf der Rückseite beschriftet sind. Die Fotografien zeigen einen herkömmlichen Gartenzwerg von gedrungener Gestalt mit Zipfelmütze und Gartenschürze und einem langen weißen Bart. Die Figur trägt viele, deutlich sichtbare Gebrauchsspuren. Sie verbildlicht den Protagonisten, der auf der Rückseite stets den Namen »Bällchen« trägt. Auf zwei der neun Fotografien ist dem Gartenzwerg eine Mundfessel in Form eines schimmernden Geschenkbandes angelegt. Damit ist ein Grundmotiv inszeniert, das sich durch den Roman zieht – eine Selbstbeschreibung des Protagonisten: »Schweigen und Beobachten ist meine Aufgabe.«[15]

Auf vielen Fotografien zeigt sich im Hintergrund eine weitere Fotografie – und zwar aus der Serie von altamerikanischen Figuren und Gefäßen, die Ilse Schneider-Lengyel im Mai 1955 im Berliner Völkerkundemuseum aufgenommen hat. Das verleiht den Fotografien den Charakter einer Montage. Die altamerikanischen Objekte stehen, wie die Rückseite offenbart, für andere Figuren im Roman, so für »Ninott«, von dem es auf einer Fotografie zudem heißt: »Das Paar: Bällchen und Ninott« oder »Pedal, der Hund von Sezionedes«. Auch wenn es sich nicht um Abbildungen von Pygmäen handelt, unterstreichen die Fotografien nochmals die ethnologisch inspirierte Konstellation des Romans: Eine Figur der eigenen Kultur trifft auf Figuren aus einer ganz anderen, fremden Kultur. Doch wie setzt der Roman diese Konstellation um? Wie ist die erzählte Welt beschaffen, die er eröffnet? Welche Wege und Schneisen schlägt er? Was daran ist, in den Worten Weyrauchs, »das Praktikable«, und was sind die »Schlingpflanzen«?

Die Handlung

Erste Aufschlüsse darüber lassen sich aus dem unmittelbaren Anfang, der Eröffnung des Prologs gewinnen:

> Manchmal verfalle ich in Traum
> manchmal ausgelöscht [vermutlich: ausgelöst, PB]
> durch das Blinzeln eines Vorübergehenden
> manchmal in die Weltwindungen eingetaucht[16]

Die Welt, von der im Roman erzählt wird, schwankt also zwischen Wachen und Traum. Sie hat keinen Bestand, keine Konsistenz, kann augenblicklich kippen und ihre Gestalt verändern. Bald ereignet sich das Geschehen, sofern es sich zu erkennen gibt, im Anderswo einer Traumwelt, bald an einem konkreten, lokalisierbaren Ort.

Die Hauptfigur, die in der ersten Person erzählt und sich mithin in dieser amorphen Welt bewegt, ist ein Zwerg. Er charakterisiert sich selbst, wie bei der illustrierenden Fotografie bereits angesprochen: »Schweigen und Beobachten ist meine Aufgabe.«[17] An sehr

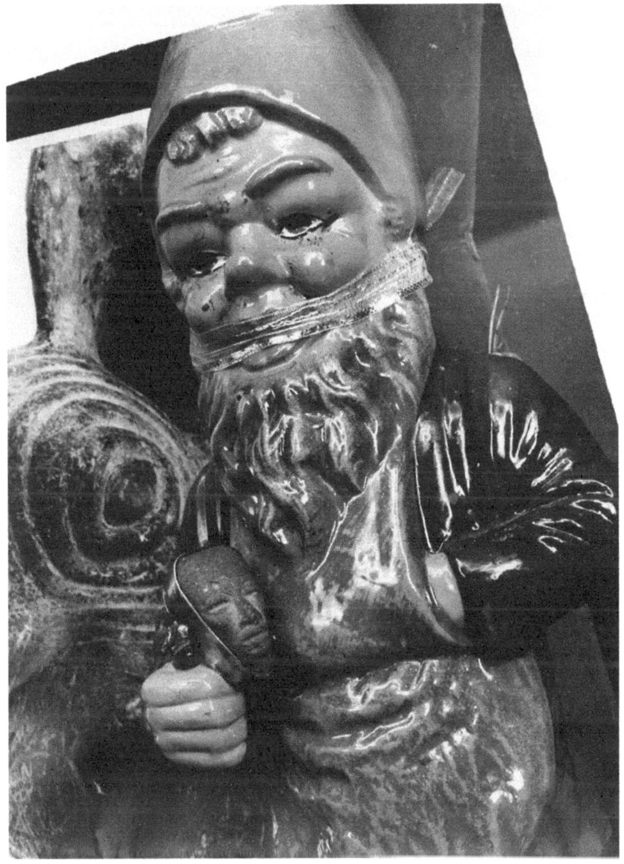

Fotografie zum Romanmanuskript *Der Gartenzwerg*

viel späterer Stelle hingegen heißt es: »[…] mein über Armut und Missverstandensein aussagendes Zwergendasein«.[18] Auch der Status der Hauptfigur changiert also: zwischen einem realen Zwerg in Gestalt eines Gartenzwergs und einem symbolischen Zwerg, der für einen Menschen steht, der durch seine Lebenserfahrungen kaputt und kleingehämmert worden ist. Aber auch im Hinblick auf sein Geschlecht zeigt sich der Gartenzwerg variabel: Einmal lebt er in einer Konstellation, in der er einen männliche Position einnimmt, ein anderes Mal in einer, in der er einen weiblichen Ort besetzt.

Die Geschichte, die im Roman in dieser stets beweglichen Welt erzählt wird, lässt sich als eine lange, verschlungene Reise beschreiben, die den Gartenzwerg zu einem Pygmäenstamm in Zentralafrika an den Fluss Ituri führt und von dort weiter auf einen Stern im Weltall. Es ist zugleich eine Art mythischer Reise: Sie folgt nicht den Mustern des modernen Entwicklungsromans, sondern älteren Formen episodischen Erzählens, wie sie bis zum Barock üblich waren. Der Protagonist vollzieht keinen Reifeprozess, sondern durchläuft verschiedene Stationen, an denen er jeweils rituelle Wandlungen erfährt. Im »Prolog«, einem mythischen Vorspiel, wird das offene Ziel der Reise genannt:

> [...] mit dem feuchten Finger benetze ich die Wolke
> und kratze aus den Hieroglyphen die Milchstrasse heraus
> nicht ein sondern zwei Jahrhunderte stehe ich in der Vollsonne
> es wird sich ergeben, ob ich Einblick gewinne
> denn die Fächer der Kälte rieseln immer noch über mich[19]

Einblick zu gewinnen – in das Leben auf dieser Welt und gegen Ende auch in das Weltall mit seinen »Stellaren« und »Atomaren«, darum geht es. Doch bevor die Hauptfigur, Bällchen, dazu gezwungen wird, die Reise anzutreten, darf sie noch eine Art Paradies erleben: die Liebe der Olivenhändlerin Servata. Sie erst ruft den Gartenzwerg ins Leben. Doch bald schon ist dieses Paradies bedroht durch einen Dritten. Servata findet Gefallen an dem schönen Alabaster. Es entwickelt sich eine *ménage à trois*, in der Bällchen mehr und mehr von Eifersucht zerfressen wird – bis Servata schließlich ein Kind von Alabaster erwartet:

> »Ich bekomme ein Kind«, schluchzte sie.
> Da wusste ich, es muss eine Tochter von Alabaster sein –
> nie hätte er einen Sohn hervorbringen können.
> Ich fragte: »Von Alabaster?« Sie nickte nur
> und es gab einen furchtbaren Auftritt zwischen uns,
> meine Jähzornsausbrüche wiederholten sich im Rhythmus
> und wenn ich wieder Mut gefasst hatte,
> bedrohte ich sie auch körperlich bis sie mir eines Tages,
> als ich hereinkam, zurief: »Zieh' Deine Schuhe aus,
> du machst meinen kostbaren Teppich schmutzig.«
> Ich habe meine Schuhe ausgezogen aber alle Gäste sahen,
> dass mein rechter Fuss verkrüppelt war.
> Von da ab hab' ich kein Wort mehr mit ihr geredet.[20]

Bällchen ist damit endgültig aus dem Paradies vertrieben und beschließt »auszuwandern«. Bevor er jedoch seinen Plan umsetzen kann, muss er zunächst seine Ehre wiederherstellen und das notwendige Geld verdienen. Dazu nimmt er die Stelle eines Anatomiedieners in einer Millionenstadt an. Dort trifft er auf eine Prinzessin und nimmt sich ihrer an. Sie lebt jetzt mit Ninott zusammen, mit dem Bällchen früher liiert gewesen war. Ihre Lebensgeschichten, die sie sich erzählen, kreuzen sich, und die Situation endet erneut in einer Dreier-Konstellation, in der Bällchen wiederum den Kürzeren zieht.

Ninott wird von ihnen als zwiespältiger, ambiguer Charakter gezeichnet: Einerseits liest er als autodidaktischer Gelehrter viele seltene Bücher, andererseits setzt er andere ständig herab und berauscht sich an seiner Macht. Bällchen, seinen geliebten Freund, hält er zeitweise sogar in Ketten. Zu einem anderen Zeitpunkt zwingt er ihn, durch eine lange Yoga-Praxis zu einem Fakir zu werden, und tauft ihn auf den Namen Telekinese, nur um ihn danach auf einem Jahrmarkt zur Schau zu stellen. Bällchen Telekinese ringt die ganze Zeit um seine Freiheit, kommt aber von Ninott nicht los: »Wollte ich mich nicht wehren oder konnte ich nicht«, fragt sich die Hauptfigur an einer Stelle und kommt sogleich zu dem Schluss: »Kann mich aber auch nicht wieder mit ihm zusammentun.«[21]

Endlich erreicht Bällchen Telekinese ein Einladungsschreiben des Pygmäenältestenrats der Ituri. Sie bezeichnen sich darin als freie, unabhängige und egalitäre Kultur, die aber zugleich eine intellektuelle Neugier für andere Gesellschaften hegen – nicht zuletzt gegenüber Deutschland. Um dies zu zeigen, liegt dem Brief das Schreiben eines unabhängigen Pygmäenpublizisten bei, in dem dieser – in einer umgekehrten Ethnographie nach Art der *Persischen Briefe* von Montesquieu aus dem Jahr 1721 – die deutsche Kultur beschreibt.[22] Bald fällt der fremde Blick spöttisch, bald kritisch aus. So heißt es an einer Stelle:

> Alle Männer sind gleich gekleidet
> mit ausgestopften Schultern und ganz ohne Farbe
> ein ganz klappriger wird ein breitschultriger Riese
> und ein kugeldicker sieht schlank aus wie ein Strich
> das sind die Künste der berühmten Schneider
> es kann aber manchmal zu Enttäuschung unter den Frauen führen
> daher scheiden sich viele
> wie sie voneinander angeekelt sind
> es legen nicht alle Frauen Gewicht

auf einen ausgeglichenen Körper
sie heiraten auch welche mit Kropf
oder solche die aus der Nase tröpfeln
oder sie sei mit Bartstoppeln kitzeln
diesen Mädchen sind Knöchel und Handgelenke
und eine schöne melodische Stimme einerlei.[23]

Und an anderer Stelle heißt es kulturkritisch – und erstaunlich aktuell:

Alles hängt in Deutschland von dem sich verschnellernden
Fortschritt ab. Wir haben nichts ähnlich Radikales aufzuweisen
ich glaube aber dass damit alles viel leichter geht
nur kann man sich nicht mehr ausruhen.
Die Deutschen haben mir anvertraut
dass eine Managerkrankheit
unter ihnen ausgebrochen sei.[24]

Die Beschreibung des Pygmäenpublizisten bestärkt den Gartenzwerg darin, die vermeintliche Zivilisation hinter sich zu lassen. Bis er jedoch bei den Ituri eintrifft, schlägt die Erzählung noch manchen Haken. So lernt Bällchen auf der Überfahrt von Sizilien nach Tunis einen amerikanischen Arzt kennen. Früher war er mit einer Frau in Paris verlobt, die sich schließlich für eine Wachspuppe hielt und ins Hospital *Saint Anne* eingeliefert worden ist. Um die Heilchancen zu erhöhen, verlegte man sie in ein psychiatrisches Krankenhaus in der tunesischen Stadt Sousse. Dort wollte der Arzt sie nun besuchen, befürchtet allerdings einen Rückfall. Bällchen will vermitteln. Doch während seiner Bemühungen verdrehen sich die Rollen: Der Arzt wird eingeliefert, und die ehemalige Patientin erhält eine Stelle als Pflegerin. Diese nutzt sie, um Rache zu üben und den Arzt zu erstechen.

Bällchen flieht daraufhin, weil er Angst hat, in den Fall verwickelt zu werden, und reist endgültig zu den Ituri. Dort wird er herzlich empfangen und mit einem Ritual in den Stamm aufgenommen. Sehr genau beobachtet er die ihm neue und fremde Kultur:

Um mich herum im Dorf Lianen-Netze flechtende Frauen
daneben die abgestellten Speere der Jäger
die das Wild ausweideten
und auf großen Blättern anrichteten.
Mädchen, die schon mit der Bereitung des Mahls beschäftigt waren

andere – Feuer auf eine schwierige Art zu entfachen.
Löcher wurden in runde Hölzer geschnitzt
dann dem nächsten übergeben der mit einem Stab in den
Löchern quirlte.
Das pausenlose Reiben schien das Holzmehl zum Glimmen
zu bringen.
Schließlich liessen sie das Holzmehl auf trockenen Bast fallen,
vielleicht war es auch Baumwolle, und durch Blasen
brachten sie das leicht entzündliche Zeug zum Brennen.[25]

Kein Wunder also, dass die mitgebrachten Gastgeschenke – Salz, Tabak und Zündhölzer – bei den Pygmäen gut ankommen und dem Gast aus Deutschland bald zu hohem Ansehen verhelfen. Dieser bemüht sich seinerseits, sich schnell in die Kultur der Pygmäen einzuleben und ihre Sprache zu erlernen. Ihren kulturellen Praktiken begegnet er mit einem hohen Maß an Kenntnis und Verständnis:

Alle waren sehr neugierig ich sollte aber nur das Salz zeigen.
Ich war selbst sehr erstaunt, wie unnatürlich weiss es hier wirkte,
denn ich wusste ja, wie mühsam sie ihr Salz aus Ascherückständen
von den Blüten der Ölpalme und vom Holz des Bananenbaums
gewannen,
wie sie es mit Wasser durch einen Blätterbeutel filtrierten und
schliesslich trockneten, um es für die Küche zu verwenden.[26]

Für den Gartenzwerg wird der Aufenthalt bei den Pygmäen zu einer seelischen Kur. Er verrichtet die Arbeit der Frauen; von der Jagd der Männer bleibt er stets ausgeschlossen – auch und gerade von der Elefantenjagd, dem wohl gewaltigsten Ereignis im Leben der Ituri. Als Überbringer und Herr der Zündhölzer gewinnt er darüber eine neue Identität: Aus Bällchen Telekinese wird nun der Feuermann, der sich selbst den Vornamen Sédar gibt – den zweiten Vornamen des afrikanischen Dichters und Staatsmanns Léopold Sédar Senghor. Als Sédar Feuermann reflektiert er schließlich:

Meine Lebensfreude gewann langsam die Oberhand.
Ich war nicht mehr mit Stummheit geschlagen
brauchte keine Uhr aufzuziehen
mich weder jagen noch hetzen
noch foltern lassen wie bei Ninott
ich wurde nicht zur Schau gestellt und verlacht

nicht aus meinem Gartenzwerg-Revier verwiesen
oder behelligt – man mischte sich nicht ein.
Ich begann die lange Vergangenheit zu vergessen
Tagtraumstunden hatten ein liebevolles Gesicht
grausame Ereignisse in der Natur ertrugen wir gemeinsam.
Im Inneren Afrikas hatte ich Herzen entdeckt
und das meinige wiedergefunden.[27]

Um dieser Summe seines Lebens bei den Ituri noch mehr Gewicht zu verleihen, versichert sich Sédar Feuermann nochmals seiner Erfahrung und entgegnet allen Vorurteilen:

Es waren keine verkrüppelten oder zurückgebliebenen
Menschen die Pygmäenzwerge
sondern einfach eine Urrasse in Afrika
die Babinga Babeka Nyoke die Akka und die Efé.[28]

Die letzte Zeile erinnert an die Aufzählung von Götternamen aus dem brasilianischen Candomblé oder dem haitianischen Vaudou, die Hubert Fichte sehr viel später in seine Texte aufnehmen wird und die er selbst als Litaneien bezeichnet hat. Im Roman *Der Gartenzwerg* jedoch ist damit kein ethnopoetisches *happy ending* markiert. Sédar Feuermann holt irgendwann – und Zwergenleben sind lang – sein früheres Leben ein. Ihn erreicht eine Anklageschrift, in der ihm 15 Vergehen vorgeworfen werden. An ein Bleiben ist für ihn daraufhin nicht länger zu denken.

Dem Wendepunkt auf der Ebene der erzählten Geschichte entspricht auch ein Wendepunkt im Erzählen: Die bis dahin bereits nur lose bestehende Stringenz löst sich mehr und mehr auf und weicht einer zunehmend sprunghaften Folge unzusammenhängender und willkürlicher Szenen, die allenfalls noch von einer Logik des Traums zusammengehalten werden. Sédar Feuermann beschließt nämlich, die Erde zu verlassen und Asyl auf einem fernen Planeten zu suchen. Der Übergang wird so beschrieben:

Jedenfalls vergiessen die Kleinrinder Tränen,
weil die Gestirne vorsichtshalber die Läden heruntergelassen haben
ich krieche erwartungsvoll hindurch.
Nachdem ich vom Lichtgott keine Spur vorfinde,
nehme ich den Tragestrick zwischen die Lippen
und grabe mir eine Sternengrube.[29]

Er richtet sich ein Lager aus Stroh, begegnet einem fremden, gleichwohl menschenähnlichen Sternenvolk und imaginiert sich einen Sohn mit Namen Titus, der als Bettler lebt. Am eindringlichsten geraten dabei jene Passagen, in denen Sédar Feuermann durch ein Gift in seinem Stroh atomar verseucht wird und sich innerlich aufzulösen beginnt. Hier scheint der Endpunkt seiner Lebens- und Weltreise erreicht zu sein. Anfangs kann er seinen Zustand noch wahrnehmen:

> Die anfängliche Gier nach dem Neuen,
> der Rausch hielt nicht an.
> Ich wartete auf Situationen.
> Nun warte ich nicht mehr ich greife nicht mehr ein
> die Ereignisse verfehlen ihre Wirkung auf mich
> ich werde mir selbst ein Fremdkörper. […]
> Ich begegne mir als Randgestalt.[30]

Sodann ergreifen ihn aber zunehmend alptraumhafte und psychedelische Bilder, und er findet sich in einer Hochmoorlandschaft auf dem fremden Stern wieder:

> Eine eiserne Kraft stürzt mich
> in die ungeschrienen Schreie der Visionen,
> das Leben wird langsam still gelegt
> ich fühle mich in meine Bestandteile zertrennt
> hier und dort spricht sich ein Fuss selbst an
> ein Arm konferiert mit zwei Haarwurzeln
> der fremde Planet hat sich meiner bemächtigt
> nähe mir Fingerkuppen in die leeren Augenhöhlen
> und sehe mit ihnen durch und durch
> bin eine Riesenkugel voll Schleim,
> die aus dem Hals tropft.
> Bei wachem Bewusstsein ist mein Leib gelähmt
> ich fahre im Rollstuhl über das Hochmoor
> der Antreiber jauchzt und grinst
> und schiebt mich tiefer hinein
>
> Mein Kopf wird riesig
> und fliegt auf mich zu
> ich durchbohre den gesunden Kopf mit dem kranken Kopf
> wir fahren durcheinander hindurch
> weil wir weiterbestehen wollen

haben aber gegenseitig die Absicht uns zu vernichten.
Meterhohe Ameisen gehen rechts und links
am Rollstuhl vorbei,
der Rollstuhl ist aber meine Wirbelsäule
ich bin zu einer nichtssagenden
Figur zusammengeschmolzen.[31]

Den Höhepunkt bildet die Begegnung mit einer Person, die sich zugleich als anderes Ich herausstellt – eine Begegnung mit sich selbst. Dieses andere Ich ist:

[…] eine kleine aber wohlgestaltete und wie mir schien stolze Person.
Ich beobachtete, dass sie türkisblaue Hosen trug
bis zum Gürtel und eine ganz hell beleuchtete Mütze
aber zwischen Gürtel und Mütze waren silberne Rippen
die so stark nach Salmiak rochen
dass ich einen langandauernden Erstickungsanfall
über mich ergehen lassen musste.[32]

Aus dieser Selbstbegegnung erwächst schließlich die Einsicht: »die unwürdigste aller Menschentaten: sich um das eigene Ich drehen«.[33] Ist das die Einsicht, um derentwillen der Gartenzwerg einst zu seiner Reise aufgebrochen ist?

Noch einmal stemmt er sich daraufhin gegen seinen eigenen Verfall und kann sogar noch auf die Erde zurückkehren. Dort debattiert er mit einem Kernphysiker über die Gefahr der Atomkraft und mit einem Abt über die Sinnlichkeit der spätrömischen Büsten. Am Ende findet er tatsächlich noch eine Frau, eine Kreolin, die als Stewardess arbeitet und ihn trotz seiner ungeschickten Anträge heiratet. Aber das atomare Gift frisst weiter sein Inneres auf – bis zu seinem letzten Atemzug.

Die Poetik des Romans

Die Anlage des Romans ist vielschichtig. Ständig wechselt die Tonlage, hebt als surrealistische Bildfolge an, geht dann in einen erzählerischen Duktus über, um schließlich wieder in dramatische Rede zu kippen. Hinzu kommen bewusste Brüche, die eine konventionelle Erzähllogik unterlaufen wollen. Zudem gibt es Elemente, die eher in den Text hineinmontiert sind, etwa in dem langen Kapitel, das bei den Pygmäen spielt, drei Gedichte aus *Totem und Trommel.* Zusammengehalten wird alles von einer Form, die nicht der Prosa zuzurechnen ist, sondern eher, wie Wolfgang Weyrauch es zu fassen versuchte, dem Epos.

Kein Wunder also, dass auch ein anderer professioneller Leser, Heinz Schöffler, der als Lektor im Hermann Luchterhand Verlag in Darmstadt arbeitete, Schwierigkeiten hatte, das Manuskript einzuordnen. Im Versuch, ihm gerecht zu werden, umkreist er es mit verschiedenen Begriffen und charakterisiert es durchaus treffend in seinem Brief vom 18. März 1958 an Ilse Schneider-Lengyel:

> Wir hatten allerdings, als Sie uns von einem Roman erzählten, auf Prosa gehofft und nicht auf freie rhythmische Verse oder lyrische Prosa oder wie Sie es nennen wollen. Ihr Werk ist, so amüsant und imaginativ einige Details auch wirken, auf weite Strecken hin so esoterisch und kryptisch und infolge der aus vielen Zeiten und Zonen hergeholten Assoziationen schlechthin verwirrend. Die – zweifellos frappierende – Montagetechnik, derer Sie sich bedienen, stellt selbst den literarisch imprägnierten Leser vor Anforderungen, denen er ohne kommentierende Hinweise kaum gewachsen ist.[34]

Ein solcher die Lektüre unterstützender Kommentar hätte zuerst den vielen Anspielungen und intertextuellen Verweisen nachzugehen – angefangen mit den Namen: Servata, Alabaster, Ninott etc., um fortzufahren mit den literarischen Bezügen zur Bibel, zum *Faust*, zu *Peer Gynt*, zu *Herz der Finsternis* bis zu *Auf der Suche nach der verlorenen Zeit* u.v.a. Ein ganz eigenes Feld darunter bildeten die vielen Bezüge zum Surrealismus bis hin zur Konzeption einer *L'Art magique* von André Breton – in Frankreich, aber auch in der schmalen Rezeption in Deutschland.

Gerhard Köpf nannte das Manuskript, das er gelesen hatte, zudem ein »absolutes Kunstwerk« – gut möglich, dass er diesen Begriff von Ilse Schneider-Lengyel übernommen hat. Auch dieser Hinweis deckt eine Seite des Manuskripts auf – weniger allerdings im Sinne der *poésie pure* Paul Valérys als vielmehr in der Tradition der frühromantischen, alle Gattungen wieder zusammenführenden Universalpoesie, wie sie August und Friedrich Schlegel entwarfen.

Doch vielleicht wird dem Manuskript am ehesten gerecht, wer es als Summe einer eigenwilligen und unkonventionellen Künstlerin liest, in die sie ihre Erfahrungen, ihre Lebensthemen, ihre Obsessionen, ihre Ängste, vor allem jedoch die Leuchtschrift ihrer Imaginationen eingetragen hat. Sicherlich: Manche Motive bieten sich nur allzu offensichtlich für eine autobiographische Lesart an. So die auffällige und sich wiederholende Dreiecksbeziehung einschließlich der tief empfundenen Eifersucht; so das Spiel und Changieren mit dem Geschlecht der Hauptfigur; und so vielleicht auch die Krankheit zum Tode, die den Gartenzwerg am Ende befällt. Dennoch sind diese Motive immer zugleich spielerisch überformt und damit aus jeder abbildrealistischen Ordnung ver-rückt. Nichts lag Ilse Schneider-Lengyel in ihrer Kunst ferner als ein ›Automatismus der Abbildung‹ – nicht einmal und gerade nicht in der Fotografie. Und nichts verachtete sie mehr als eine Kunst, die sich nur um die Individualität des Schaffenden dreht.

Freilich ist *Der Gartenzwerg* auch kein fertiges und durchgearbeitetes Manuskript. Viele Stellen werfen die Frage auf, welche Kriterien Ilse Schneider-Lengyel selbst an ihr Schreiben angelegt hat und wie sie ihr Manuskript als Autorin selbst wahrgenommenen und im Hinblick auf ihre möglichen Leser reflektiert hat. Kein Buch jedoch entsteht in der Isolation. Es braucht immer ein kritisches Gegenüber auf Augenhöhe, es braucht die Rückmeldung einer prüfenden und den Text auf die Probe stellenden Lektüre, beispielsweise durch eine Lektorin oder einen Lektor – erst so entsteht ein Buch. Ilse Schneider-Lengyel hatte niemanden, der diese Rolle übernehmen wollte. Wolfgang Weyrauch, den sie darum bat, lehnte ab – im klaren Bewusstsein, was das Manuskript gebraucht hätte.

Von daher dokumentiert *Der Gartenzwerg* sehr genau die Bedingungen seiner Entstehung. Er ist das Dokument eines inneren Rückzugs. Er ist ein Manuskript ohne kritischen Leser, ein Manuskript ohne Austausch, Gespräch und gemeinsame Reflexion – und somit ein Text, der davon zeugt, wie sich seine Autorin zunehmend in ihre eigene Einsamkeit eingesponnen hat, bis nur noch sie selbst den niemals abbrechenden Einfällen und sprachlichen Bildideen sowie den Wörtern und Sätzen, in die sie ihre Imaginationen kleidete, einen Sinn abgewinnen konnte.

Letzte Zeugnisse

Das gilt allerdings nur für ihre literarischen Arbeiten. In den letzten schriftlichen Zeugnissen Ilse Schneider-Lengyels, die sich im Nachlass finden, äußert sie sich ganz klar. Vom 26. Oktober 1967 datiert ein Brief an das Lektorat des F. Bruckmann Verlags in München. Daraus geht hervor, dass sie dem Verlag zuvor zwei Studien ihres geschiedenen Mannes über die Kultur der Kelten zur Veröffentlichung angeboten hat. Eine davon ist sicherlich *Le Secret des Celtes*, die bis dahin nur als Manuskript vorgelegen hat und erst im Jahr 1969 in Frankreich veröffentlicht worden ist.[35] Um welches andere Manuskript es sich handelt, geht aus dem Nachlass nicht hervor. Der Brief lautet:

> Sehr geehrte Frau Hofstadt,
>
> haben Sie zuvor vielen Dank für Ihr freundliches Schreiben vom 23. ds. [Monats, PB], das heute in meine Hände gelangte. Ich lese daraus, dass Herr MÜLLER Ihnen von den zwei Buch-Manuskripten von L. LENGYEL gesprochen hat.
> Auf Ihre Frage: es handelt sich tatsächlich ausschliesslich um kunsthistorische Werke, sonst hätte ich Sie und damit den bedeutenden Bruckmann Verlag nicht darauf aufmerksam gemacht.
> Die Buchmanuskripte befinden sich noch in Paris, wohin ich demnächst fahren muss, weil ich weiss, dass Frankreich und England sich dafür interessieren. Eventuell könnten drei Verlage zusammen arbeiten, sodass die 2 Manuskripte in 3 Sprachen erscheinen könnten. Das würde, wenn es in Paris gelingt, wahrscheinlich Ihren Verlag an der Spitze sehen. Mein Verleger, Dr. Horovitz (er lebt leider nicht mehr) hat auf diese Weise riesenhafte Auflagen des Phaidon Verlag gemacht.
> Geben Sie mir bitte einige Wochen Zeit, wo ich Ihnen genaueres berichten, oder die Manuskripte gleich mitbringen kann.
>
> Mit freundlichen Grüssen
> an Sie Madame Hofstadt
> und Herrn Müller[36]

Der Einsatz für die beiden Manuskripte ihres geschiedenen Mannes stellt einen Akt der Trauer dar. Denn László Lengyel war am 3. August 1967 in Paris verstorben. Bis zuletzt hatten die beiden ein bis zwei Mal im Jahr Briefe gewechselt. Im Nachlass sind einige handschriftliche Briefe von László erhalten, meist zum Jahreswechsel geschrieben. Er zeigt sich darin seiner geschiedenen Frau sehr zugewandt und unterstützt sie beruflich und in den alltäglichen Sorgen, so als es um den Verkauf des Bannwaldsees geht, so auch in ihrem Bemühen beim Bayerischen Entschädigungsamt. Aus einer Äußerung Anfang der 1960er Jahre geht sogar hervor, dass Ilse Schneider-Lengyel Erfolg gehabt haben muss, denn László bedankt sich für das Geld, das er von seiner geschiedenen Frau erhalten hat.

László erzählt aber auch von seiner Arbeit, seinen Entdeckungen und seinem Leben mit Véra. Ferner klagt er immer wieder über eine schwere Rheumaerkrankung und eine schwache Blase. Er geht auch regelmäßig auf Ilse Schneider-Lengyels Plan ein, wieder nach Paris überzusiedeln, und bietet ihr sogar an, in der ersten Zeit in den Räumen seines Verlags *Editions Corvina* zu wohnen. Mit der Nachricht vom Tod Lászlós jedoch war dieser Plan vereitelt. Ohne ihn als Anlauf und Stütze stand ihr dieser Weg nicht mehr offen. So blieb ihr nur noch, ihrer großen Loyalität zu folgen, sich für die Hinterlassenschaft ihres geschiedenen Mannes einzusetzen und dafür zu sorgen, dass seine Studien zur Kultur der Kelten, die er in den letzten 15 Jahren seines Lebens mit Eifer betrieben hatte, veröffentlicht würden – in Frankreich und in Deutschland.

Das allerletzte schriftliche Zeugnis Ilse Schneider-Lengyels im Nachlass ist ein Briefentwurf. Er findet sich in einem in Leder eingeschlagenen Notizbuch in Größe Din A4. Die eierschalenfarbigen Seiten sind kariert, nur wenige davon beschrieben. Handschriftlich und mit einem Tintenfüller hat Ilse Schneider-Lengyel zum Jahreswechsel 1968/1969 einen Brief an das Ehepaar Dr. jur. Ruth von Siebold und Dr. F.K. von Siebold in München aufgesetzt. Die Zeilen ziehen sich über eine Seite. Zuletzt schreibt sie:

> Ich verlasse mein Seegut Bannwaldsee zum Beginn des Jahres 1969. Wenn alles gelingt, werden Sie dann Anfang Januar von mir hören. Ich freue mich auf München, wo ich meine Verleger habe und alles das, was eine Groß-Stadt, besonders München, besitzt. Alle Details werde ich erzählen.[37]

Danach folgen in dem ledernen Notizbuch nur noch leere Seiten.

Nachspiel

Am Bannwaldsee

> Tausend und abertausend Doppelgänger von dir gehen die tausend Wege, die du an den Kreuzungen deines Lebens nicht genommen hast, und du selbst hast geglaubt es gäbe nur einen einzigen.
>
> Patrick Modiano
> *Schlafende Erinnerungen* (2018)

Nach den langen Tagen in der Münchner Staatsbibliothek entschließe ich mich, an den Bannwaldsee zu fahren. Das, so scheint mir, ist der richtige Ort, an dem all die Dokumente, die ich gesichtet habe, nachwirken können. Vielleicht finden sie dort sogar auf eine neue Weise zusammen. Der See, der sich so lange im Besitz der Familie Schneider befand – ein Ort, der Ilse Schneider-Lengyel in die Kindheit schien, an den sie immer wieder zurückkehrte, vor allem in schwierigen Zeiten, und an dem sie schließlich dauerhaft unter einfachen Bedingungen lebte. Ein kleiner See im Allgäu, unweit des sehr viel größeren Forggensees gelegen.

Ich nehme den Zug vom Münchner Hauptbahnhof nach Füssen. Es ist ein klarer, wenn auch leicht bedeckter Wintertag. Hinter Pasing dünnt die Stadt langsam aus und geht allmählich in eine hügelige Landschaft über. An einer Stelle schimmert der Ammersee für einen Augenblick grün auf, und jedes Mal, wenn die Wolken die Sonne freigeben, funkeln die Schneefelder, die sich an den nördlichen Abhängen der Hügel halten. Ich muss an das seltsame Ende von Ilse Schneider-Lengyel denken. Anfang 1969, in den Faschingstagen, genau am 19. Februar, wurde sie, völlig verwirrt und verwahrlost, in der Stadt Konstanz am Bodensee aufgegriffen und in das Psychiatrische Landeskrankenhaus am Rande der Stadt eingeliefert.

Gerhard Köpf hat es in jahrelangen Recherchen herausgefunden. In den Jahren 1966 und 1967 hatte sich zwischen ihm und der älteren Frau eine Freundschaft entwickelt – die Meisterin und ihr Schüler. Sie wechselten Briefe, und er besuchte sie immer wieder am Bannwaldsee. Dann zog er zum Studium fort, und sie verloren sich aus den Augen. Jahre später begann er nach ihr zu suchen. Er befragte Menschen, die sie kannten, schrieb Stadtverwaltungen und andere Institutionen an. Der entscheidende Hinweis kam schließlich von Hans Werner Richter, der gehört haben wollte, sie sei am Ende ihres Lebens in einem Sozialheim untergebracht gewesen. Schließlich fand Köpf ihre Spur in Konstanz. Auf Anfrage erhielt er von dem dortigen Psychiatrischen Krankenhaus einen Brief, den er in seinem Essay *Eine Asphodele* zitiert. Darin wird bestätigt, dass Ilse Schneider-Lengyel vom 19. Februar 1969 bis zu ihrem Tod am 3. Dezember 1972 in dieser Einrichtung lebte. Als Diagnose ist angegeben: »schwere Cerebralsklerose, wobei gelegentlich auch Krampfanfälle auftreten«.[1]

Aber Köpf liebt es, mit Fakten und Fiktionen zu spielen. Die Feature-Fassung seines Essays mit dem Titel *Fischwinter* nennt er im Untertitel *Ein Spiel mit Dokumenten*, und eine Stimme sagt darin: »Wichtig ist nicht, wie es war, sondern wie es hätte sein können.«[2]

Die Gedanken, die mir im Zug durch den Kopf gehen, werfen mich zurück in die Zeit vor zehn Jahren. Damals hatte ich mich zum ersten Mal eingehender mit Ilse Schneider-Lengyel befasst und wollte mich nicht mit Köpfs postmodernem Spiel begnügen. Da ich zu jener Zeit in Konstanz lebte, lag es nahe, selbst im ehemaligen Psychiatrischen Landeskrankenhaus nachzuforschen, das sich damals bereits »Zentrum für Psychiatrie« nannte. Ich wollte einen authentischen Eindruck von jenem Ort gewinnen, an dem Ilse Schneider-Lengyel ihre letzten Lebensjahre verbracht hatte, bevor sie im Alter von 69 Jahren verstarb, und ich wollte im Archiv die Krankenakte einsehen. Also traf ich mich mit Dr. Johannes Rusch, der die Einrichtung leitete und Interesse an dem Fall Ilse Schneider-Lengyel zeigte.[3]

Er führte mich zunächst über das weitläufige, zum See hin abfallende Gelände mit vielen einzelnen modernisierten Häusern, im Hintergrund die Insel Reichenau. Ilse Schneider-Lengyel habe Anfang der 1970er Jahre noch eine völlig andere Psychiatrie erlebt, sagte er. In den Häusern habe es nur Mehrbettzimmer gegeben, mit je fünf bis zu zehn Betten; den Patientinnen und Patienten sei weder eine Privat- noch eine Intimsphäre zugesprochen worden. Männer und Frauen seien strikt getrennt und jeweils in die Gruppen »ruhig« und »nicht-ruhig« unterteilt worden. Die Fenster seien vergittert gewesen und hätten sich nur einen Spalt öffnen lassen. Auch jedes Treppenhaus sei mit Holzleisten und Netzen gesichert gewesen. Alles Maßnahmen, um Suizidversuche zu verhindern.

Auf dem gesamten Gelände existierte, als wir es besichtigten, noch ein einziges Haus aus jener Zeit – dasjenige, das bis dahin noch nicht renoviert worden war. Wir traten ein und gingen durch die verfallenen, leeren Räume. Von den Wänden bröckelte der Putz. In den Badezimmern waren die Waschbecken aus den Halterungen gebrochen und lagen zersprungen auf dem Boden.

Ich erinnere mich noch gut daran, was Dr. Rusch über die Ärztin erzählte, die Ilse Schneider-Lengyel vor Ort betreut hatte. Als junger Assistenzarzt sei er selbst erst 1976 an das Krankenhaus gekommen, voller Reformeifer. »Freiheit macht gesund«, lautete eine seiner sozialpsychiatrischen Devisen. Dr. Gertrud Flöter-Stein hingegen sei damals knapp 60 Jahre alt gewesen und habe für ihn zur ›alten Schule‹ gezählt. Sie habe auf ihn ein wenig autoritär gewirkt – eine *grande dame*, unnahbar für ihn und die jungen Kollegen. Sie leitete das Haus Nummer 15, in dem die »unruhigen Frauen« untergebracht waren. Ihren Pflegestil beschrieb er als umsorgend und behütend, ihren Ansatz als ausgeprägt biographisch. Und er erinnerte sich an ein Detail: Sie habe sich geweigert, ihren weißen Kittel abzulegen – so wie die Jungen es taten. Bald danach sei sie in den Ruhestand gegangen.

Ich blicke aus dem Zugfenster. Draußen steigen die Hügel langsam höher, die Schneefelder mehren sich. Wir fahren auf die winterlichen Alpen zu, die sich in der Ferne immer deutlicher abzeichnen. Kaum auszumalen, wie Ilse Schneider-Lengyel ihre letzten Lebensjahre unter diesen Umständen verbracht hat. Kaufbeuren und Marktoberdorf lassen wir liegen. Wir haben bereits das Allgäu erreicht.

Schlagartig steht mir wieder die Szene vor Augen, als Dr. Rusch mich vor zehn Jahren endlich ins Archiv des Zentrums für Psychiatrie führte. Wir stiegen einige Stufen hinab und erreichten dann einen nicht allzu hohen und nicht allzu großen Kellerraum. Die Neonleuchten flackerten eine Weile, bis sie sich stabilisiert hatten und ein breites Schrankgestell für Hängeordner erhellten, das von zwei Seiten zu benutzen war. Das Archiv war alphabetisch nach den Patientennamen geordnet. Bald fanden wir die entsprechende Schublade für die Namen, die mit »Sch« begannen. Wir zogen die Schublade heraus. Jeweils am linken oberen Rand stand, handschriftlich eingetragen, ein Name. Sobald wir den Namen entziffert hatten, schoben wir den Hängeordner mit dem Zeigefinger weiter. Nach einiger Zeit lasen wir: Ilse Schneider-Lengyel. Wir nahmen den Hängeordner aus der Vorrichtung und blätterten ihn auf: Er war leer. Kein einziges Blatt, keine Akte, kein Gutachten. Nur ein leerer, rosafarbener Karton.

Ich kam also zu spät. Köpf hatte sein postmodernes Spiel doch gründlicher gesichert, als ich angenommen hatte. Die Enttäuschung stand mir offensichtlich ins Gesicht geschrieben. Dr. Rusch konnte die Situation auch nur hinnehmen und vermutete, dass seine ehemalige Kollegin die Akte an sich genommen und nicht, wie vorgeschrieben, wieder ins Archiv zurückgestellt habe. Zu ihrer Zeit, schob er hinterher, glaubten die leitenden Ärzte noch, frei über ihre Patienten für ihre Forschungen verfügen zu können.

Inzwischen gleitet der Zug an hohen Bergen entlang, hinter denen ich bereits Österreich vermute. Nun kann die Fahrt nicht mehr lange dauern. Plötzlich öffnet sich linker Hand der Blick über ein breites, eindrucksvoll in die Berge hineingeschobenes Tal mit mehreren Seen. Für Minuten schaue ich nur aus dem Fenster. Dann erreichen wir den kleinen Bahnhof in Füssen. Bis der Bus in Richtung Bannwaldsee fährt, bleibt mir noch eine halbe Stunde, und ich schlendere durch die umliegenden Straßen.

Auch in Füssen war ich bereits zehn Jahr zuvor. Damals bot sich mir die Gelegenheit, mit Margret Höß zu sprechen, die sich als junge Frau im Alter von 19 Jahren um das Jahr 1960 mit Ilse Schneider-Lengyel angefreundet hatte.[4] Ihr Vater hatte 1959 den Campingplatz gepachtet, den Ilse Schneider-Lengyel etwa Mitte der 1950er Jahre auf ihrem Grundstück eröffnet hatte, um für sich zusätzliche Einnahmen zu gewinnen. Sie verbrachten viel Zeit miteinander, vor allem in den Sommermonaten, erzählte Margret Höß und zeigte, wie um ihre Aussage zu beweisen, drei Fotos, auf denen die beiden Frauen vor der Holzhütte am See zu sehen waren. Manchmal trafen sie sich fast täglich, erinnerte sich Margret Höß, dann wieder über mehrere Wochen überhaupt nicht. Sie habe aber immer gewusst, wann Ilse Schneider-Lengyel ungestört sein wollte, denn dann sei eine blaue Hyazinthe in ihrem Fenster gestanden.

Margret Höß kam während des Gesprächs regelrecht ins Schwärmen. Sie habe Ilse Schneider-Lengyels weichen, federnden Gang bewundert und ihre sanfte, tiefe Stimme. Auch ihre grünen Augen unter dem schwarzen, kräftigen Haar hätten auf sie eine große Wirkung ausgeübt. Außerdem habe sie sich umwerfend gekleidet. Margret Höß erinnerte sich vor allem an zwei Stilrichtungen. Entweder habe sie sich in einem indianischen Stil gekleidet mit Poncho und Wildlederstiefeln, oder sie wählte einen französischen Stil mit engen Lederhosen, eleganten Blusen und einem Mantel mit Pelzkragen. Dazu trug sie bevorzugt das Parfum *Valentino* auf. Auch habe sie gerne geraucht – mit Vorliebe schwarze Zigarillos.

Mit ihrer Kleidung, dachte ich, als Margret Höß damals erzählte, hatte Ilse Schneider-Lengyel ihr Leben an den Bannwaldsee geholt und dort weitergeführt: die langen Jahre in Paris, die sie tief geprägt hatten, und ihre Leidenschaft für die Naturvölker, die sich in vielen ihrer künstlerischen Arbeiten ausdrückte. Die kleine Spanne Spiel, die bei einer Selbstinszenierung bleibt.

Margret Höß war tief beeindruckt, fuhr sie weiter fort, wie anschaulich und plastisch Ilse Schneider-Lengyel über Kunst sprechen konnte. Sie erinnerte sich auch gut daran, wie Ilse ihr zum ersten Mal das Buch *Die Welt der Maske* gezeigt habe. Von ihrem Leben aber habe Ilse kaum etwas preisgegeben, sie habe so gut wie nie über die Vergangenheit gesprochen. Umso mehr bewunderte Margret Höß ihr handwerkliches Geschick. Ilse konnte gut mit Holz umgehen, zimmerte Stühle und Tische – und jedes Frühjahr spritzte sie ihr Motorrad in einer anderen Farbe.

Die beiden Frauen verband auch eine Liebe zu Hunden. Oft gingen sie gemeinsam mit dem ungarischen Hirtenhund Mao am See spazieren. Dann senkte Margret Höß ihre Stimme und sagte leise, was Ilse Schneider-Lengyel unendlich geschmerzt und was sie letztlich nie überwunden habe, war der Verkauf des Sees. Es war, als habe sie sich ein Stück ihres Herzens herausgerissen.

Die Sonne blinzelt inzwischen auf den Bahnhofsvorplatz. Es wird Zeit, in den Bus zu steigen, der mich in einer Viertelstunde an den Bannwaldsee bringt. Die Fahrt geht durch Schwangau, bayerische Bauernhäuser in moderne Hotels umgewandelt, und in der Ferne, an die Berge gedrückt, das Schloss Neuschwanstein. An der Haltestelle gegenüber dem Campingplatz steige ich aus, die schmatzende Hydraulik der Bustür im Ohr.

Ich überquere die Straße und wage mich zögernd auf das Gelände vor. Da die Anmeldung unbesetzt ist, gehe ich weiter und bin erstaunt, wie viele Wohnwagen hier dauerhaft stehen. Viele tragen noch ein Wellblechdach als zusätzlichen Schutz über sich. Vereinzelt erblicke ich Wintercamper in dicken Anoraks; die meisten kommen wohl erst am Wochenende. Also halte ich auf das kleine Häuschen zu, in dem früher Ilse Schneider-Lengyel gelebt hatte. Heute erinnert eine Gedenktafel an sie und an das erste Treffen der Gruppe 47, das hier stattgefunden hat. Das ist aber auch alles; ansonsten verströmt nichts die Aura von damals. Ich versuche ein Foto aufzunehmen, finde aber keinen Standpunkt, von dem aus nicht an irgendeiner Stelle ein Karavan ins Bild ragt.

Gegenüber dem Haus liegt ein kleines Restaurant. Eine Pizzeria mit dem literarischen Namen *Madeleine*. Im Sommer läuft der Betrieb vor allem über die Theke, aber jetzt im Winter sind die Läden heruntergelassen, und nur der Innenraum ist geöffnet. Ich trete ein, bin der einzige Gast. An den Wänden hängen noch Luftschlangen, Ballons und einige grellfarbene Clownsmasken aus den Faschingstagen, die nun schon über eine Woche zurückliegen. Im Radio läuft Corinne Bailey Rays *Girl, put your records on*. Hin und wieder stößt jemand die Tür auf, steht kurz am Tresen, und geht wieder. Nach dem Essen bleiben mir noch einige Stunden bis zur Dämmerung.

Ich will weg von hier und trete zunächst auf den langen Holzsteg, der auf den See führt. Ihn gab es bereits zu den Zeiten, als Ilse Schneider-Lengyel hier gelebt hatte. Hier fanden auch die Filmaufnahmen mit Walter Schmieding und Hans Werner Richter statt. Vor mir liegt eine ruhige Wasseroberfläche, in der sich ein paar Wolken spiegeln, und gegenüber das andere Ufer, von einer Reihe junger Nadelhölzer und wenigen, kahlen Laubbäumen bestanden. Darüber erhebt sich, den gesamten Augenwinkel ausfüllend, ein kaum merklich ansteigender Hügel.

Ilse Schneider-Lengyel war zu jeder Jahreszeit hier, unternahm lange Spaziergänge oder ruderte zum Fischen auf den See hinaus. Die große Rolle, die Tiere in ihren Texten spielen, und die tiefe Sorge um die Natur, die Angst vor ihrer atomaren Zerstörung, mögen von der intensiven Vertrautheit mit diesem Ort herrühren. Sie hat den See beobachtet, erkundet, erforscht und praktischen Nutzen daraus gezogen – auf Dauer.

Ich lasse meinen Blick lange über den See gleiten, seine Oberfläche bewegt sich kaum. Eine leichte Wärme legt sich auf mein Gesicht und hin und wieder blitzen Lichtreflexe im Wasser auf. Sie tanzen. Das Rätselbild aus Ilse Schneider-Lengyels Pariser Feuilleton über Jean-Paul Sartre steigt in mir hoch. Der »neue Mensch«, den sie darin zeichnet: »Sein Mund bleibt geschlossen; er beugt sich vor dem Wort, ehe sein Unterbewusstsein es neu gestaltet. Er wirkt.« Dieses seltsam schöne Bild verschmilzt für mich mit dem See.

Als ich mich umdrehe, sehe ich wieder alles, was ich für eine Weile ausblenden konnte. Aber ich nehme es nur mehr wahr, ohne es zu bewerten. Mein Blick folgt der Bewegung der Berge, die aus dem Dach des ehemaligen Hauses von Ilse Schneider-Lengyel wachsen, knapp hinter dem See steil ansteigen und bald die Baumgrenze überspringen. Ihre weißen Spitzen treten gerade in ein warmes, rosafarbenes Sonnenlicht.

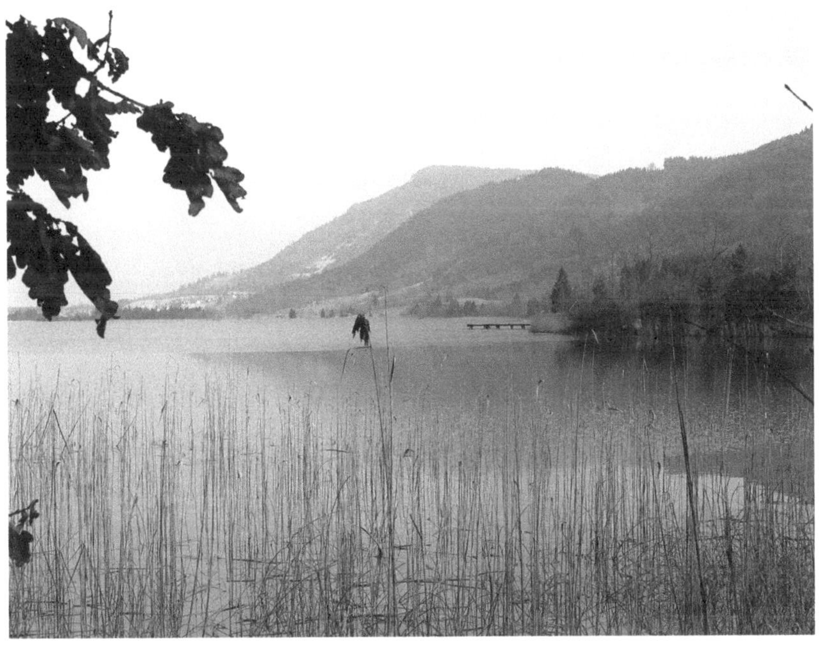

Der Bannwaldsee heute. In der Mitte ist der Holzsteg vor dem ehemaligen Haus von Ilse Schneider-Lengyel zu erkennen.

Editorische Notiz

Die Manuskripte Ilse Schneider-Lengyels in ihrem Nachlass sind sehr uneinheitlich. Die Prinzipien wechseln mit den Jahren und den unterschiedlichen Schreibmaschinen, die sie benutzt hat. Das betrifft vor allem die Lyrik. Während in den frühen Gedichten jeder Vers mit einem Großbuchstaben beginnt und manche sogar ganz in Versalien getippt sind, variieren in den späteren Groß- und Kleinschreibung. Eine konsequente Kleinschreibung findet sich in den Manuskripten nicht. Um eine bessere Lesbarkeit zu ermöglichen, wurde die frühere Schreibweise behutsam der späteren angepasst.

Äußerst vielfältig hingegen sind die Zeichen, die Ilse Schneider-Lengyel verwendet hat, um ihre Verse zu rhythmisieren. Neben den Satzzeichen Komma und Punkt sind dies vor allem der Gedankenstrich, der Schrägstrich und drei Punkte, die nicht als Auslassungszeichen fungieren, sondern als lange Pause. Manchmal lässt sie auch leeren Raum zwischen zwei Wörtern, um eine Pause anzuzeigen. Dieser Umgang wurde beibehalten.

Die Schreibmaschinen, die Ilse Schneider-Lengyel benutzte, besaßen offensichtlich kein »ß«. In all ihren Manuskripten und Briefen findet sich daher die konsequente Schreibung »ss«. Denselben Gebrauch zeigen auch Briefe anderer Autoren, sodass, wenn aus ihnen zitiert wird, ebenfalls die Schreibung »ss« steht. In gedruckten Texten hingegen findet sich zumeist die Schreibung »ß«. Auch dieser unterschiedliche Umgang wurde beibehalten.

Anmerkungen

Vorspiel

1 Thomas Riedmiller (Hrsg.): Aus dem Nachlass von Ilse Schneider-Lengyel. (Mitarbeit: Margit Barnerssoi). Kulturamt Füssen 1997.

2 Nachlass Ilse Schneider-Lengyel, Bayerische Staatsbibliothek, München Signatur: Ana 372, Schachtel 7.

3 Die Regie des Projekts lag in den Händen von Marie-Luise Hinterberger. Es wirkten die Schauspielerin Astrid Keller, die Tänzerin Brigitte Krauß und die Musikerin Julia Schwartz am Piano mit. Weitere Aufführungen fanden am 2. und 3. Mai 2008 in Kreuzlingen und am 12. Und 13. Juni 2008 im Turm des Kulturzentrum in Konstanz statt. Ein Jahr später – im September 2009 – war die Aufführung nach Füssen eingeladen. Vgl. auch den Artikel von Maria Schorpp »Da doppelt sich die Figur. Bodenseefestival: Die multimediale Installation ›Die kleine Spanne Spiel‹ auf der Reichenau.« In: Südkurier, 29. April 2008, S. 27.

4 Ulrike Leuschner: »Ilse Schneider-Lengyel, die Frau ›aus dem Anderswo‹«. In: Treibhaus. Jahrbuch für die Literatur der fünfziger Jahre. Nummer 6/2010, S. 125-157.

5 Felix Thürlemann: »Erkenntnisse des Auges. Ilse Schneider-Lengyel und Ludwig Goldscheider verwandeln Michelangelos Skulpturen in ein Buch«. In: Caspar Hirschi und Carlos Spoerhase (Hrsg.): Bleiwüste und Bilderflut. Geschichten über das geisteswissenschaftliche Buch. Wiesbaden 2015, S. 161-182.

6 Peter Braun: »›Die kleine gebliebene Hoffnung ist ein Anfang‹. Hans Werner Richter und Ilse Schneider-Lengyel«. In: »Es sind alles Geschichten aus meinem Leben«. Hans Werner Richter als Erzähler und Zeitzeuge, Netzwerker und Autor, hrsg. v. Carsten Gansel und Werner Nell. Berlin 2011, S. 211-223. Kay Wolfinger: »*september-phase* surreal. Thesen zur Lyrik Ilse Schneider-Lengyels«. In: Treibhaus. Jahrbuch für die Literatur der fünfziger Jahre. Nummer 13/2017, S. 137-151. Und: Wiebke Lundius: Die Frauen in der Gruppe 47. Berlin 2017 – das Kapitel über Ilse Schneider-Lengyel, S. 135-152.

7 Helmut Böttiger: Die Gruppe 47. Als die deutsche Literatur Geschichte schrieb. München 2012, S. 18-26.

8 Alfons Maria Arns, Heike Drummer: Ich bin als Rebell geboren. Ilse Schneider-Lengyel ... und die Gruppe 47 in Schwangau. Hrsg. von der Gemeinde Schwangau, 2017.

9 Das Kulturfestival zum 70. Gründungsjubiläum der Gruppe 47 in Schwangau stand unter dem Motto *september-phase*, der Abend mit Michael Krüger fand am 29. September 2017 statt.

10 Ilse Schneider-Lengyel: september-phase, Reihe: studio frankfurt, Nr. 3, hrsg. von Alfred Andersch. Frankfurt a.M. 1952. Die Reihe erschien nur für zwei Jahre und umfasste am Ende zwölf Bände.

11 Ähnliche Überlegungen wurden bereits im Zuge der Dokumentarliteratur der späten 1960er und frühen 1970er Jahre angestellt und teilweise umgesetzt.

12 Vgl. Christine Lubkoll, Oda Wischmeyer (Hrsg.): ›Ethical Turn‹? Geisteswissenschaften in neuer Verantwortung. München 2009.

13 Vgl. Pierre Bourdieu: »Die biographische Illusion«. In: Bernhard Fetz, Wilhelm Hemecker (Hrsg.): Theorie der Biographie, Berlin 2011, S. 303-311.

14 Vgl. Anne-Kathrin Reulecke: »Die Nase der Lady Hester. Überlegungen zum Verhältnis von Biographie und Geschlecht«, in: Bernhard Fetz, Wilhelm Hemecker (Hrsg.): Theorie der Biographie, Berlin 2011, S. 317-339.
15 Hans Magnus Enzensberger: Der kurze Sommer der Anarchie. Buenaventura Duruttis Leben und Tod. Frankfurt a.M. 1972, S. 14.

Kapitel 1: Münchner Kindheit um 1900. 1903-1923

1 Nachlass Ilse Schneider-Lengyel, Bayerische Staatsbibliothek, München Signatur: Ana 372, Schachtel 9, Mappe »Personalia«.
2 Bei seinen familien- und regionalgeschichtlichen Recherchen hat Thomas Riedmiller, der ehemalige Füssener Kulturamtsleiter, den Brief entdeckt und in einem Aufsatz veröffentlicht: »Ilse Schneider-Lengyel. Ihre Bedeutung für die Gruppe 47 und ihre verwandtschaftlichen Bezüge zu München«. In: Alt Füssen. Jahrbuch des Historischen Vereins Alt Füssen, 1997, S. 188-194, hier S. 189.
3 Ebd., S. 190.
4 Reinhard Piper: Mein Leben als Verleger. Vormittag, Nachmittag. (Neuausgabe). München 1991, S. 247.
5 Vgl. Edda Ziegler: 100 Jahre Piper, München 2004, S. 100ff.
6 Reinhard Piper: Mein Leben als Verleger, a.a.O., S. 297.
7 Franz Marc: Schriften. Köln 1978.
8 Das gibt Thomas Riedmiller an in der von ihm herausgegebenen Broschüre: Aus dem Nachlass von Ilse Schneider-Lengyel. (Mitarbeit: Margit Barnerssoi). Kulturamt Füssen, 1997, S. 7.
9 Die Recherchen von Heike Drummer und Alfons Maria Arns, die 2017 die Ausstellung zu Ilse Schneider-Lengyel in Schwangau kuratiert haben, blieb ergebnislos. Die drei von ihnen angeschriebenen Internate konnten oder wollten keine Angaben machen.
10 Angaben nach der Schulgeschichte, die sich auf der Homepage der heute noch existierenden Einrichtung findet. Vgl.: http://www.stetten-institut.de.

Kapitel 2: Lichtjahre. 1923-1927

1 Nachlass Ilse Schneider-Lengyel, Bayerische Staatsbibliothek, München, Signatur: Ana 372, Schachtel 9, Mappe »Deutscher Kulturpreis 1959«.
2 Nachlass Ilse Schneider-Lengyel, Bayerische Staatsbibliothek, München Signatur: Ana 372, Schachtel 7, Briefe von Ilse Schneider-Lengyel an Körperschaften.
3 Das geht aus einem Nachruf hervor, den Ilse Schneider-Lengyel 1947 auf Paul Valéry verfasst hat. Er beginnt mit einer persönlichen Erinnerung an Vorlesungen Valérys »in jenen Wintern, als Frankreich vielleicht die bitterste Epoche seiner Geschichte durchmachte« – also in dem Winter 1943/1944. Siehe: Nachlass Ilse Schneider-Lengyel, Bayerische Staatsbibliothek, München Signatur: Ana 372, Schachtel 6, Mappe »Mein Faust – Paul Valéry, der Dichter«, mit dem handschriftlichen Vermerk: An Süddeutsche Zeitung, Februar 1947.
4 Nachlass Ilse Schneider-Lengyel, Bayerische Staatsbibliothek, München Signatur: Ana 372, Schachtel 7, Briefe von Ilses Schneider-Lengyel an Personen.
5 Nachlass Ilse Schneider-Lengyel, Bayerische Staatsbibliothek, München Sig-

natur: Ana 372, Schachtel 4, Mappe »Rupprecht«, Manuskript »Lieber küsse ich eine Kröte«, S. 1/2.

6 Nachlass Ilse Schneider-Lengyel, Bayerische Staatsbibliothek, München Signatur: Ana 372, Schachtel 4, Mappe »Rupprecht«, Manuskript »Rupprecht«, S. 2.

7 Beide Begriffe gelten heute als pejorativ und abwertend, weil sie der evolutionistischen Kulturtheorie verhaftet sind. Sie sprechen den indigenen Kulturen eine geschichtliche Entwicklung ab und frieren sie deshalb als ›primitivus‹ – die Ersten ihrer Art – oder gar auf einem Naturzustand ein. In Deutschland bekam vor allem der Begriff ›primitiv‹ schnell die Bedeutung von minderentwickelt, während in England, Frankreich und den USA der Begriff neutraler besetzt war. Selbst Franz Boas, der maßgeblich dazu beigetragen hat, das evolutionistische Denken in der Ethnologie zu überwinden, gab 1927 einem seiner Bücher den Titel *Primitive Art*. Dort, wo ich auf diese Begriffe zurückgreife, sind sie im Sinne ihrer historischen Verwendung gemeint. Der besseren Lesbarkeit halber verzichte ich darauf, sie jeweils in einfache Anführungszeichen zu setzen.

8 Nachlass Ilse Schneider-Lengyel, Bayerische Staatsbibliothek, München Signatur: Ana 372, Schachtel 4, Mappe »Rupprecht«, Manuskript »Lieber küsse ich eine Kröte«, S. 1/2.

9 Andre Breton: Die Manifeste des Surrealismus. Reinbek bei Hamburg 1986, S. 12.

10 Die Angaben finden sich bei: Daniela Stöppel: »Die Politisierung der Kunstgeschichte unter dem Ordinariat von Wilhelm Pinder«, in: Elisabeth Kraus: Die Universität München im Dritten Reich. Aufsätze. Teil II. München 2008, S. 133-168, hier: S. 158.

11 Vgl. dazu Daniela Stöppel: Wilhelm Pinder. In: Ulrich Pfisterer (Hrsg.): Klassiker der Kunstgeschichte. Bd. 2: Von Panowsky bis Greenberg. München 2008, S. 7-20.

12 Wilhelm Pinder: »Zum Gedächtnis Albrecht Dürers«. In: Ders. Gesammelte Aufsätze. Aus den Jahren 1907-1935, hrsg. v. Leon Bruhns. Leipzig 1938, S. 142-151, hier: S. 143.

13 Wilhelm Pinder: »Goethe und die bildende Kunst«. In: Gesammelte Aufsätze, a.a.O., S. 161-179, hier: S. 163 u. 165.

14 Zitiert nach Stöppel: »Die Politisierung der Kunstgeschichte unter dem Ordinariat von Wilhelm Pinder«, a.a.O., S. 153 (dort in Fußnote 57).

15 Zitiert nach Heinrich Dilly: »Weder Grimm, noch Schmarsow, geschweige denn Wöllflin … Zur jüngsten Diskussion über die Diaprojektion um 1900«. In: Constanza Caraffa (Hrsg.): Fotografie als Instrument und Medium der Kunstgeschichte. Berlin, München 2009, S 91-116, hier: S. 93.

16 Vgl. Stöppel: »Die Politisierung der Kunstgeschichte unter dem Ordinariat von Wilhelm Pinder«, a.a.O., S. 142/143.

17 Ebd., S. 160.

18 Der Naumburger Dom und der Meister seiner Bildwerke, aufgenommen durch Walter Hege, beschrieben von Walter Pinder. Berlin 1925.

19 Detlev Belau: Walter Hege und die Domfotos. 2013/14. Vgl.: http://www.naumburggeschichte.de/geschichte/walterhege.htm.

20 Der Bamberger Dom und seine Bildwerke. Aufgenommen durch Walter Hege, beschrieben von Wilhelm Pinder. Berlin 1927.

21 Vgl. Rudolf Scheutle: »Zur Geschichte der Münchner Fotoschule«. In: Ulrich Pohlmann, Rudolf Scheutle (Hrsg.): Lehrjahre, Lichtjahre. Die Münchner Fotoschule 1900 bis 2000. München 2000, S. 17-58, hier: S. 20/21.

22 Aus Anlass des Jubiläums der Schule hat Barbara Stenzel auf Grundlage des Schul-Archivs ein Verzeichnis aller Absolventen des Vollstudiums zusammengestellt. Der Name Ilse Schneider findet sich nicht darunter. Vgl.: http://www.arthistoricum.net.

Kapitel 3: Ein Porträt der Künstlerin als junge Frau. 1928-1933

1 Vgl. Dieter Haller: Die Suche nach dem Fremden. Geschichte der Ethnologie in der Bundesrepublik 1945-1990. Frankfurt a.M. 2012, S. 47. Das Buch gibt zu Beginn einen Rückblick auf die Entwicklung bis 1945.
2 Carl Einstein: »Das Berliner Völkerkunde-Museum. Anlässlich der Neuordnung«. In: Carl Einstein Werke Bd. 2 1919-1928, hrsg. von Hermann Haarmann und Klaus Siebenhaar, Berlin 1996, S. 446-450, hier: 446/447.
3 Carl Einstein: »Schausammlung und Forschungsinstitut (Noch ein Wort zum neuen Völkerkundemuseum)«. In: Carl Einstein Werke Bd. 2 1919-1928, hrsg. von Hermann Haarmann und Klaus Siebenhaar, Berlin 1996, S. 451-453, hier: 453.
4 Vgl. Karl-Hein Kohl: Abwehr und Verlangen. Zur Geschichte der Ethnologie. Frankfurt a.M. 1987.
5 Auf die Berliner Tradition einer »liberalen Ethnologie« hat jüngst Horst Bredekamp – mit Seitenblick auf die aktuelle Diskussion um das *Humboldt Forum* – aufmerksam gemacht und gezeigt, wie Aby Warburg in diese Denktradition und in die Aktivitäten des Museums eingebunden war. Vgl. Horst Bredekamp: Aby Warburg, der Indianer. Berliner Erkundungen einer liberalen Ethnologie. Berlin 2019.
6 Zu den folgenden Ausführungen vgl. Bernhard Streck (Hrsg.): Wörterbuch der Ethnologie. Edition Trickster. Wuppertal 1993 und [2]2002. Vgl. auch ausführlich Werner Petermann: Die Geschichte der Ethnologie. Edition Trickster. Wuppertal 2004.
7 Wilhelm Schmidt: Der Ursprung der Gottesidee. Eine historisch-kritische und positive Studie. 12 Bände. Münster 1912-1955.
8 Konrad Theodor Preuss: Die geistige Kultur der Naturvölker. (Zweite, wenig veränderte Auflage). Leipzig/Berlin 1923, S. 9/10.
9 Eckart von Sydow: Exotische Kunst. Afrika und Ozeanien. Leipzig 1921, S. 7/8.
10 Eckart von Sydow: Die Kunst der Naturvölker und der Vorzeit. Propyläen Weltgeschichte der Kunst Band 1. Berlin 1923, S. 9.
11 Eckhart von Sydow: Primitive Kunst und Psychoanalyse. Eine Studie über die sexuellen Grundlagen der bildenden Künste der Naturvölker. Leipzig, u.a. 1927.
12 Die Angaben stammen aus Ruth Heftrig: Fanatiker der Sachlichkeit. Richard Hamann und die Rezeption der Moderne in der universitären deutschen Kunstgeschichte 1930-1960. Berlin 2014, S. 155/156.
13 Die Titel der Vorlesungen sind im Rahmen des Projekts *Kunstgeschichte im Nationalsozialismus 1933-45* am Karlsruher Institut für Technologie – Institut für Kunst- und Baugeschichte erhoben worden und einsehbar unter: https://kg.ikb.kit.edu/785.php.
14 Eckhart von Sydow: Im Reiche gottähnlicher Herrscher. Streifzüge durch Westafrika. Braunschweig 1943.
15 Photographische Lehranstalt. Lette-Verein Berlin. Berlin o.A. (vermutlich 1933).

16 Entnommen aus der Unterrichts- und Schulordnung der Photographischen Anstalt des Lette-Vereins, 1925.
17 Photographische Lehranstalt. Lette-Verein Berlin, a.a.O., S. 3/4.
18 Nach eigenen Erkundigungen im Lette-Verein wurde das Archiv im Zweiten Weltkrieg restlos zerstört. Ich konnte dort nur zwei Kisten einsehen, in denen sich einige Fotografien und Dokumente aus den 1930er Jahren erhalten haben.
19 Rudolf Scheutle: »Zur Geschichte der Münchner Fotoschule«, a.a.O. S. 34.
20 Nachlass Ilse Schneider-Lengyel, Bayerische Staatsbibliothek, München Signatur: Ana 372, Schachtel 7, Mappe »Rupprecht«, Manuskript »Lieber küsse ich eine Kröte«, S. 1.
21 Die biographischen Angaben zur Familie Lengyel verdanke ich Christoph Janik von der *Bröhan Design Foundation* in Berlin, wo er als wissenschaftlicher Mitarbeiter tätig ist. Dort bereitet er eine Publikation zu Kálmán Lengyel vor, in der seine Arbeiten als Möbeldesigner und Architekt vorgestellt werden sollen, vgl. bdf-berlin.de/projekte.html.
22 Vgl. Theo van Doesburg: Grundbegriffe der neuen gestaltenden Kunst. (Reprint von Band 6 der Bauhausbücher aus dem Jahr 1926). Mainz, Berlin 1966.
23 Die Angaben folgen der »biographischen Notiz« der Auktionshauses Ketterer, die heute die Möbel von Kálmán Lengyel vertreibt. Sie decken sich mit den Angaben in dem Katalog *Von Kunst zu Leben. Ungarn am Bauhaus,* hrsg. von Eva Bajkay, Jannus Pannoius Muzeum, Pecs/Bauhaus Archiv Berlin, 2010.
24 Vgl. Herbert Molderings: »Die Umwertung des Sehens. Fotografien, Fotogramme und Fotoplastiken von László Moholy-Nagy«. In: Retrospektive László Moholy-Nagy, hrsg. v. Ingrid Pfeiffer und Max Hollbein. München u.a. 2009, S. 36-43.
25 László Moholy-Nagy: Malerei, Fotografie, Film. (Reprint von Band 8 der Bauhausbücher aus dem Jahr 1925). Berlin 1986, S. 5.
26 László Moholy-Nagy: von material zu architektur. (Reprint von Band 14 der Bauhausbücher aus dem Jahr 1929). Mainz, Berlin 1968, S. 18.
27 Nachlass Ilse Schneider-Lengyel, Bayerische Staatsbibliothek, München Signatur: Ana 372, Schachtel 4, Mappe »Rupprecht«, Manuskript »Rupprecht«, S. 4.

Kapitel 4: Am Anfang der Kunst. 1934

1 Ilse Schneider-Lengyel: Die Welt der Maske. Mit achtzig Tafeln. München 1934.
2 Vgl. Edda Ziegler: 100 Jahre Piper. München 2004, S. 100ff.
3 Vgl. Horst Moser: Paul Renner als Buchgestalter. Göttingen 2018.
4 Nachlass Ilse Schneider-Lengyel, Bayerische Staatsbibliothek, München Signatur: Ana 372, Schachtel 4, Manuskript »Rupprecht«, S. 2.
5 Carl Einstein: Negerplastik (1915) – zitiert nach: Carl Einstein Werke Band 1, hrsg. v. Hermann Haarmann und Klaus Siebehaar, Berlin 1994, S. 234-252, hier: S. 234.
6 Ebd., S. 235.
7 Ebd., S. 243.
8 Ebd.
9 Ebd., S. 247.
10 Ebd., S. 251.
11 Reinhard Piper: Vormittag, Nachmittag. (Neuausgabe). München 1991, a.a.O., S. 278.

12 Wilhelm Hausenstein: Barbaren und Klassiker. Ein Buch von der Bildnerei exotischer Völker. München 1922, S. 28.
13 Ebd., S. 46.
14 Ebd., S. 86.
15 Ebd., S. 89.
16 Vgl. Edda Ziegler: 100 Jahre Piper, a.a.O., S. 116-118.
17 Ilse Schneider-Lengyel: Die Welt der Maske. München 1934, S. 18.
18 Ebd., S. 36.
19 Ebd., S. 19.
20 Ebd., S. 43.
21 László Moloy-Nagy: 60 Fotos. Hrsg. von Franz Roh. Fototek 1. Berlin: Klinkhart und Biermann, 1930. Vgl. dazu auch den Aufsatz von Felix Thürlemann, der auf diese Ähnlichkeiten aufmerksam gemacht hat: »Erkenntnisse des Auges. Ilse Schneider-Lengyel und Ludwig Goldscheider verwandeln Michelangelos Skulpturen in ein Buch«. In: Caspar Hirschi und Carlos Spoerhase (Hrsg.) Bleiwüste und Bilderflut. Geschichten über das geisteswissenschaftliche Buch. Wiesbaden 2015, S. 161-182, hier: S. 167 (Fußnote 17).
22 Ilse Schneider-Lengyel, Die Welt der Maske, a.a.O., S. 50/51.
23 Ebd., S. 49.
24 Ebd., Bildteil, Vortext Gegenwart, o.P.
25 Ebd., Bildteil Gegenwart Tafel: 80 Maske, Berliner Schule, o.P.
26 Nachlass Ilse Schneider-Lengyel, Bayerische Staatsbibliothek, München Signatur: Ana 372, Schachtel 9, Manuskript »Rezensionen«.
27 Nachlass Ilse Schneider-Lengyel, Bayerische Staatsbibliothek, München Signatur: Ana 372, Schachtel 4, Manuskript »Rupprecht«, S. 3/4.
28 Dr. W.R.: »Symbol und Zauber der Maske«. In: Völkischer Beobachter, 4. Mai 1935. Ich bedanke mich bei Heike Drummer und Alfons Maria Arns, die mir bei der Recherche nach der Rezension geholfen haben.

Kapitel 5: »Dichten mit den Augen der Kamera« – die Kunstbildbände. 1935-1939

1 Vgl. Jeannine Fiedler: Bauhaus. Köln [1]2006, Potsdam [2]2016.
2 Gemeint ist hier der Journalist, Dramatiker und Drehbuchautor Menyért/Melchior Lengyel. Nach ersten Erfolgen in Ungarn ging er 1919 nach Deutschland, wo er für den Film zu arbeiten begann. 1933 emigrierte er zunächst nach England, dann in die USA. Dort schrieb er für mehrere Filme von Ernst Lubitsch, den er bereits aus Deutschland kannte, das Drehbuch, u.a. für *Ninotschka* und *Sein oder Nichtsein*.
3 Nachlass Ilse Schneider-Lengyel, Bayerische Staatsbibliothek München, Signatur Ana 372. Schachtel 9, Mappe »Personalia«.
4 Christoph Janik von der *Bröhan Design Foundation* ist im Zuge seiner Recherchen zu den Brüdern Lengyel auf die Konversion Lászlós aufmerksam geworden. Er ist im Besitz einer abfotografierten Taufurkunde. Ich danke ihm für diesen Hinweis.
5 Vgl. dazu Willi Jasper: Hotel Lutetia. Ein deutsches Exil in Paris. München 1994, S. 67-78.
6 László Moloy-Nagy: 60 Fotos, hrsg. von Franz Roh. Fototek 1. Berlin 1930.
7 Folgt man dem Kunsthistoriker Felix Thürlemann, geht dieses Layout-Kon-

zept auf Anna Marsan zurück. Sie war von 1930 bis 1936 die Chefredakteurin und *Directrice artistique* der Zeitschrift *Art et Médicine* und experimentierte darin mit neuen Formen des Layouts und der Typographie – so auch mit randabfälligen Abbildungen. Marsan arbeitete regelmäßig mit André Kertész zusammen. Gut möglich also, dass sie an dem Layout-Konzept seines Buches beteiligt war. Vgl. Felix Thürlemann: »Erkenntnisse des Auges. Ilse Schneider-Lengyel und Ludwig Goldscheider verwandeln Michelangelos Skulpturen in ein Buch«. In: Caspar Hirschi und Carlos Spoerhase (Hrsg.): Bleiwüste und Bilderflut. Geschichten über das geisteswissenschaftliche Buch. Wiesbaden 2015, S. 161-182, hier: S. 173/174.

8 Vgl. Wolfgang Martynkewicz: Salon Deutschland. Geist und Macht 1900 bis 1945. Berlin 2009.

9 Vgl. Thürlemann, »Erkenntnisse des Auges«, a.a.O., S. 173.

10 Vgl. Silvia Hartmann: Fraktur oder Antiqua: der Schriftstreit von 1881 bis 1941. Frankfurt a.M. 1998.

11 Da der Fokus des Kapitels auf dem Visuellen liegt, soll wenigstens hier, in dieser Fußnote, ausdrücklich darauf hingewiesen werden, dass sich der Einleitungstext an einigen Stellen sehr weit dem Nazi-Jargon angedient hat. So ist an einigen Stellen von »Blut«, von »Gemeinschaft«, vom »Volksganzen« und von »Rasse« die Rede. Für die »völkische Ideologie« der Nationalsozialisten bot der Text damit einen weit größeren Hallraum, als das in *Die Welt der Maske* der Fall gewesen ist. Es sind jedoch immer nur einzelne Wörter oder höchstens ein Halbsatz, die ideologisch indoktriniert sind. Auch argumentiert der Text nicht im engeren Sinn »rassenbiologisch«, wie dies die Begriffe nahe legen würden. Vielmehr ersetzen diese lediglich den Begriff der »Kultur«. Am deutlichsten wird dies, wenn die Autorin den Begriff »Rasse« für die verschiedenen »deutschen Stämme«, also für die Bayern, Schwaben oder Sachsen, gebraucht. Denn es wäre ja im Sinne der nationalsozialistischen Ideologie wiedersinnig, wenn diese unterschiedliche Rassen repräsentierten. Dieser Befund unterstützt die von Thomas Riedmiller geäußerte Vermutung, dass hier redigierend eingegriffen worden ist. Ob dieses mit oder ohne Wissen der Autorin geschehen ist, muss offenbleiben. Es gibt allerdings keinerlei Hinweise oder Belege dafür, dass sich Ilse Schneider-Lengyel in späteren Jahren von diesem Text distanziert hat. Vgl. Thomas Riedmiller (Hrsg.): Aus dem Nachlass von Ilse Schneider-Lengyel. (Mitarbeit: Margit Barnerssoi). Kulturamt Füssen 1997, S. 7.

12 Ilse Schneider-Lengyel: Das Gesicht des deutschen Mittelalters. München 1935, S. 7.

13 Ebd., S. 9/10.

14 Ilse Schneider-Lengyel: Griechische Terrakotten. München 1936, S. 5.

15 Nachlass Ilse Schneider-Lengyel, Bayerische Staatsbibliothek, München Signatur: Ana 372, Schachtel 9, Mappe »Personalia«.

16 Vgl. die Studie von Irene Albers, die den hier berührten marginalen Ausschnitt in einem großen Panorama um ihre Hauptfigur Michel Leiris ausbreitet: Der diskrete Charme der Anthropologie. Michel Leiris' ethnologische Poetik. Göttingen 2018.

17 Die beiden Fotografien von Ilse Schneider-Lengyel finden sich in *Verve* Nr. 3/ Juni 1938, S. 68 und 73; der Text von André Malraux steht auf den Seiten 69-72. Ich bedanke mich für die Mithilfe bei der Recherche bei Romy Beutenmüller.

18 Vgl. Jo-Anne Birnie Danzker (Hrsg.): Theo van Doesburg: Maler – Architekt. Ausstellungskatalog der Villa Stuck. München 2000.

19 Nachlass Ilse Schneider-Lengyel, Bayerische Staatsbibliothek, München Signatur: Ana 372, Schachtel 4, Mappe »Rupprecht«, Manuskript »Lieber küsse ich eine Kröte«, S. 7.
20 Ebd., S. 17.
21 Ebd., S. 16.
22 Ebd.
23 Ebd., S. 18.
24 Nachlass Ilse Schneider-Lengyel, Bayerische Staatsbibliothek, München Signatur: Ana 372, Schachtel 4, Mappe »Rupprecht«, Manuskript »Rupprecht«, S. 3.
25 Ebd., S. 3.
26 Vgl. Ilse Schneider-Lengyel: »Wie ich die Gesichter der Domfiguren photographierte«. In: Photographik, Heft 11, April 1936, S. 19-24.
27 Nachlass Ilse Schneider-Lengyel, Bayerische Staatsbibliothek, München Signatur: Ana 372, Schachtel 8, Briefe an Schneider-Lengyel von Körperschaften.
28 Nachlass Ilse Schneider-Lengyel, Bayerische Staatsbibliothek, München Signatur: Ana 372, Schachtel 6, Mappe »Wie ich die Gesichter der Domfiguren fotografierte«, S. 1.
29 Ebd., S. 2.
30 Ebd.
31 Nachlass Ilse Schneider-Lengyel, Bayerische Staatsbibliothek, München Signatur: Ana 372, Schachtel 6, Mappe »Fotoreise nach Italien«, S. 1.
32 Ebd., S. 2.
33 Ebd., S. 3.
34 Ebd., S. 5.
35 Ebd., S. 3.

Kapitel 6: Die dunklen Jahre: 1940-1944

1 Die Zahlen entstammen der Studie von Serge Klarsfeld. Sie enthält ausführliche und genaue Statistiken sowie eine Menge historischer Quellen. Vgl. Serge Klarsfeld: Vichy – Auschwitz. Die »Endlösung der Judenfrage« in Frankreich 2007. Die Statistiken finden sich dort auf den Seiten 368-372.
2 Hélène Berr: Pariser Tagebuch 1942-1944. München 2009, S. 111.
3 Ebd., S. 113.
4 Vgl. das Nachwort von Mariette Job »Ein geraubtes Leben«, ebd., S. 290-298, hier: S. 294.
5 Nachlass Ilse Schneider-Lengyel, Bayerische Staatsbibliothek, München, Signatur: Ana 372, Schachtel 9, Mappe »Personalia«.
6 Ebd.
7 Vgl. dazu auch die Ausführungen von Serge Klarsfeld, der die Verfolgungen in Frankreich und Ungarn miteinander vergleicht. Klarsfeld, Auschwitz – Vichy, a.a.O., S. 366/367.
8 Das geht aus einem handschriftlichen Brief von Vilma Lengyel, einer Schwester von Kálmán und László, hervor, den sie an Ilse Schneider-Lengyel geschrieben hat. Vgl. dazu auch: Alfons Maria Arns, Heike Drummer: Ich bin als Rebell geboren. Katalog zur Ausstellung, hrsg. von der Gemeinde Schwangau, 2017, S. 36.
9 Nach dem ersten »Judenstatut« vom 18. Oktober 1940, Artikel 1 gilt: »Als Jude wird zum Zwecke der Anwendung des vorliegenden Gesetzes jede Per-

son angesehen, die abstammt von drei Großeltern jüdischer Rasse oder zwei Großeltern jüdischer Rasse, wenn ihr Ehegatte selbst jüdischer Abstammung ist.« Zit. nach Henry Rousso, Vichy. Frankreich unter deutscher Besatzung 1940-1944, München 2009, S. 89.

10 Emil Waldmann: Auguste Rodin. Mit 97 Bildern, Aufnahmen von Ilse Schneider-Lengyel. Wien [1]1943, [2]1945.

11 Nachlass Ilse Schneider-Lengyel, Bayerische Staatsbibliothek, München, Signatur: Ana 372, Schachtel 9, Mappe »Zeitungsausschnitte und dgl., Varia«.

12 Erna Lendvai-Dircksen erlernte das fotografische Handwerk – wie Ilse Schneider-Lengyel – in der Photographischen Anstalt des Lette-Vereins. Seit den 1920er Jahren verfolgte sie ein ambitioniertes Projekt: Sie arbeitete an einem fotografischen Bildatlas, der deutsche Gesichter aus allen Teilen des Reichs präsentieren sollte. Eine kleine Ausstellung fand bereits Ende der 1920er Jahren in Frankfurt am Main statt, aber erst in der Zeit des Nationalsozialismus, in dessen Ideologie sich die Fotografien nahtlos fügten, kam sie groß heraus. Zwischen 1939 und 1943 erschienen unter dem Obertitel *Das deutsche Volksgesicht* insgesamt fünf Bände in hoher Auflage – darunter 1941 *Tirol und Vorarlberg* und 1942 *Niedersachsen*. 1943 jedoch verlor sie bei einem Bombenangriff einen großen Teil ihres Archivs. Vgl. Erna Lendvai-Dircksen: Das deutsche Volksgesicht, hrsg. von Helmut Schröcke. Tübingen 2003. Das Buch enthält eine Auswahl von 145 Fotografien, entbehrt allerdings jeder kritischen Distanz und eines notwendigen fotografiegeschichtlichen Kontextes.

13 Vgl. Dominik Riedo: Wolf von Niebelschütz. Leben und Werk. Eine Biographie. Bern 2013. Hier vor allem S. 163-263. Zu den Aufgaben von Niebelschütz' zählte die redaktionelle Betreuung der wöchentlichen Soldatenzeitschrift *Für den Einheitsführer. Beiträge zur wehrpolitischen Erziehung*, die sich an deutsche Soldaten höherer Grade in Frankreich wandte. Von Niebelschütz hat aber auch für andere Zeitschriften Artikel verfasst – wie in diesem Fall. Die Denkfigur des Krieges als Vater aller Dinge, der ›die verweichlichten Seelen stählt‹, findet sich indes in vielen Texten Niebelschütz' aus dieser Zeit.

14 Nachlass Ilse Schneider-Lengyel, Bayerische Staatsbibliothek, München, Signatur: Ana 372, Schachtel 9, Mappe »Zeitungsausschnitte und dgl., Varia«.

15 Nachlass Ilse Schneider-Lengyel, Bayerische Staatsbibliothek, München, Signatur: Ana 372, Schachtel 6, Mappe »Mein Faust – Paul Valéry – Der Dichter«.

16 Ebd.

17 Im Oktober 1941 nahm Wolf von Niebelschütz auf Befehl und in Uniform an den *Dichtertagen* in Weimar teil, die von der gerade gegründeten Europäischen Schriftsteller Vereinigung veranstaltet wurden. Dort führte er intensive Gespräche mit Reinhard Piper, der ihn an seinen Verlag binden wollte. Kam in diesem Zuge vielleicht auch die Rede auf Ilse Schneider-Lengyel? Vgl. Riedo: Wolf von Niebelschütz, a.a.O., S. 208-212.

18 Nachlass Ilse Schneider-Lengyel, Bayerische Staatsbibliothek, München Signatur: Ana 372, Schachtel 1, Mappe »Poesie Bannwaldsee 1944«.

19 Nachlass Ilse Schneider-Lengyel, Bayerische Staatsbibliothek, München Signatur: Ana 372, Schachtel 9, Mappe »Heide, Johannes Markus: Tyrannenchöre«.

20 Nachlass Ilse Schneider-Lengyel, Bayerische Staatsbibliothek, München Signatur: Ana 372, Schachtel 1, Mappe »Poesie, Paris 1943«.

21 Nachlass Ilse Schneider-Lengyel, Bayerische Staatsbibliothek, München Signa-

tur: Ana 372, Schachtel 6, Manuskript »Mein Faust – Paul Valéry, der Dichter«, mit dem handschriftlichen Vermerk: An Süddeutsche Zeitung, Februar 1947.

22 Paul Valéry: »Poésie pure (Notizen zu einem Vortrag)«, in: Paul Valéry: Werke, Bd. 5 Zur Theorie der Dichtkunst und vermischte Gedanken, hrsg. von Jürgen Schmidt-Radefeldt. Frankfurt a.M. 1991, S. 65-74, hier: S. 69.

23 Ebd., S. 73.

24 Nachlass Ilse Schneider-Lengyel, Bayerische Staatsbibliothek, München Signatur: Ana 372, Schachtel 1, Mappe »Capriole. Phantastische Verse. Ein surrealistisches Brevier«, mit dem handschriftlichen Vermerk links oben: 7.

25 Ebd., Mappe »Capriole. Phantastische Verse. Ein surrealistisches Brevier«, mit dem handschriftlichen Vermerk links oben: 19.

Kapitel 7: Pariser Feuilletons. 1945-1947

1 Vgl. Anne Cohen-Solal: Sartre 1905-1980. Reinbek bei Hamburg 1988, S. 390-395.

2 Jean-Paul Sartre: »Vorstellung von Les Temps Modernes«. In: Ders.: Situationen. Reden, Aufsätze, Interviews zur Literatur. Leipzig/Weimar 1982, S. 157-176, hier: S. 157-163. (Lizenzausgabe des Rowohlt-Verlags).

3 Ebd., S. 161.

4 André Breton: Entretiens – Gespräche: Dada, Surrealismus, Politik. Dresden 1996, S. 242-244.

5 Vgl. Mark Polizzotti: Revolution des Geistes. Das Leben André Bretons. München 1996, vor allem Kap. 18, S. 774-817.

6 André Breton: Entretiens – Gespräche, a.a.O., S. 301.

7 Nachlass Ilse Schneider-Lengyel, Bayerische Staatsbibliothek, München, Signatur: Ana 372, Schachtel 9, Mappe »Personalia«.

8 Nachlass Ilse Schneider-Lengyel, Bayerische Staatsbibliothek, München, Signatur: Ana 372, Schachtel 8.

9 Nachlass Ilse Schneider-Lengyel, Bayerische Staatsbibliothek, München, Signatur: Ana 372, Schachtel 6. Manuskript: »Pariser Maler im Gespräch«.

10 Ilse Schneider-Lengyel: »Heilige Kunst«. In: *Der Ruf. Unabhängige Blätter der jungen Generation* Nr. 16./2. Jg., 1. April 1947, S. 11.

11 Ebd.

12 Vgl. Thomas Röske: »Inspiration und unerreichtes Vorbild. Die L'Art des Fous und der Surrealismus«. In: Ingrid von Beyme, Thomas Röske (Hrsg): Surrealismus und Wahnsinn. Heidelberg: Verlag 2009, S. 9-19, hier: S. 11.

13 Vgl. Hans Prinzhorn: Bildnerei der Geisteskranken. Ein Beitrag zur Psychologie und Psychopathologie der Gestaltung. Berlin 1922.

14 Die Angaben zur Ausstellung und zum Presseecho habe ich folgendem Buch entnommen: Kaira M. Cabañas: Learning from Madness. Brazilian Modernism and Global Contempory Art. Chicago 2018, S. 50/51.

15 Nachlass Ilse Schneider-Lengyel, Bayerische Staatsbibliothek, München, Signatur: Ana 372, Schachtel 6. Mappe: »Ausstellung der Geisteskranken im Hospital St. Anne, Paris«.

16 André Breton: Die Kunst der Geisteskranken. Das Tor zur Freiheit«. In: Ders.: Der Surrealismus und die Malerei. Berlin 1967, S. 318-323, hier: S. 322. (Im Original: Le Surréalisme et la Peinture, Paris 1965).

17 Nachlass Ilse Schneider-Lengyel, Bayerische Staatsbibliothek, München, Signa-

tur: Ana 372, Schachtel 6. Manuskript: »Ausstellung der Geisteskranken im Hospital St. Anne, Paris«.

18 Ebd.

19 Vgl. Agnieszka Kuczynska: »Le Surréalisme en 1947. Occultism and the Post-War Marginalisation of Surrealism. In: Art Inquiry Nr. 16/2014, S. 87-99. Siehe zudem die 69 Dokumente zu dieser Ausstellung, die sich im Nachlass André Bretons befinden. Sie sind einsehbar unter: http://www.andrebreton.fr/series/81.

20 Nachlass Ilse Schneider-Lengyel, Bayerische Staatsbibliothek, München, Signatur: Ana 372, Schachtel 6. Manuskript: »Vom Impressionismus zum Surrealismus«.

21 Ebd.

22 Nachlass Ilse Schneider-Lengyel, Bayerische Staatsbibliothek, München, Signatur: Ana 372, Schachtel 6. Mappe: »Die surrealistisch revolutionäre Malergruppe«.

23 Die Essayfolge *Qu'est-ce que la littérature* erschien zuerst in Les Temps Modernes Nr. 17 bis Nr. 22, Februar bis Juli 1947.

24 Jean-Paul Sartre: Was ist Literatur? Reinbek bei Hamburg 1981, S. 216/217.

25 Ilse Schneider-Lengyel: »Jean Paul Sartre – Der Surrealismus und die Antisartristen«. In: Heinz Ludwig Arnold (Hrsg.): Der Skorpion (hrsg. von Hans Werner Richter). Reprint der ersten Ausgabe, Göttingen 1991, S. 47.

26 Ebd.

27 Ebd.

28 Ebd.

29 Heinz Ludwig Arnold: »Dokumentation zur Geschichte des Skorpion«. In: Der Skorpion. Reprint der ersten Ausgabe, a.a.O., S. 59-70, hier: S. 60/61.

30 Ebd., S. 61.

31 Hans Werner Richter: »15 Jahre«. In: Ders. In Zusammenarbeit mit Walter Mannzen (Hrsg.): Almanach der Gruppe 47 1947-1962. Reinbek bei Hamburg 1962, S. 8-14, hier: S. 8.

Kapitel 8: In der Gruppe 47. 1947-1950

1 Hans Werner Richter: Briefe. Hrsg. von Sabine Cofalla. München 1997, S. 27.

2 Heinz Ludwig Arnold: »Dokumentation zur Geschichte des Skorpion«. In: Ders. (Hrsg.): Der Skorpion. Reprint der ersten Ausgabe. Göttingen 1991, S. 59-70, hier: S. 63.

3 Hans Werner Richter (Hrsg.): Almanach der Gruppe 47. 1947-1962. (In Zusammenarbeit mit Walter Manzen). Reinbek bei Hamburg 1962.

4 Sie wurden von Jürgen Schutte und seinem Team bei der Vorbereitung zu einer Ausstellung in der Akademie der Künste entdeckt. Freia von Wühlisch fertigte dafür ein Typoskript ihrer damaligen Aufzeichnungen an. Vgl. Freia von Wühlisch: »Über das Treffen am Bannwaldsee. Tagebuchaufzeichnung«. In: Jürgen Schutte (Hrsg.): Dichter und Richter. Die Gruppe 47 und die deutsche Nachkriegsliteratur. (Katalog zu einer Ausstellung in der Akademie der Künste vom 28. Oktober bis 7. Dezember 1988). Berlin 1988, S. 141-144.

5 Freia von Wühlisch: »Über das Treffen am Bannwaldsee. Tagebuchaufzeichnung«, S. 142.

6 Bereits in einem Brief vom 25. August an Hans Werner Richter teilte Ilse Schneider-Lengyel im Hinblick auf das Treffen mit: »Mitzubringen wären

Lebensmittelmarken und Versorgung zum Frühstück. Wer irgend kann Bettwäsche. [...] Bitte laden Sie nicht mehr als 10 Personen ein; mehr würde ich nicht schaffen können, muss vielmehr hier schon äusserste Jonglierkunststücke vollführen.« (Hans Werner Richter: Briefe, a.a.O., S. 26.) Am Ende reisten schließlich 17 Personen an.

7 Freia von Wühlisch: »Über das Treffen am Bannwaldsee. Tagebuchaufzeichnung«, a.a.O., S. 142/143.

8 Ebd., S. 143.

9 Ebd.

10 Ebd., S. 143/144.

11 Darüber berichtet Walter Kolbenhoff in seinem späten autobiographischen Bericht *Schellingstraße 48* aus dem Jahr 1984. Darin sagt Wallenberg zu ihm: »Ein tüchtiger Reporter muß sehen können. Ich habe ihre Reportage gelesen und gespürt, daß Sie sehen können. Also, los. Gehen Sie auf die Straßen, fahren Sie dorthin, wo Sie glauben, etwas sehen zu können. Schreiben Sie es auf. Es gibt tausend Themen in so einer Zeit. Packen Sie zu! Es gibt wenige in dieser Zeit, die die Dinge richtig sehen, die hinsehen können; ich glaube, Sie sind einer davon.« Zit. nach: Walter Kolbenhoff: Schellingstraße 48. Erfahrungen mit Deutschland. München 2008, S. 49.

12 Vgl. Walter Kolbenhoff: »Gegen die Nebelrufer. Ein Brief an Wolfdietrich Schnurre.« In: Heinz Ludwig Arnold (Hrsg.): Der Skorpion. Reprint der ersten Ausgabe, a.a.O., S. 42/43.

13 Vgl. Wolfdietrich Schnurre: »Für die Wahrhaftigkeit. Eine Antwort auf Walter Kolbenhoff«. In: Heinz Ludwig Arnold (Hrsg.): Der Skorpion. Reprint der ersten Ausgabe, a.a.O., S. 43 und 46.

14 Freia von Wühlisch: »Über das Treffen am Bannwaldsee. Tagebuchaufzeichnung«, a.a.O., S. 144.

15 Auch die beiden Bücher, die darüber Auskunft geben, welche Texte auf welcher Lesung vorgetragen wurden, helfen hierbei nicht weiter. Im *Almanach der Gruppe 47* aus dem Jahr 1962 sind Gedichte aus dem Band *september-phase*, erschienen 1952, abgedruckt, vorgelesen auf der Tagung in Marktbreit im April 1949. In dem von Toni Richter herausgegebenen Band *Die Gruppe 47 in Bildern und Texten* aus dem Jahr 1997 stehen Gedichte aus dem Band *september-phase* auch für das erste Treffen am Bannwaldsee. Das ist irreführend, da diese Gedichte erst später entstanden sind.

16 Freia von Wühlisch: »Über das Treffen am Bannwaldsee. Tagebuchaufzeichnung«, a.a.O., S. 144.

17 Das Fernsehfeature von Walter Schmieding trägt den Titel *Kulturbilanz der R-Mark Zeit* und wurde am 10. Mai 1965 im ZDF zum ersten Mal ausgestrahlt. Die Länge beträgt 56 Minuten. Ich danke Heike Drummer und Alfons Maria Arns, die diesen Film im Archiv des ZDF aufgespürt haben, für das gemeinsame Betrachten.

18 Hans Werner Richter: »Wie entstand und was war die Gruppe 47?«. In: Hans Neunzig (Hrsg.): Hans Werner Richter und die Gruppe 47, München 1990, S. 43-176, hier: S. 83.

19 Hans Werner Richter: »Ein Bussard, der vom Himmel fiel. Wolfdietrich Schnurre«. In: Ders.: Im Etablissement der Schmetterlinge. Einundzwanzig Porträts aus der Gruppe 47. München 1986, S. 235-246, hier: S. 235 und 239.

20 Nicolaus Sombart: Pariser Lehrjahre. 1951-1954. Leçons de Sociologie. Hamburg 1994, S. 259.

21 Ebd., S. 257.
22 Nicolaus Sombart: »Nachwort«. In: Ders.: Capriccio Nr. 1. Baden-Baden 1995, S. 87-95, hier: S. 95.
23 Nicolaus Sombart: Pariser Lehrjahre, a.a.O., S. 257.
24 Ebd.
25 Hans Werner Richter: Briefe, a.a.O., S. 27.
26 Vgl. Heinz Ludwig Arnold: »Zur Geschichte der Gruppe 47«. In: Ders. (Hrsg.): Der Skorpion. Reprint der ersten Ausgabe. Göttingen 1991, S. 71-89, hier: S. 75.
27 Vgl. Sabine Cofallas Nachtrag zu ihrer Edition der Briefe Richters. In: Stephan Braese (Hrsg.): Bestandsaufnahme. Studien zur Gruppe 47. Berlin 1999, S. 82-85, hier: S. 83.
28 Nachlass Ilse Schneider-Lengyel, Bayerische Staatsbibliothek, München, Signatur: Ana 372, Schachtel 9, Mappe »Altenbeuren«.

Kapitel 9: Surrealismus am Bannwaldsee. 1952

1 Besonders Ulrike Leuschner hat bisher versucht, das Buch aufzuspüren. Vgl. Ulrike Leuschner: »Ilse Schneider-Lengyel, die Frau ›aus dem Anderswo‹. In: Treibhaus Nr. 6/2010, S. 125-157, hier: S. 143/144. Ihrer Vermutung nach ist das Buchprojekt wegen der großen Umwälzungen in der Verlagsbranche durch die Währungsunion kurz vor seiner Realisierung geplatzt.
2 Nachlass Ilse Schneider-Lengyel, Bayerische Staatsbibliothek, München, Signatur: Ana 372, Schachtel 9, Fremde Arbeiten: Mappe »Barbara Lutz, Spielplatz und Wüste«.
3 Vgl. Hans Werner Richter (Hrsg.): Almanach der Gruppe 47. 1947-1962. Reinbek bei Hamburg 1962, S. 98/99.
4 Ilse Schneider-Lengyel: september-phase. Reihe: studio frankfurt, Bd. 3. Frankfurt a. M. 1952, Klappentext.
5 Albrecht Knaus: »Die Meistersinger von Inzigkofen«. In: Reinhard Lettau (Hrsg.): Die Gruppe 47. Bericht, Kritik, Polemik. Ein Handbuch. Neuwied und Berlin 1967, S. 52-57, hier: S. 53.
6 Nachlass Ilse Schneider-Lengyel, Bayerische Staatsbibliothek, München Signatur: Ana 372, Schachtel 7, Briefe von Ilse Schneider-Lengyel an Körperschaften.
7 Nachlass Ilse Schneider-Lengyel, Bayerische Staatsbibliothek, München, Signatur: Ana 372, Schachtel 4, Mappe »Verschiedene Aufzeichnungen«.
8 Vgl: Quelle: http://fracademic.com/dic.nsf/frwiki/600390.
9 Insgesamt sind 15 Kinderbücher bekannt, die Véra Braun zwischen 1937 und 1967 illustriert hat. Vgl: https://data.bnf.fr/fr/documents-by-rdt/10816103/440/page1. Die weiteren Angaben zu Véra Braun habe ich entnommen: http://artportal.hu/lexikon-muvesz/braun-lengyel-vera-408.
10 André Breton: »Was der Surrealismus will«. In: Ders.: Die Manifeste des Surrealismus. Reinbek bei Hamburg 1986, S. 125-132, hier: S. 128.
11 Ebd., S. 130.
12 Ebd., S. 131.
13 Ebd., S. 127.
14 Hierauf hat bereits früh Irmela von der Lühe in einem Aufsatz hingewiesen: »Schriftstellerinen in der Gruppe 47«. In: Jürgen Schutte (Hrsg.): Dichter und Richter. Die Gruppe 47 und die deutsche Nachkriegsliteratur. (Katalog zu

einer Ausstellung in der Akademie der Künste vom 28. Oktober bis 7. Dezember 1988). Berlin 1988, S. 94-102, hier: S. 94.

15 Ilse Schneider-Lengyel: september-phase, a.a.O., S. 9.

16 Ebd., S. 15.

17 Ebd., S. 51.

18 Ebd., S. 53.

19 Ebd., S. 64 und gegenüberliegende Seite – ohne Paginierung.

20 Nachlass Ilse Schneider-Lengyel, Bayerische Staatsbibliothek, München, Signatur: Ana 372, Schachtel 1, Mappe »september-phase«.

21 Ilse Schneider-Lengyel: september-phase, a.a.O., S. 80 und gegenüberliegende Seite – ohne Paginierung.

22 Nachlass Ilse Schneider-Lengyel, Bayerische Staatsbibliothek, München, Signatur: Ana 372, Schachtel 1, Mappe »september-phase«.

23 Die Reihe studio frankfurt bestand nur für zwei Jahre. 1953 folgten noch die Bände *Die Umsiedler* von Arno Schmidt, *Der kluge Portugiese oder Übergänge* von Carl H. Eickert, *Bericht an die Regierung* von Wolfgang Weyrauch, *Der unterirdische Strom* von Milo Dor und Reinhard Federmann, *Der Brigant Guiliano* von Werner Helwig, *Das Ende einer Welt* von Wolfgang Hildesheimer und Hans Werner Henze und schließlich *Die gestundete Zeit* von Ingeborg Bachmann.

24 Vgl. Karina Schuller, Isabel Fischer (Hrsg.): Der Surrealismus in Deutschland (?). Interdisziplinäre Studien. Münster 2017.

25 Nachlass Ilse Schneider-Lengyel, Bayerische Staatsbibliothek, München, Signatur: Ana 372, Schachtel 9, Mappe »Rezensionen«.

26 Im Original steht: »Cher André Breton grand iniciateur [sic!], vous reconnaissez-vous sous le ciel tourmenté des Gaulois? Car c'est le même firmament, ce sont les mêmes astres loin de la Méditerranée classique.« Zitiert nach dem vorzüglich aufgearbeiteten und im Netz zugänglichen Nachlass von André Breton: http://www.andrebreton.fr/work/56600100812560. Die Übersetzung stammt von mir, PB.

27 André Breton: »Siegeszug der Gallischen Kunst«. In: Ders.: Der Surrealismus und die Malerei. Berlin 1967, S. 330-338, hier: S. 334.

28 André Breton: »Geschenkte Gegenwart der Gallier«, a.a.O., S. 340.

29 In »Geschenkte Gegenwart der Gallier« heißt es: »Leider konnte die Ethnographie nicht mit so großen Schritten vorankommen, auf daß sie unserer Ungeduld zu Gefallen die Entfernung verringert hätte, die uns von den alten Mayas oder den heutigen Eingeborenen Australiens trennt. [...] Als aber die Kunst der gallischen Münzen entdeckt wurde und man ihre Zwecke und künstlerischen Darstellungsmittel begriff, wurden uns eine unerwartete Hilfe und neues Vertrauen zuteil. Für diese Offenbarung sind wir Herrn Lancelot Lengyel zu großem Dank verpflichtet.« A.a.O., , S. 339-342, hier: S. 339.

30 Vgl. Mark Polizotti: Revolution des Geistes. Das Leben André Bretons. München 1996, S. 847.

31 André Breton: »Siegeszug der Gallischen Kunst«, a.a. O., S. 334.

32 Das Buch wurde erst 1991, als im Umfeld der großen Breton-Retrospektive im *Centre Pompidou* der Nachlass neu gesichtet wurde, wiederentdeckt. In Frankreich und Italien erschien es daraufhin als großformatiger Bildband, eine deutsche Übersetzung erfuhr es erst 2017 durch den Parthas Verlag, Berlin.

33 Vgl. Polizotti: Revolution des Geistes, a.a.O., S. 864.

Kapitel 10: Traumzeit. 1951-1958

1 Dichtungen der Naturvölker. Religiöse, magische und profane Lyrik. Gesammelt, gesichtet und in deutscher Sprache herausgegeben von Eckart von Sydow. Wien 1935.
2 Ludwig Goldscheider: Ghiberti. Fotografien von Ilse Schneider-Lengyel. London 1949
3 Nachlass Ilse Schneider-Lengyel, Bayerische Staatsbibliothek, München, Signatur: Ana 372, Schachtel 8, Briefe an Ilse Schneider-Lengyel von Personen. Vgl. auch: Alfons Maria Arns, Heike Drummer: Ich bin als Rebell geboren. Katalog zur Ausstellung. Gemeinde Schwangau, 2017, S. 67.
4 Das Abendstudio. Strömungen der modernen Kultur in einer Sendereihe des Hessischen Rundfunks. II. Vierteljahr 1951. (Dank an Alfons Maria Arns und Heike Drummer, die mir dieses Dokument zur Verfügung gestellt haben.)
5 Janheinz Jahn: Totem und Trommel. Sendemanuskript. Hessischer Rundfunk, S. 3/4. Ich danke Heike Drummer und Alfons Maria Arns, die mir dieses Dokument zur Verfügung gestellt haben.
6 Ebd., S. 6.
7 Die Begriffe »emisch« für einen Standpunkt innerhalb eines kulturellen Systems und »etisch« für einen außerhalb gehen auf den Ethnolinguisten Kenneth Pike zurück, der sie erstmals 1954 in einem von ihm selbst herausgegebenen Sammelband mit dem Titel *Language in relation to an unified theory of the structure of human behavior* benutzte.
8 Janheinz Jahn: Totem und Trommel, S. 27/28.
9 Im Gesamtwerk finden sich zwei Feature-Texte, die betreut von Alfred Andersch im Rahmen des Abendstudios vom Hessischen Rundfunk gesendet wurden: »Die Pisaner Gesänge« (März 1952) und »Die Maer von der Musa Nihilistica« (November 1952). In: Rainer Maria Gerhardt: umkreisung. Das Gesamtwerk. Hrsg. von Uwe Pörksen. Göttingen 2007, S. 106-133 und S. 134-165.
10 fragmente. internationale revue für moderne dichtung, Heft. 1. Freiburg im Breisgau, 1951, S. 20-27. Wiederveröffentlicht als Faksimile-Beilage zu: Rainer Maria Gerhardt: umkreisung, a.a.O. Vgl. auch den Wiederabdruck in: *Treibhaus* Nr. 13/2017: Die Lyrik der fünfziger Jahre, S. 14-20.
11 Beide Buchprojekte sind in den Verlagsprospekt aus dem Jahr 1954 aufgenommen. Abgedruckt in: Rainer Maria Gerhardt: umkreisung, a.a.O., S. 243-246.
12 Nachlass Ilse Schneider-Lengyel, Bayerische Staatsbibliothek, München, Signatur: Ana 372, Schachtel 8, Briefe an Ilse Schneider-Lengyel von Personen.
13 Alfred Andersch: »Zum Tod Rainer M. Gerhardts«, FAZ, 15. September 1954. Abgedruckt in: Rainer Maria Gerhardt: umkreisung, a.a.O., S. 446/447. Vgl. zu Gerhardt auch: Michael Braun: »Ein Netz aus Feuer. Rainer Maria Gerhardt – ein Solitär der deutschen Nachkriegslyrik«. In: Treibhaus Nr. 13/2017: Die Lyrik der fünfziger Jahre, S. 108-117.
14 Nachlass Ilse Schneider-Lengyel, Bayerische Staatsbibliothek, München, Signatur: Ana 372, Schachtel 3, Manuskript »Totem und Trommel«, darin »Das Gelage der Dämonen«, S. 3-25, hier: S. 20.
15 Ebd.
16 Ebd., S. 5.
17 Ebd., S. 9.
18 Ebd., S. 19.
19 Vgl. Gerd Koch: »Nachruf auf Hans Nevermann«. In: Baessler-Archiv. Neue

Folge, Band XXXI (1983), S. 1-4. Zudem ausführlicher: Bernhard Zepernick: »Hans Nevermann. Leben und Werk«. In: Zeitschrift für Ethnologie, Band 110/Heft 2, 1985, S. 1-42.

20 Eines von mehreren Beispielen: Hans Nevermann: Söhne des tötenden Vaters. Dämonen und Kopfjägergeschichten aus Neuguinea. Eisenach und Kassel 1957. Das Buch stellt jedoch weder einen populären Bericht noch einen »ethnologischen Roman« dar, sondern eine Sammlung von verschiedenen, kurzen Erzählungen, untergliedert in »Dämonengeschichten« und »Kopfjägergeschichten«, die in Fußnoten knapp kommentiert und erläutert werden. Insofern hält es sich in der Nähe der Projekte von Ilse Schneider-Lengyel auf.

21 Eckart von Sydow: Dichtungen der Naturvölker, a.a.O., S. 8/9.

22 Nachlass Ilse Schneider-Lengyel, Bayerische Staatsbibliothek, München, Signatur: Ana 372, Schachtel 3, Mappe »Totem und Trommel«.

23 Carl Strehlow: Die totemistischen Kulte der Aranda- und Loritja-Stämme. 1. Abteilung: Allgemeine Einleitung und die totemistischen Kulte des Aranda-Stammes. Bearbeitet von Moritz Freiherr von Leonardi. Frankfurt a.M. 1910, S. 102-104.

24 Vgl. ebd., S. 102. Ferner dazu auch das Buch des Enkels Wighard Strehlow: Wüstentanz. Australien spirituell erleben durch Mythen, Sagen, Märchen und Gesänge. Allensbach 1996.

25 Nachlass Ilse Schneider-Lengyel, Bayerische Staatsbibliothek, München, Signatur: Ana 372, Schachtel 7, Briefe von Ilse Schneider-Lengyel an Körperschaften.

26 Janheinz Jahn (Hrsg.): Schwarzer Orpheus. Moderne Dichtung afrikanischer Völker beider Hemisphären. Ausgewählt und übertragen von Janheinz Jahn. München 1954.

27 Vgl. Hans Belting, Andrea Buddensieg: Ein Afrikaner in Paris. Léopold Sédar Senghor und die Zukunft der Moderne. München 2018, vor allem S. 40-44.

28 Nachlass Ilse Schneider-Lengyel, Bayerische Staatsbibliothek, München, Signatur: Ana 372, Schachtel 8, Briefe an Ilse Schneider-Lengyel von Körperschaften.

29 Charles Olson: Mayan Letters. Palma de Mallorca 1953.

30 Jerome Rothenberg (Hrsg.): Technicians of the Sacred. A Range of Poetries from Africa, America, Asia & Oceania, edited with commentaries by Jerome Rothenberg. Garden City, NY, 1969.

31 Alcheringa, Heft 1/1970, S. 1. Die Zeitschrift ist einzusehen unter: https://jacket2.org/reissues/alcheringa.

32 Nachlass Ilse Schneider-Lengyel, Bayerische Staatsbibliothek, München, Signatur: Ana 372, Schachtel 4, Mappe »Ethnologie«. Darin finden sich beschriebene Notizzettel. Auf einigen stehen indonesische Wörter mit ihrer deutschen Bedeutung – in der Handschrift Nevermanns. Einer dieser Zettel erweckt den Eindruck, als habe er Ilse Schneider-Lengyel eine Widmung von ihm entschlüsselt. Die wörtliche Übersetzung lautet: »Der Geliebten gewidmet / aus ganzem Herzen bekümmert / und das Auslöschen nicht verstehen könnend.«

33 Nachlass Ilse Schneider-Lengyel, Bayerische Staatsbibliothek, München, Signatur: Ana 372, Schachtel 2, mehrere Mappen »Kannibalenmahlzeit«.

34 Nachlass Ilse Schneider-Lengyel, Bayerische Staatsbibliothek, München, Signatur: Ana 372, Schachtel 7, Briefe von Ilse Schneider-Lengyel an Körperschaften.

Kapitel 11: »Kampf dem Atomtod«. 1958-1960

1 Nachlass Ilse Schneider-Lengyel, Bayerische Staatsbibliothek München, Signatur Ana 372. Schachtel 9, Mappe »Personalia«.
2 Ludwig Goldscheider: Ghiberti. Fotografien von Ilse Schneider-Lengyel. London 1949.
3 Nachlass Ilse Schneider-Lengyel, Bayerische Staatsbibliothek, München, Signatur: Ana 372, Schachtel 8, Briefe von Ilse Schneider-Lengyel an Körperschaften.
4 Nachlass Ilse Schneider-Lengyel, Bayerische Staatsbibliothek, München, Signatur: Ana 372, Schachtel 8, Briefe an Ilse Schneider-Lengyel von Körperschaften.
5 Ebd.
6 So veröffentlichte Hans-Dietrich Disselhoff 1953 eine Geschichte der altamerikanischen Kulturen im Münchner Oldenburg Verlag und 1955 im Berliner Wigankow Verlag Altamerika. Aus den Sammlungen des Berliner Völkerkundemuseums. 1960 erschien dann der Band Alt-Amerika. Die Hochkulturen der Neuen Welt im Holle Verlag Baden-Baden, ein Buch das in mehrere Sprachen übersetzt wurde und mehrere Auflagen erlebt hat.
7 Nachlass Ilse Schneider-Lengyel, Bayerische Staatsbibliothek, München, Signatur: Ana 372, Schachtel 7, Briefe von Ilse Schneider-Lengyel an Personen.
8 Nachlass Ilse Schneider-Lengyel, Bayerische Staatsbibliothek, München, Signatur: Ana 372, Schachtel 5, Mappe »Das Puppenbuch«.
9 Ebd., Manuskript »Puppen, Menschen, Götter«, S. 1-5, hier: S. 1.
10 Ebd.
11 Ebd., S. 5.
12 Unter den veröffentlichten Briefen Gottfried Benns findet sich auch einer an Ilse Schneider-Lengyel vom 8. Januar 1952. Sie hatte ihn in einem vorangehenden Brief zu einem Besuch am Bannwaldsee eingeladen. Benn antwortet: »Sehr verehrte gnädige Frau, Sie sind sehr gütig, mir trotz Ihrer Krankheit einen so schönen Brief in Blockschrift zu schreiben. [...] Haben Sie Dank, dass sie nicht von vorherein ablehnen, mich in ihr Haus aufzunehmen. Aber als ich davon schrieb, war ich noch der Meinung, dass Sie berufsmässig zahlende Gäste aufnehmen. Inzwischen aber hörte ich, dass man nur ihr wirklicher Gast sein kann, und das kann ich natürlich nicht sein. Ich bin ein stumpfsinniger Eigenbrötler, der sich niemanden zumuten kann.« Vgl. Gottfried Benn: »Absynth schlürft man mit Strohhalm, Lyrik mit Rotstift«. Ausgewählte Briefe 1904-1956. Hrsg. von Holger Hof. Göttingen 2017, S. 252.
13 Vgl. Arno Schmidt: Der Briefwechsel mit Alfred Andersch. Briefe 1, hrsg. von Bernd Rauschenbach. Zürich 1985.
14 Vgl. Helmut Böttiger: Die Gruppe 47. Als die deutsche Literatur Geschichte schrieb. München 2012, S. 183-188.
15 Arno Schmidt: »Berechnungen II«. In: Ders.: Bargfelder Ausgabe, Werkgruppe III, Essays und Biographisches, hrsg. v. Bernd Rauschenbach. Zürich 1995, S. 275-284. Der Text erschien zuerst in Texte und Zeichen, Heft 1/1956.
16 Arno Schmidt: Briefwechsel mit Kollegen. Briefe V, hrsg. von Gregor Strick. Frankfurt a.M. 2007, S. 337.
17 Arno Schmidt: »Berechnungen II«, a.a.O., S. 275.
18 Zit. nach: Arno Schmidt: Briefwechsel mit Kollegen, a.a.O., S. 337.
19 Ebd., S. 339.
20 Ebd.

21 Arno Schmidt: »Atheist?: Allerdings!«. In: Ders.: Bargfelder Ausgabe, Werkgruppe III, Essays und Biographisches, hrsg. v. Bernd Rauschenbach. Zürich 1995, S. 317-326, hier: S. 324.
22 Arno Schmidt: Briefwechsel mit Kollegen, a.a.O., S. 341.
23 Ebd.
24 Ebd., S. 343/344.
25 Vgl. Mark Polizotti: Revolution des Geistes. Das Leben André Bretons. München 1996, S. 867.
26 Jürgen Schutte (Hrsg.): Dichter und Richter. Die Gruppe 47 und die deutsche Nachkriegsliteratur. Berlin 1988, S. 245-248.
27 Nachlass Ilse Schneider-Lengyel, Bayerische Staatsbibliothek, München, Signatur: Ana 372, Schachtel 3, Mappe: »Hier Welle Nullpunkt. Achtung Stickstoff. Ein Atomdrama«.
28 Das Manuskript »Hier Welle Nullpunkt. Achtung Stickstoff« ist handschriftlich und mit Bleistift oben rechts nummeriert und umfasst 46 Seiten, hier S. 12.
29 Ebd., S. 14/15.
30 Ebd., S. 26.
31 Ebd., S. 29. Das Gedicht von Walter Höllerer beginnt mit den Versen: »Der lag besonders mühelos am Rand/des Weges. Seine Wimpern hingen/Schwer und zufrieden in die Augenschatten/Man hätte meinen können, daß er schliefe.// Aber sein Rücken war (wir trugen ihn,/Den Schweren, etwas abseits, denn er störte sehr/Kolonnen, die sich drängten), dieser Rücken/War nur ein roter Lappen, weiter nichts./[...]/Wir trugen ihn da weg und in den Schnee.« Vgl. Walter Höllerer: Gedichte 1942-1982. Frankfurt a.M. 1982, S. 23.
32 Manuskript »Hier Welle Nullpunkt. Achtung Stickstoff«, S. 31-33.
33 *Die Geschlagenen* ist der Titel eines Romans von Hans Werner Richter aus dem Jahr 1949.
34 Manuskript »Hier Welle Nullpunkt. Achtung Stickstoff«, S. 34-36.
35 Ebd., S. 45/46.
36 Vgl. Jürgen Schutte (Hrsg.): Dichter und Richter, a.a.O, S. 221-224, hier: S. 244.
37 Ebd., S. 225.
38 Vgl. Erika Runge: »›Wir werden nicht Ruhe geben, solange der Atomtod unser Volk bedroht.‹ Zur Bewegung gegen Atomrüstung Ende der fünfziger Jahre«. In: Schutte: Dichter und Richter, a.a.O., S. 42-47.
39 Nachlass Ilse Schneider-Lengyel, Bayerische Staatsbibliothek, München, Signatur: Ana 372, Schachtel 7, Briefe von Ilse Schneider-Lengyel an Personen.
40 Ebd.
41 Das geht aus einigen handschriftlichen Notizzetteln im Nachlass hervor. Nachlass Ilse Schneider-Lengyel, Bayerische Staatsbibliothek, München, Signatur: Ana 372, Schachtel 9, Mappe »Personalia«.
42 Ebd.

Kapitel 12: Unter Pygmäen. 1964

1 Nachlass Ilse Schneider-Lengyel, Bayerische Staatsbibliothek, München, Signatur: Ana 372, Schachtel 4. Konvolut: »Die Schöpfung ist ein Rauschzustand«.
2 Zitiert nach: Helmut Böttiger: Die Gruppe 47. Als die deutsche Literatur Geschichte schrieb. München 2012, S. 345. Vgl. dort auch das Kapitel 17, S. 339-354.

3 Vgl. Walter Hasenclever (Hrsg.): Prosaschreiben. Eine Dokumentation. Berlin 1964.
4 Vgl. Hubert Fichte: Die Zweite Schuld. Die Geschichte der Empfindlichkeit, Band III. Frankfurt a.M. 2006., S. 286-297.
5 Hubert Fichte: Der Aufbruch nach Turku. Hamburg 1963, wiederaufgelegt Frankfurt a.M. 1985.
6 Vgl. Peter Braun: Eine Reise durch das Werk von Hubert Fichte. Frankfurt a.M. 2005, vor allem die Kapitel drei und vier.
7 Hubert Fichte: Ich beiße Dich zum Abschied ganz zart. Briefe an Leonore Mau. Hrsg. von Peter Braun. Frankfurt a.M. 2016 – darin vor allem die Briefe aus dem Jahr 1962, dem Beginn ihrer Liebe und Lebenspartnerschaft.
8 Vgl. Hubert Fichte: Hotel Garni. Die Geschichte der Empfindlichkeit, Band I. Frankfurt a.M. 1987.
9 Walter Höllerer: »Die Gruppe 47, gesehen im Jahr 88«. Zit. nach: Toni Richter: Die Gruppe 47 in Bildern und Texten. Köln 1977, S. 156-159, hier: S. 156/157 und 159. Zuerst wurde der Essay in der von Höllerer herausgegebenen Zeitschrift *Sprache im Technischen Zeitalter* publiziert.
10 Wilhelm Schmidt: Die Stellung der Pygmäenvölker in der Entwicklungsgeschichte des Menschen. Stuttgart 1910, S. 288.
11 Zu den populärwissenschaftlichen Büchern von Paul Schebasta zählen u.a. *Bambuti. Die Zwerge vom Kongo*, erschienen Leipzig 1932 und *Der Urwald ruft wieder. Meine zweite Forschungsreise zu den Ituri-Zwergen*, herausgekommen Salzburg 1936. Die Angaben zu der wissenschaftlichen Studie, die auch anthropometrische Messungen enthält, lauten: Die Bambuti-Pygmäen vom Ituri. Ergebnisse zweier Forschungsreisen zu den Zentralafrikanischen Pygmäen in drei Bänden. Brüssel 1938 und 1941.
12 Nachlass Ilse Schneider-Lengyel, Bayerische Staatsbibliothek, München, Signatur: Ana 372, Schachtel 8. Briefe an Ilse Schneider-Lengyel von Körperschaften.
13 Vgl. Gerhard Köpf: Innerfern. Frankfurt a.M. 1983. Der Roman ist 2018 im Braumüller Verlag wiederaufgelegt worden, zusammen mit einem neuen Roman von Gerhard Köpf, der den Titel *Ausserfern* trägt.
14 Nachlass Ilse Schneider-Lengyel, Bayerische Staatsbibliothek, München, Signatur: Ana 372, Schachtel 8.Briefe an Ilse Schneider-Lengyel von Personen.
15 Manuskript »Der Gartenzwerg«, S. 18.
16 Nachlass Ilse Schneider-Lengyel, Bayerische Staatsbibliothek, München, Signatur: Ana 372, Schachtel 2: Manuskript »Der Gartenzwerg«, S. 4.
17 Manuskript »Der Gartenzwerg«, S. 18.
18 Ebd., S. 191.
19 Ebd., S. 6.
20 Ebd., S. 26.
21 Ebd., S. 61.
22 In seinem der Aufklärung verpflichteten Briefroman *Lettres Persanes* (*Persische Briefe*) lässt Montesquieu zwei Perser aus ihrer Heimatstadt Isfahan nach Paris reisen. In den Briefen von ihrer Reise schildern sie in einer Mischung aus Staunen und Spott und mit satirischem Unterton die politischen und kulturellen Gebräuche der Franzosen. Montesquieu begründete damit ein neues Genre. Wichtige deutsche Bücher, die Ilse Schneider-Lengyel als Vorgabe benutzt haben könnte, sind *Die Forschungsreise des Afrikaners Lukanga Mukara ins innerste Deutschland* von Hans Paasche (1912) und *Der Papalagi* von Erich Scheurmann (1920).

23 Manuskript »Der Gartenzwerg«, S. 82.
24 Ebd., S. 86.
25 Ebd., S. 146.
26 Ebd., S. 147/148.
27 Ebd., S. 154.
28 Ebd., S. 153.
29 Ebd., S. 180.
30 Ebd., S. 203.
31 Ebd., S. 205/206.
32 Ebd., S. 207.
33 Ebd., S. 210.
34 Nachlass Ilse Schneider-Lengyel, Bayerische Staatsbibliothek, München, Signatur: Ana 372, Schachtel 8.Briefe an Ilse Schneider-Lengyel von Körperschaften.
35 Das Manuskript »Le Secret des Celtes« wird erst 1969 in dem Verlag Les Hautes Plaines de Mâne erscheinen. Eine deutsche Übersetzung kommt schließlich 1976 im Freiburger Hermann Bauer Verlag heraus unter dem Titel *Das geheime Wissen der Kelten*.
36 Nachlass Ilse Schneider-Lengyel, Bayerische Staatsbibliothek, München, Signatur: Ana 372, Schachtel 8. Briefe von Ilse Schneider-Lengyel an Körperschaften.
37 Nachlass Ilse Schneider-Lengyel, Bayerische Staatsbibliothek, München, Signatur: Ana 372, Schachtel 9: Mappe »Personaldokumente«.

Nachspiel: Am Bannwaldsee

1 Gerhard Köpf: »Eine Asphodele. Über Ilse Schneider-Lengyel«. Zuerst erschienen in der Zeitschrift Literatur für Leser, Jahrgang 1996/Heft 1 mit dem Schwerpunkt »Als der Krieg zu Ende war«, S. 32-45, hier: S. 44.
2 Gerhard Köpf: »Fischwinter. Ein Spiel mit Dokumenten«. In: Literatur im technischen Zeitalter, Nr. 86/1983, S. 83-95, hier: S. 95.
3 Das Gespräch mit Dr. Johannes Rusch, für das ich mich hier nochmals bedanke, fand am 21. März 2007 in Zentrum für Psychiatrie der Universität Konstanz statt.
4 Das Gespräch mit Margret Höß, auch an sie nochmals ein herzlicher Dank, fand am 31. August 2007 in Füssen statt.

Bibliographie Ilse Schneider-Lengyel

Die Bibliographie beruht auf den Angaben in den verschiedenen Forschungsbeiträgen, vor allen jenen von Ulrike Leuschner und Felix Thürlemann. Vor allem verdankt sie sich jedoch der umfassenden Recherche von Heike Drummer und Alfons Maria Arns. Alle Daten wurden von mir nochmals überprüft und um einige neue ergänzt. Die Bibliographie ist weiter fortzusetzen.

1. Kunstbildbände

1.1. Fotografie und Text

Die Welt der Maske. München 1934

Têtes de statues gothiques, Editions d'histoire et d'art. Paris 1935

Das Gesicht des deutschen Mittelalters. München 1935

L'Art italien. Chefs-d'œuvre de la sculpture. Editions d'histoire et d'art. Paris 1935

Griechische Terrakotten. München 1936

Auguste Rodin [dt. Ausgabe unter dem Titel Rodin-Skulpturen 1951], London 1939, ²1949

Masques primitifs. Paris 1951

1.2. Fotografie

Chamson, André: Le château et le parc de Versailles. Paris 1936

Lefrançois-Pillon, Louise: La cathédrale d'Amiens. Paris 1937

Goldscheider, Ludwig: Roman Portraits. London ¹1940, ²1945

Ders.: Michelangelo. Sculptures. London 1940

Ders.: Etruscian Sculptures. London 1941

Ders.: Donatello. London ¹1941, ²1944

Waldmann, Emil: Auguste Rodin. Wien, ¹1943, ²1945

Goldscheider, Ludwig: Ghiberti. London 1949

Ders.: Unknown Renaissance Portraits. London 1952 (dt: Repräsentanten der Renaissance. Unbekannte Bildnisse)

Wittkower, Rudolf: Gian Lorenzo Bernini. The Sculptor of the Roman Baroque. London 1955

Parrot, André: Sumer. L'univers des formes 1. Paris 1960. [dt. München 1960]

Ders.: Assur. L'univers des formes 2. Paris 1961. [dt. München 1961]

2. Literarische Bücher

Spielplatz und Wüste. Baden-Baden 1949 [nur als Manuskript vorhanden; das Buch ist nicht nachweisbar]
september-phase. Reihe: studio frankfurt Bd. 3, hrsg. von Alfred Andersch. Frankfurt/M. 1952

3. Beiträge für Zeitungen und Zeitschriften

3.1. Feuilletons

Wie ich die Gesichter der Domfiguren photographierte. In: Photographik Heft 11, April 1936, hrsg. von der Kodak Aktiengesellschaft, Berlin, S. 19-24
Das Gesicht des Mittelalters. In: Volk und Welt, Bd. 9, September 1937
Ausstellung der Geisteskranken im Hospital St. Anne, Paris. In: Süddeutsche Zeitung, 14. Februar 1946
Pariser Gespräche. In: Süddeutsche Zeitung, 20. Juni 1946
Ein Gespräch mit Chagall. In: Süddeutsche Zeitung, 18. Januar 1947
Versuchstheater in Paris. In: Süddeutsche Zeitung, 22. Februar 1947
Heilige Kunst. In: Der Ruf, Jg. 1, Nr. 16, 1. April 1947, S. 11
Frühling in Paris. In: Süddeutsche Zeitung, 26. April 1947
Alexander Calder, der Ingenieur-Bildhauer. In: Prisma, Jg. 1, Heft 6, April 1947
Vom Impressionismus zum Surrealismus. In: Prisma, Jg. 1, Heft 10, August 1947
Jean-Paul Sartre – der Surrealismus und die Antisartristen. In: Skorpion – Nullnummer, November 1947; Reprint, Göttingen 1991, S. 43
Paul Valéry – ein Dichterleben. In: Skorpion – Nullnummer, November 1947, Reprint, Göttingen 1991, S. 52
Was ist mit der deutschen Literatur? Eine Umfrage. Die Antwort von Ilse Schneider-Lengyel. In: Der Schriftsteller, Jg. 1, Heft 6/7, März/April 1948, S. 10-13
»Die dritte revolutionäre Kraft«. Eine neue geistige Bewegung entsteht in Frankreich. In: Volk und Zeit, Jg. 3, April 1948
Bernanos und die Freiheit. In: Neues Europa, Jg. 3, Heft 14, 1948, S. 29-32
Andrè Malreaux 1948. In: Neues Europa, Jg. 3, Heft 14, 1948, S. 45-48
Handstudien Rodins. In: Die Kunst und das schöne Heim, Jg. 48, Nr. 3, Dezember 1948
Puppen, Menschen, Götter. In: Die Neue Zeitung, 30. November 1950

3.2. Literarische Beiträge

Der Mondjournalist. In: Der Ruf, Jg. 1, Nr. 15, 15. März 1947, S. 9
Der Gott der Schläge. In: Volk und Zeit, Jg. 3, Juli 1947
Die Benediktus-Ballade. In: Neues Europa, Jg. 3, Heft 15, 1948, S. 43-45

Arbeiterlieder. In: Die deutsche Stimme, Jg. 4, Heft 5/6, 1949, S. 15
Liebesgesang. In: Die Neue Zeitung, 15. November 1950
Elefantenjäger, nimm deinen Bogen. Nachdichtung aus der Poesie der afrikanischen Pygmäen. In: Die Neue Zeitung, 5. März 1951
Poesie der Pygmäen. In: Die Neue Zeitung, 20. März 1951
übertragungen primitiver dichtung. In: fragmente. internationale revue für moderne dichtung. Jg. 1, Heft 1, Mai 1951, S. 20-27
Mit einem Jahr dachte ich. Vermutlich in: Die Neue Zeitung, ohne Angaben

3.3. Fotografien

Malraux, André: De la Représentation en Occident et en Extrême Orient. In: Verve, Nr. 3/Juni 1938, S. 68-73, mit zwei Fotografien von Ilse Schneider-Lengyel auf den Seiten 68 und 73

4. Beiträge für Radiosender

Puppen Götter und Menschen. Hessischer Rundfunk, Volkstümliches Wissen, Länge: 15 Minuten, 14. April 1951
Totem und Trommel. Dichtungen der Naturvölker in Übertragungen von Ilse Schneider-Lengyel. Für den Rundfunk eingerichtet von Janheinz Jahn. Hessischer Rundfunk, Abendstudio, Länge: 120 Minuten, 15. Mai 1951
Fotoreise für die Kunst – Italien. Hessischer Rundfunk, Volkstümliches Wissen, Länge: 15 Minuten, 2. Juni 1951

5. Fernsehen

Kultur-Bilanz der R[eichs]-Mark Zeit. Ein Bericht von Walther Schmieding. ZDF, Länge: 56 Minuten, Erstausstrahlung: 10. Mai 1965

6. Arbeiten aus dem Nachlass in der Bayerischen Staatsbibliothek, Signatur Ana 372 (Auswahl)

6.1. Feuilletons

Mein Faust – Paul Valéry, der Dichter. Mit dem handschriftlichen Vermerk: An Süddeutsche Zeitung, Februar 1947. In: Schachtel 6, Mappe »Mein Faust«

6.2. Autobiographische Berichte

Lieber küsse ich eine Kröte. In: Schachtel 4, Mappe »Rupprecht«
Rupprecht. In: Schachtel 4, Mappe »Rupprecht«

Wie ich die Gesichter der Domfiguren fotografierte. In: Schachtel 6, Mappe »Wie ich die Gesichter der Domfiguren fotografierte«
Fotoreise nach Italien. In: Schachtel 6, Mappe »Fotoreise nach Italien«

6.3. Literarische Arbeiten

Lyrik

Tyrannen-Chöre. In: Schachtel 9, Mappe »Heide, Johannes Markus: Tyrannenchöre«
Capriole. Phantastische Verse. Ein surrealistisches Brevier. In: Schachtel 1, Mappe »Capriole«
Spielplatz und Wüste. In: Schachtel 9, Mappe »Lutz, Barbara: Spielplatz und Wüste«
Die Schöpfung ist ein Rauschzustand. In: Schachtel 4, mehrere Mappen

Drama

Hier Welle Nullpunkt. Achtung Stickstoff. Ein Atomdrama. In: Schachtel 3, Mappe »Hier Welle Stickstoff«

Roman

Der Gartenzwerg. In: Schachtel 2, mehrere Mappen

6.4. Ethnologische Nachdichtungen und Materialsammlungen

Das Puppenbuch. In: Schachtel 5, mehrere Mappen
Totem und Trommel. In: Schachtel 3, mehrere Mappen
Kannibalenmahlzeit. In: Schachtel 2, mehrere Mappen
Reves des Indigènes. In: Schachtel 4, Mappe »Ethnologie«

Der komplette Bestand des Nachlasses ist einzusehen unter: www.literaturportal-bayern.de/images/uploads/Nachlassmodul_Repertorien/Nachlassverzeichnis_Schneider-Lengyel_Ilse.pdf

Dank

Mein erster Dank geht an die S. Fischer Stiftung, ohne deren Förderung das Buch nicht vorliegen würde.

Ferner möchte ich folgenden Personen danken, die mir in den Jahren des Projekts in unterschiedlichster Form geholfen und mein Schreiben durch Austausch und Gespräch angeregt haben:

Romy Beutenmüller, Helmut Böttiger, Stephanie Buchelt, Antje Contius (S. Fischer Stiftung), Carola Dietze, Ludwig Fischer, Susanne Fischer (Arno Schmidt Stiftung), Carsten Gansel, Marie-Luise Hinterberger, Margret Höß, Gerhard Köpf, Ulrike Leuschner, Irmela von der Lühe, Dirk von Petersdorff, Thomas Riedmiller, Caroline Rosenthal, Johannes Rusch, Gerd Schäfer, Alexander Schmitz, Bernd Stiegler, Felix Thürlemann, Thedel v. Wallmoden, Kay Wolfinger.

Ganz besonders möchte ich mich bei Christoph Janik von der Bröhan Design Foundation und bei den Historikern Heike Drummer und Alfons Maria Arns dafür bedanken, dass sie großzügig und freundschaftlich ihre eigenen Nachforschungen mit mir geteilt haben.

Schließlich geht noch ein herzlicher Dank an meine Lektorin Andrea Knigge für ihre Geduld, ihre Genauigkeit und ihre vielen hilfreichen Anmerkungen – und ebenso an Rieke Giese für ihre tatkräftige Unterstützung beim Register und Überprüfen der Quellen sowie an Gabriele Bischoff für das exakte Korrektorat. Am Ende möchte ich noch Sigrid Damm danken, die mich zur rechten Zeit ermutigt und über die Jahre immer wieder neugierig nachgefragt hat.

Bildnachweis

S. 17: Historische Postkarte, Fotograf A. Braun, Archiv Drummer und Arns Historiker GbR; S. 47: Photographische Lehranstalt. Lette-Verein Berlin. Berlin o. A. (vermutlich 1933); S. 49, 53: Bildarchiv der Bayerischen Staatsbibliothek München; S. 56, 64, 65, 68: Ilse Schneider-Lengyel: Die Welt der Maske. München: Piper Verlag 1934; S. 84, 85: Ilse Schneider-Lengyel: Das Gesicht des deutschen Mittelalters. München: Bruckmann Verlag 1935; S. 88: Ilse Schneider-Lengyel: Griechische Terrakotten. München: Bruckmann Verlag, 1936; S. 97: Bildarchiv der Bayerischen Staatsbibliothek München; S. 98: Peter Braun, Privatbesitz; S. 165: Bildarchiv der Bayerischen Staatsbibliothek München; S. 169: Ilse Schneider-Lengyel: septemberphase. Reihe: studio frankfurt, Bd. 3. Frankfurt 1952; S. 208, 209, 221, 235: Bildarchiv der Bayerischen Staatsbibliothek München; S. 253: Peter Braun

Register